AF485450

HISTORIA DE COLOMBIA PARA PENSAR

HISTORIA DE COLOMBIA PARA PENSAR
A PARTIR DE LA LECTURA CRÍTICA DE FUENTES SECUNDARIAS

FUNDACIÓN MAYÉUTICA

Título: HISTORIA DE COLOMBIA PARA PENSAR a partir
de la lectura crítica de fuentes secundarias
Segunda Edición enero 2020
Fundación Mayéutica
Registro Cámara de Comercio No. 23922
NIT: 900.686.321-8
3016958760 - jorgeeleazar@hotmail.com

Autor
FUNDACIÓN MAYÉUTICA

EQUIPO DE TRABAJO: Jorge Eleázar Pantoja Jurado, José Herminsul Muñoz Campaña, Jaime Goyes Luna. REVISIÓN DE TEXTO: Edith Alicia Belalcázar Pantoja, Sonia Patricia Muñoz Pérez. ESTILO DE REDACCIÓN: Álvaro Jesús Puchana Ortiz (Director CEID-SIMANA). ILUSTRACIONES Y APÉNDICES: Janneth del Carmen Benavides Salas. NORMAS APPA: Dora Arteaga. DISEÑO Y DIAGRAMACIÓN: Ángela Rivera Arciniegas. MARKETING: Felipe Miranda. FOTOS PORTADA: Daniel Reina https://goo.gl/6Fi6iK , https://goo.gl/Rps6rg , https://goo.gl/hy8C2B

ISBN: 978-958-48-5896-2

Contenido

Capítulo X
Derechos de los colombianos según la
Constitución de 1991 297

Lista de Cuadros

Lista de Apéndices

Prefacio

HISTORIA DE COLOMBIA PARA PENSAR A PARTIR DE LA LECTURA CRÍTICA DE FUENTES SECUNDARIAS, se escribió en razón a que la Historia debe ser abordada en la enseñanza como una ciencia independiente y apoyada por otras ciencias sociales en su estructura curricular, no debe ser parcelada en las llamadas cátedras de paz, democracia, bolivariana, entre otras; debe hacer énfasis en el presente estudiando las variables y estructuras de la organización social, la economía, la tierra, la política e ideología en los diferentes periodos históricos; contextualizadas con la realidad inmediata que es el departamento, el municipio, el corregimiento, la vereda o el barrio. Concebida así la Historia, estaría contribuyendo con la formación de una identidad nacional que reconozca la diversidad étnica y cultural de la Nación colombiana, desarrollar el pensamiento crítico a través de la comprensión de los procesos históricos y sociales de nuestro país, en el contexto americano y mundial; y promover la formación de una memoria histórica para la reconciliación y la paz en Colombia.

Para lograr estos propósitos, es imperativo reflexionar acerca de sus contenidos porque pueden tergiversar la realidad cuando no se manejan adecuadamente las causas que generaron los procesos y fenómenos sociales, o conciben una sociedad en armonía sin existencia de clases sociales antagónicas, o niegan conflictos armados, masacres o, elaboran conceptos falsos sobre los acontecimientos históricos, como por ejemplo, que EEUU fue determinante para la independencia de Colombia frente al imperio español. Los documentos elaborados por cronistas deben ser analizados en forma crítica para reconocer la verdadera historia. En varios documentos y publicaciones se continúa con la historia descriptiva y narrativa de los fenómenos sociales, haciendo falta la utilización del análisis como forma fundamental del examen de los acontecimientos para mirar causas, desarrollo, consecuencias e interrelaciones. El análisis conlleva en sí la crítica, entendida como construcción y desarrollo.

Hay que formar a los lectores en un pensamiento crítico y reflexivo, para una ciudadanía emancipadora, solidaria y comprometida con los principios y valores de la democracia, la participación, la autodeterminación de los pueblos, una conciencia ambientalista y dotado de herramientas para resolver los problemas sociales. Una Historia no es crítica cuando justifica las acciones de los imperios, la dependencia, el saqueo, la explotación y los tratados internacionales inequitativos.

Se explican los acontecimientos y los fenómenos sociales, señalando el papel fundamental de las masas y de los individuos, tiene en cuentan los diferentes actores, es decir, los líderes y los participantes anónimos de la sociedad, que en definitiva son los protagonistas de los cambios. Los fenómenos sociales se interpretan teniendo en cuenta la mayor objetividad posible, la concatenación en la explicación de los hechos, las contradicciones entre los grupos sociales que llevan a la lucha, a las sublevaciones y a los cambios por mejores condiciones.

Se trabaja la estructura del todo social, se concibe el desarrollo en espiral y se orienta la periodización con las formaciones económico sociales al reconocer los avances y los retrocesos en cada uno de los procesos sociales, permite escudriñar el pasado para poder comprender mejor el presente y prever el futuro. Los contenidos son equilibrados, de esa manera, se evita las deformaciones de la historia como: el subjetivismo, la apología, la diatriba, la politiquería, la parcialidad y el economicismo. La interdisciplinariedad está manifiesta en las temáticas tratadas, lo cual conlleva a procesos de lectura, consultas, preguntas, inquietudes e investigación. Dicho de otra forma, nos lleva a pensar y desarrollar operaciones mentales como: análisis, síntesis, inducción, deducción, abstracción, generalización y especialización.

El contenido del libro abarca desde el desarrollo de los pueblos precolombinos hasta finales de la segunda década del siglo XXI. Comprende 10 capítulos con anexos: listado de los presidentes, inventos de la humanidad e historia cartográfica de Colombia. En el primer capítulo trata los pueblos precolombinos que alcanzaron el grado de desarrollo de la comunidad ampliada. En los capítulos (segundo al noveno), se muestran las contradicciones económicas, políticas e ideológicas entre los grupos sociales y las luchas de los pueblos por alcanzar mejores condiciones de vida. En el último capítulo se esbozan los derechos que tenemos los colombianos como resultado de las luchas materializadas en parte en la Constitución de 1991.

Esta Historia muestra que, con la presencia de los españoles en nuestro país se inicia la dependencia primero de España, luego de los ingleses y hoy de los norteamericanos y de la Unión Europea. Ante esta dependencia los pueblos se organizan, luchan, se levantan por la vida, la libertad, por la tierra, las reformas sociales, económicas, políticas y culturales; y por la toma del poder en la perspectiva de la construcción de un nuevo país con justicia social.

FUNDACIÓN MAYÉUTICA

Presentación

La elaboración de este libro HISTORIA DE COLOMBIA PARA PENSAR A PARTIR DE LA LECTURA CRÍTICA DE FUENTES SECUNDARIAS, obedece a la Ley 1874 sancionada por el presidente de la República el 27 de diciembre de 2017, la cual orienta que se debe construir y enseñar una historia crítica, acorde con la necesidad del pueblo colombiano de conocer su historia de una manera objetiva, dado que la clase dominante colombiana y las editoriales nacionales y transnacionales restan importancia al conocimiento de la historia cuando miran los procesos históricos fundamentándose en el eurocentrismo que considera a Europa y su cultura como centro y motor de la civilización despreciando el estudio de las demás culturas (china, india, egipcia, musulmana y comunidades precolombinas, entre otras); lo mismo que la justificación de la colonización, explotación y la dominación; con lo cual tergiversan la verdad y con ello manipulan la conciencia de las gentes.

Se controla la conciencia del pueblo en la escuela, con los medios de comunicación, con los historiadores oficiales, las iglesias y las editoriales. No se hace Historia Crítica cuando se concibe la sociedad como armónica y consensual, o se ven los procesos sociales sin contradicciones entre los actores y se desconoce la existencia de las clases sociales antagónicas o se explican los acontecimientos históricos con teorías que no reflejan la realidad, la objetividad y la verdad histórica.

Necesitamos una historia crítica, que se fundamente en la ciencia y en la dialéctica para explicar la razón de ser de los fenómenos sociales, las leyes según las cuales se desatan y motivan las acciones de los hombres, el papel de las masas, de los individuos y sustentando bases conceptuales para la periodización y otros elementos metodológicos. En realidad, la historia de la humanidad ha sido y sigue siendo la historia de la lucha de los contrarios. En vez del pensamiento único que pregona el neoliberalismo debemos formar en el pensamiento crítico para desentrañar todas las formas de opresión y sometimiento, asumiendo el papel de cuestionar las falsedades que a diario nos repiten los medios de comunicación masiva y la academia, en algunos casos.

Esta obra se fundamenta en la lectura crítica de fuentes secundarias que permiten reconocer de un lado, el avance científico de documentos históricos, antropológicos, sociológicos y económicos, realizados por investigadores nacionales e internacionales y, de otro, desvirtuar documentos que por sus falencias teórico-metodológicas deforman la historia. Se apoya en trabajos realizados por estudiosos e investigadores especializados, y nuestro propósito es divulgar esos conocimientos al pueblo colombiano que, dada su circulación limitada son conocidos por pocas personas y no llegan a las grandes masas populares. Es por eso que de la lectura crítica de las fuentes secundarias suministradas en las redes sociales, textos, videos y documentación general, por fundaciones, grupos de estudios o personalidades que han hecho un trabajo consciente y responsable, dé como resultado esta Historia de Colombia para pensar y llegue a esas mayorías del pueblo para desarrollar en ellas un pensamiento crítico, autonomía en sus decisiones y se desarrolle el voto de opinión para el progreso de Colombia.

El pensamiento crítico ayuda a discernir entre lo cierto y lo falso, lo importante y lo superficial, lleva a tener la capacidad de pensar, de emancipar y bosquejar salidas para los de abajo, ayudando a enriquecer la autoestima popular para la lucha, a estudiar la historia para saber quiénes somos y de dónde venimos, encontrando el hilo de continuidad con las luchas del pasado y las generaciones de nuestros antepasados.

Recordemos que las transformaciones sociales no las hacen los individuos, las "personalidades", por muy brillantes o heroicas que ellas sean; las transformaciones sociales las hacen las masas populares. Es por ello que una de las tareas primordiales es lograr que el pueblo se eduque, se capacite en una teoría científica que oriente el conocimiento de la sociedad.

Esta HISTORIA DE COLOMBIA PARA PENSAR, puede convertirse en un documento de apoyo pedagógico para el trabajo docente en la enseñanza de la Historia, un referente para iniciar un proceso de investigación histórica con fuentes primarias y secundarias de la Historia aún no contada de cada uno de los departamentos y los municipios de Colombia y articularse a la bandera que tiene el magisterio colombiano: ESCUELA, TERRITORIO DE PAZ, como herramienta de formación del pensamiento crítico en los maestros para que asuman compromisos en la construcción de la paz con justicia social.

Jorge Eleázar Pantoja Jurado
Presidente Fundación Mayéutica

CAPÍTULO I

¿Cómo eran las comunidades
precolombinas a finales
del siglo xv?

1.1 Antecedentes

Para el estudio de la Historia de Colombia, es importante conocer el sentido de la visión eurocéntrica de la historia, la cual ha predominado en muchos casos para la investigación y orientación de la historia mundial y en particular la de Colombia. El eurocentrismo considera a Europa y su cultura como centro y motor de la civilización, y a sus valores socioculturales como patrones o modelos universales, llegando en último término a identificar la historia de los europeos y sus relaciones con los otros continentes como la historia universal. Tras esta consideración se esconde un desconocimiento y desprecio hacia las demás culturas, la justificación de la explotación y la dominación.

Hacia el siglo XVIII la referencia de la cultura clásica en Europa había sido Egipto; luego Atenas se pone de moda y Egipto es olvidado; nace el helenocentrismo, padre del eurocentrismo. Europa tendrá una raza superior y será el centro del progreso.

Esta distorsión de la historia se sustenta con Kant, quien sostenía que la "inmadurez" o "minoría de edad", la "pereza" y la "cobardía" es culpable del atraso de las comunidades. Para Hegel, Oriente es la niñez de la humanidad, el lugar del despotismo y la no libertad; y Occidente será el camino a la plena realización de la libertad y la civilización. Hegel refiriéndose a la raza negra planteaba que "el negro es un hombre en bruto". Europa, pues, habría sido elegida por el destino para tener en su seno el sentido final de la historia universal: sería el reino de la Razón y de la Libertad.

El eurocentrismo entiende la historia como una secuencia de imperios (Roma, España, Gran Bretaña, EEUU), atribuye a Occidente las instituciones democráticas; ignora las tradiciones democráticas no europeas, institucionaliza el colonialismo, el comercio de esclavos y el imperialismo y minimiza las prácticas opresoras de Occidente considerándolas contingentes, accidentales, excepcionales en todo caso.

Desconoce el desarrollo de otras culturas más antiguas. Jesús Pérez de Viñaspre, en artículo El eurocentrismo, aclara que :

> "Heráclito y Aristóteles afirman que la filosofía nació en Egipto; Heródoto, Solón, Platón corroboran el elevado concepto que tenían de Egipto con cuya cultura y pasado se hermanan buscando en él sus orígenes.Los egipcios tenían una cultura africana, negra; los faraones eran negros, venían del Sur, eran bantúes. De todo ello se infiere que una cultura negra fue la madre de todas las culturas del Mediterráneo, y que la historia de la humanidad, o sea, la civilización, empezó en el África negra bantú hace más de 5000 años, y no en Grecia" (p.1)

Del mismo modo el eurocentrismo desconoce la influencia de las culturas islámica y judía que desempeñaron un papel crucial en la Europa medieval y el Renacimiento. No le da importancia a los aportes que recibió Europa de China al beneficiarse de la imprenta, la pólvora, la brújula, el mecanismo de relojería, la cartografía, el acero, el papel, la moneda.

> "El Renacimiento italiano, pues, fue originado en China y Leonardo da Vinci copió libros chinos. Además, la arquitectura naval china,

> ya para antes del XV, era la más avanzada
> del mundo, existiendo evidencias de que los
> chinos habían descubierto América y que la
> cartografiaron en un mapa de 1421 (Colón,
> 71 años después, hizo su descubrimiento apo-
> yándose en estos mapas chinos" (Pérez de Vi-
> ñaspre, p.2).

Tampoco puede desconocerse la ciencia del Antiguo Egipto, agricultura africana, astronomía dogón, matemáticas mayas, arquitectura, técnicas de riego aztecas e incas, cuidado de la naturaleza de los chibchas. Las revoluciones industriales de Europa fueron posibles por la explotación y la dominación de los recursos de los territorios colonizados y la explotación del trabajo de los esclavos. Pérez de Viñaspre, se hace las siguientes preguntas:

¿Qué sentido tiene hablar sólo de ciencia, industria y tecnología occidentales?, ¿qué significado, valor y alcance tiene hablar de cultura y civilización occidentales? Las respuestas son obvias.

También se ha interpretado y distorsionado el desarrollo alcanzado por las comunidades precolombinas, José Luis Parra en artículo La visión eurocéntrica sobre la historia y la cultura de los pueblos conquistados, la ciencia como soporte de la dominación; señala que

> "...los registros históricos de los europeos
> acerca de los pueblos precolombinos los hi-
> cieron desde sus propios y limitados conoci-
> mientos y creencias y por lo tanto incomple-
> tos y erróneos" (p.1).

Las primeras crónicas europeas deben ser analizadas en forma crítica porque su consideración como fuente histórica fidedigna produce la configuración de conceptos erróneos y la imposibilidad de reconocer la verdadera historia basada en la conquista, el etnocidio, la expoliación de los recursos naturales y el sojuzgamiento de nuestros pueblos rendidos a la creencia de que lo europeo representado por el hombre blanco fue, y es, superior a los demás seres humanos.

En ese sentido encontramos algunos registros, por ejemplo: en 1559, el dominico Vicente Palatino de Curzola afirmó que es lícito y justo sujetar a los indios quienes han violado todos los derechos porque eran idólatras. Juan Velásquez de Salazar, afirmaba siguiendo a San Agustín que los naturales necesitaban de la paz divina; que fue muy justa la guerra, a fin de que se reconciliasen con Dios. Hegel, reiteradamente manifestaba que la inferioridad de los indígenas se manifestaba en todo, incluso en la estatura. Benito Peñalosa y Mondragón decía: que los conquistadores inferían que los indígenas no tenían alma racional, sino cuando mucho un grado más que micos o monos. Ginés de Sepúlveda sostenía: qué cosa pudo suceder a estos bárbaros más conveniente y más saludable que quedar sometidos al imperio. Tomás de Ortiz señalaba refiriéndose a los indígenas: cuando se olvidan de las cosas de la fé que aprendieron, dicen que son aquellas cosas para Castilla y no para ellos y que no quieren mudar costumbres ni dioses.

Por los hechos anteriores consideramos importante este primer capítulo denominado ¿Cómo eran las comundiades indígenas precolombinas a finales del siglo XV?, para desmentir las opiniones mencionadas y hacer una valoración objetiva del desarrollo de nuestros pueblos precolombinos.

El territorio que ocupa hoy la República de Colombia, fue poblado por comunidades que migraron de otros territorios hasta establecerse como comunidades nómadas y sedentarias organizadas, según Hermes Tovar en su obra "Notas sobre el modo de Producción precolombino", en comundiades tribales, comunidades compuestas y comunidades ampliadas; distribuídas en un territorio con una extraordinaria biodiversidad y que su riqueza natural cuenta con minerales, maderas, agua, variados pisos térmicos y climas, costas y recursos hídricos.

Estas comunidades precolombinas se distribuyeron en sus tres cordilleras, en sus nudos y macizos, en sus llanuras y altiplanicies; vivieron en armonía con bosques, selvas, prados, animales y plantas; manteniendo el orden de la naturaleza, la pureza del agua y del aire, sin contaminar ni causar erosión. Es decir, sabían y saben usar la naturaleza, sin destruirla porque ellos perciben a las plantas, los animales, el paisaje, la naturaleza toda incluyendo al humano, como una totalidad material y espiritual. En su cultura saben cómo cuidarla, la conocen y la tratan con inteligencia.

La existencia de estas comunidades implica, de un lado, el proceso del nomadismo y la aparición del sedentarismo con la domesticación de algunos animales y la agricultura aunque sea en forma rudimentaria y, de otro, marca el comienzo del desarrollo social, político, económico y cultural de las mismas.

Nomadismo. Es el desplazamiento de un pueblo de un lugar a otro buscando comida, recogiendo frutos, cazando animales y pescando. Vivían en cuevas o grutas. El nomadismo implica el desplazamiento de los pueblos, primero, de Asia, Australia, Melanesia, Polinesia a las costas americanas y, desde allí, al interior de nuestro país.

Como producto de este nomadismo se han planteado las siguientes hipótesis respecto al origen del hombre americano sin existir consenso en el año o antigüedad de las migraciones:

a) *Hipótesis de la autoctonía.* En el siglo XIX, Florentino Ameghino (paleontólogo argentino), planteó que el hombre americano es autóctono y habría surgido en Argentina. En la actualidad esta teoría no tiene respaldo científico.

b) *Hipótesis del origen único.* Alex Hrdlicka (checoslovaco), afirma que el hombre americano tiene un origen único (que sería Asia) y una unidad étnica (mongoloide) y habría llegado al continente por el estrecho de Bering en varias migraciones.

c) *Hipótesis de los múltiples orígenes.* Según Paul Rivet (francés), las diferencias físicas entre los indígenas americanos son tan profundas que hacen imposible admitir su unidad racial, esas diferencias sólo pueden explicarse por las inmigraciones de pueblos distintos.

Rivet y Méndez Correa identifican las siguientes corrientes u oleadas:

I) Mongoles y esquimales venidos de Asia por Beringia, llegaron caminado en dos oleadas a América del Norte.
II) Polinesios: vinieron navegando a América del Sur.
III) Melanesios: llegaron vía marítima a América del Sur.
IV) Australianos: vinieron por la Antártida a América del Sur.

Los estudios lingüísticos han identificado en estas migraciones procedentes del antiguo continente tres familias lingüísticas para el caso de Colombia: CHIBCHA, CARIBE y ARAWAK.

Una familia lingüística se define como un conjunto de lenguas que derivan de una lengua común más antigua denominada lengua madre con la presencia de diferentes dialectos y lenguas.

Sedentarismo. Se presenta cuando una comunidad o comunidades se establecen en un lugar para vivir, cultivar, pescar, cazar con más técnica y conocimientos, teniendo acceso al agua, a un buen clima y a la naturaleza para aprovechar sus recursos para su subsistencia.

Cuadro 1. Principales familias lingüísticas en Colombia

Familia lingüística	Tribu indígena	Lugar que habitaron
CHIBCHA	Arahuacos	Sierra Nevada de Santa Marta
	Taironas	Sierra Nevada de Santa Marta
	Muiscas	Región central andina
	Tunebos	Casanare
	Andaquíes	Caquetá
	Pastos y Quillasingas	Sur del país
	Guambianos y Paeces	Cauca
CARIBE	Turbacos, Calamares, Sinúes	Costa Atlántica
	Quimbayas	Cordillera Central
	Pijaos	Tolima, antiguo Caldas
	Muzos y Panches	Tierras de Santander, Boyacá y Cundinamarca
	Calimas	Valle del Cauca
	Motilones	Norte de Santander
	Chocoes	Costa Pacífica
ARAWAK	Guahíbos	Llanos Orientales
	Wayus o Guajiros	Guajira
	Piapocos	Bajo Guaviare
	Ticunas	Amazonas

Fuente. https://goo.gl/oXYMqB

1.2 Comunidad tribal

Es una tribu que está conformada por varias familias con relaciones consanguíneas de orden cerrado que se guardan entre ellas solidaridad, ayuda mutua y tiene tradiciones comunes. La comunidad tribal aparece entre tribus nómadas y sedentarias. En Colombia se identifica este tipo de comunidad en aquellos pueblos que conocemos como pueblos caribes. Los pueblos más destacados entre la gran familia de caribes colombianos fueron los muzos (Sogamoso), los pijaos (Tolima y Caldas); los panches (Fusagasugá); los quimbayas (Quindío) y los motilones.

La tierra en la comunidad tribal. La comunidad es dueña de la tierra con sus riquezas.

La familia en la comunidad tribal. De acuerdo con Hermes Tovar, en la comunidad tribal se puede identificar la familia nuclear, la familia extensa y la familia social.

Familia nuclear. Está constituida por el esposo y las mujeres principales y secundarias.

Familia extensa. Es la familia nuclear con su descendencia, o sea, grupos de familias que se identifican en torno a un apellido.

Familia social. Abarca diversas familias extensas, se hallan unidas para formar una tribu. Los investigadores y en particular Tovar, sostienen que "una tribu está formada por 40 o 60 familias nucleares y unas 3 o 4 familias extensas". (Tovar, p.19) En la tribu, por ser de carácter cerrada, existe la endogamia, la poligamia, no puede haber la exogamia porque en este nivel de desarrollo hay comunicación únicamente al interior de la tribu. La tribu, entonces, es la asociación de múltiples familias nucleares.

Según el diccionario de Antropología Social y Cultural de Concha Doncel Rasillo, se aclara la siguiente terminología:

Endogamia. Es la unión o matrimonio entre individuos de ascendencia común; es decir, al interior de una misma familia.

Poligamia. La poligamia es un tipo de matrimonio en que se permite casarce con varios individuos al mismo tiempo. Comprende tanto la poliginia como la poliandria.

Poliginia. Cuando un hombre tiene dos o más esposas de manera simultánea.

Poliandria. Cuando una mujer puede estar al mismo tiempo en matrimonio con varios varones.

Exogamia. Práctica o norma social de contraer matrimonio con una persona de distinta tribu, ascendencia o procedente de otra localidad.

Organización social en la comunidad tribal. En cada tribu existe un jefe que desempeña funciones no solo políticas, sino religiosas y de administración social. Al lado de este jefe se sitúan sus mujeres y parientes inmediatos (nobleza indígena).

Familias tributarias. Son comunidades que al asignárseles un pedazo de tierra tienen deberes y obligaciones para con el jefe y su familia que consiste en aportar (tributar) una parte de sus cosechas o productos que cazan o pescan y contribuir con su trabajo en lo militar, en construcciones, en el laboreo y labranzas de sus jefes. A cambio reciben servicios religiosos, políticos y económicos.

Esclavos. Individuos capturados en la guerra, no pertenecen a la tribu, son miembros de comunidades vencidas. Según Tovar (1974): "Estos esclavos cumplen una función económica en tiempos de crisis de la tribu debido a plagas, inundaciones, malas cosechas, en el sentido de servir de alimento, surgiendo así la antropofagia" (pág. 19).

Antropofagia. Es el acto de comer carne humana en tiempos de necesidades, también la practicaban con fines rituales como ofrendas a las divinidades, en mitos como la creencia de que los guerreros se quedaban con la fuerza del vencido. En la actualidad se encuentra prohibida.

Organización política en la comunidad tribal. En esta comunidad, el MANDO y AUTORIDAD se halla en el jefe de la tribu, entendido el poder como una delegación que los miembros de la tribu hacen a su jefe para que los represente y los resguarde por su habilidad, su sabiduría y capacidad como jefe militar. Este jefe se ocupa de funciones administrativas, políticas, religiosas, ayudado por el consejo de ancianos que es consultado cuando se decide sobre problemas de crisis alimentaria, de justicia, de guerra. A cambio de los servicios prestados, la familia tributaria ofrece parte de su cosecha como una especie de tributo voluntario.

El consejo de ancianos. Este consejo está compuesto por personas activas en la vida comunitaria, las cuales están investidas de sabiduría, prestigio, poder, liderazgo, depositarios del conocimiento y la tradición; contribuyen en la toma de decisiones de justicia, de administrar el territorio, de decidir acerca de la guerra, el aprovechamiento de los recursos y el bienestar de la comunidad. Además, cumplen el papel de curanderos, artistas y guardan en su memoria la identidad del pueblo.

Para entender el significado de PODER, es necesario tener una conceptualización básica de los siguientes términos, según el Diccionario filosófico de Rosental (1946) y sociopolítico elemental de Francisco J. Trujillo (1986):

Estado. Es una organización con poder y autoridad de gobierno en representación de un grupo social y clase social para administrar una nación dentro de una zona geográfica delimitada por fronteras. Los elementos que constituyen el Estado son: población, territorio y poder. El Estado desempeña funciones políticas, sociales, económicas, y tiene aparatos de dominación, como medios de comunicación, educación, iglesia, ejército, policía.

Nación. Se refiere a un conjunto de personas que tienen en común lengua, cultura, raza, historia y que comparten ciertas costumbres y tradiciones.

Gobierno. Es la autoridad o poder para administrar o dirigir un país mediante la promulgación y aplicación de normas y haciendo que se cumplan.

País. Es un territorio con determinada área geográfica delimitado por fronteras y que funciona políticamente independiente como un Estado, cuenta con su propio gobierno y población.

República. Es una forma de organización del Estado donde lo característico es la separación de los poderes: ejecutivo, legislativo y judicial en procura de un equilibrio y estabilidad del Estado; hay elecciones y periodos de gobierno.

Monarquía. Es un régimen de gobierno donde todo el poder es ejercido por una persona, generalmente el rey, de manera indefinida o hereditaria.

Colonia. Un país o región se transforma en una colonia cuando se encuentra bajo dominio de otro país a grandes distancias.

Colonialismo. Es la acción de las grandes metrópolis que adquieren colonias a través de la fuerza para someterlos y explotarlos en todas sus formas.

Neocolonialismo. Es una forma de dominio de una metrópoli que acepta solamente la independencia formal de las colonias pero que dependen en lo económico de ella.

Clase social. Conjunto de personas con los mismos intereses económicos respecto a los medios de producción. Con la aparición de la propiedad privada la sociedad se divide en dos grandes grupos o clases: la de las personas que poseen propiedad privada, dueñas de los medios de producción (tierras, fábricas, bancos...) y la de aquellas personas que no son dueñas de dichos medios y sólo disponen de la fuerza de su trabajo para sobrevivir; por lo tanto sus intereses son diferentes y contrarios.

Clases sociales. Son grandes conjuntos de seres humanos que comparten un mismo modo de vida y una misma condición de existencia. Se diferencian, se enfrentan entre sí, construyen su propia identidad social y se definen tanto por su posesión o no posesión de los medios de producción como por sus intereses, su cultura política, su experiencia de lucha, sus tradiciones y su conciencia de clase (de sí mismos y de sus enemigos). Las clases explotadoras viven a costillas de las explotadas, las dominan y las oprimen, por eso están en lucha y conflicto permanente a lo largo de la historia.

Vivienda en la comunidad tribal. En esta comunidad la casa del jefe indígena y de su familia, es más grande porque se convierte en el lugar que congrega para desarrollar las ceremonias religiosas, políticas y militares. La casa del jefe se encuentra mejor construida, más adornada, más espaciada y expresa una cierta diferenciación social tribal. No residían en grandes poblados.

Economía en la comunidad tribal. Los hombres se ocupaban en actividades de la caza y la pesca. Las mujeres llevaban a cabo los deberes domésticos, la crianza de los niños pequeños, procesamiento y producción de alimentos, ropa y el cultivo de la tierra, incluyendo la siembra y la cosecha.

> "Las mujeres trabajaron en la agricultura la papa, arracacha, uchuva, maíz, yuca o mandioca, coca, tabaco, algodón, cacao, ají, achira, aguacate, distintos tipos de fríjoles, ahuyama, guayaba, maguey. La pesca de grandes especies, tanto de océano como de río, era la fuente principal para su alimentación, la conservaban por largos períodos con técnicas de humeado, secado y salado" (Enciclopedia libre, p.1)

En la comunidad tribal existe división del trabajo aunque de manera elemental. Entre unas y otras tribus que se iban especializando en determinados productos se estableció el intercambio.

El trabajo era de carácter colectivo, todos trabajaban para todos, la ociosidad y el robo constituían costumbres antisociales severamente castigadas por la comunidad. Caciques, sacerdotes y guerreros desempeñaban una actividad económica y productiva; los caudillos militares organizando la defensa, los jefes civiles, haciendo cumplir las normas; los sacerdotes, magos o hechiceros prediciendo las lluvias, calculando el tiempo y las estaciones del año, conjurando el peligro, curando enfermedades, alejando los "malos espíritus" adversos a la tribu.

Religión y cultura en la comunidad tribal. El diccionario filosófico define la cultura como el conjunto de bienes materiales y espirituales creados por la humanidad en el proceso de su práctica histórico-social del trabajo. Los valores materiales, ante todo, las fuerzas productivas, pertenecen al campo de la cultura material. Todo lo que es creado por las superestructuras sociales constituye el campo de la cultura espiritual: instituciones políticas, obras científicas, artísticas, condiciones de vida, moral, etc. La cultura espiritual y las fases de su desarrollo, dependen del nivel da la cultura material, ante todo de las fuerzas productivas de la sociedad. La cultura dentro de una sociedad dividida en clases tiene necesariamente un carácter de clase. La orientación de su desarrollo está determinada por los intereses de la clase dominante.

La UNESCO define la Cultura como un conjunto de rasgos distintivos espirituales y materiales, intelectuales y afectivos que caracterizan una sociedad o un grupo social. Ella engloba, además de las artes y las letras, los modos de vida, los derechos fundamentales del ser humano, los sistemas de valores, las tradiciones y las creencias. La religión indígena dado su dependencia y poco dominio de las fuerzas de la naturaleza, se presenta como el reflejo fantástico de las fuerzas terrenas que adquieren formas extraterrenas; expresándose en creencias como el animismo, la magia, el totemismo y el fetichismo. En ese sentido ellos creyeron en el sol, la luna, las estrellas, los eclipses, la lluvia, el viento como mediadores para la economía: la caza, la pesca, la recolección y la agricultura.

Según el diccionario filosófico de M. Rosental y P. Lurín y Diccionario de Antropología Social y Cultural de Concha Doncel Rasillo se aclaran los siguientes términos:

Animismo. Es una creencia que consiste en imaginarse que detrás de cada objeto de la naturaleza se oculta un espíritu invisible que lo dirige. La ciencia se opone a esta creencia.

Magia. Es una creencia que valiéndose de palabras, conjuros y diversos actos y elementos pretende producir resultados contrarios a las leyes naturales.

Totemismo. Es creer en un tótem, que es un ser animado o inanimado, del cual un grupo de personas dice y cree descender.

Fetichismo. Divinización de diversas cosas y objetos (fetiches), atribuyéndoles fuerzas misteriosas, sobrenaturales, inasequibles para la comprensión humana. Los amuletos son considerados fetiches.

La comunidad tribal da paso a la confederación de tribus como nuevo tipo de comunidad, la Comunidad Compuesta.

1.3 Comunidad compuesta

Hermes Tovar (1974), considera a los quimbaya como la comunidad compuesta más representativa; habitaron en las vertientes occidentales de la cordillera central, en los actuales departamentos de Caldas, Quindío, Risaralda y en el Valle, los municipios de Cartago y Obando.

La comunidad compuesta se configura cuando una tribu por razones de crecimiento demográfico y/o necesidad de nuevas tierras, domina a otras tribus circunvecinas produciéndose cambios en la economía y en la nueva organización política.

La propiedad de la tierra. La tribu dominante se apropia de las tierras de las tribus dominadas, pero a su vez, permite a las comunidades dominadas el derecho de continuar usufructuando la tierra.

Organización social. En este tipo de comunidad aparece la alta nobleza o nobleza principal vinculada al jefe de la tribu dominante, y la nobleza secundaria compuesta por los jefes de las comunidades dominadas.

Nobleza indígena. La componen el jefe y la parentela de la comunidad dominante y los jefes de las comunidades dominadas quienes van a desempeñar funciones de consejeros.

Población tributaria. La componen todas y cada una de las familias tributarias de las comunidades tribales dominadas. La población tributaria tiene obligaciones económicas en servicios no solo para su propia comunidad sino también para la comunidad dominante en la construcción de obras de infraestructura como puentes, canales, caminos y depósitos. El tributo en servicios implica la obligación de trabajar en obras de servicio común.

En la comunidad compuesta también se presenta el tributo en especies según lo que cultive o produzca cada comunidad, el cual se emplea para sostener a sacerdotes, militares e intercambios con otras comunidades. La producción sobrante era para toda la comunidad, expresaba las relaciones de solidaridad, cooperación y ayuda mutua entre los miembros de la comunidad tribal.

Los esclavos. En la comunidad compuesta la esclavitud sigue vinculada a la captura de individuos fuera de la comunidad. Según Tovar Hermes (1974) "En la comunidad compuesta alcanza alto nivel de superación de la antropofagia, utilizando los esclavos como medio de producción en la agricultura y en lo de los servicios" (p.31).

Organización política. Los jefes usaron algunos distintivos (mitra, cetro, báculo, casa de habitación especial) como símbolo de autoridad, en calidad de administradores de la justicia; eran tanto más respetados cuanto de ellos dependía la seguridad, actuaban en defensa y en interés de toda la comunidad de la tribu. Conductas antisociales como el homicidio, robo, desobediencia a los jefes, haraganería, cobardía ante el enemigo en el campo de batalla, y conductas como la mentira, irrespeto a los ancianos y a los muertos (tumbas o guacas) eran socialmente reprobadas, los sancionaban con la pena de muerte, inmolación, o sacrificio a los dioses, mutilación o expulsión de la comunidad.

En las tribus precolombinas, el respeto a los jefes estaba basado en sus capacidades. No existía en ellos la autoridad de la fuerza sino la autoridad moral.

Organización urbana. Varios investigadores coinciden en señalar que hay cambios en la estructura urbana; aparecen los centros urbanos con una plaza, donde viven las comunidades dominantes, como áreas de control político al servir como lugar de concentración de masas, residencia del cacique y los capitanes, en lo religioso con la celebración de ritos y entierros y como lugares de almacenamiento de alimentos y especies.

Organización económica. En esta comunidad, el trabajo agrícola ahora estará en manos de los hombres y no en el de las mujeres. Las tribus se especializan en ser productoras de cerámica, cestas, flechas, tejidos, productos agrícolas u objetos de orfebrería.

Hay intercambio de productos entre comunidades mediante el trueque. Aumentan las técnicas agrícolas con canales de irrigación que permiten un mayor rendimiento en la producción y aparecen los graneros.

Los quimbayas como representantes de este tipo de comunidad sobresalen en la cerámica con la fabricación de vasijas para la cocina, platos, botijas para transportar agua y fermentar bebidas, se adornaban con coloraciones, motivos antropomorfos y zoomorfos. La orfebrería de los quimbayas sobresale entre las tribus primitivas de Colombia, no sólo por la abundancia, sino por el arte, la perfección y la elegancia de las piezas que elaboraban. Para Sepúlveda H. (1978):

> "... la particularidad que tiene la orfebrería Quimbaya, es el de la aleación del oro y del cobre, llamada tumbaga. El trabajo con oro tuvo un significado de adorno personal, mágico, religioso y de autoridad. Trabajaron diademas, narigueras, pectorales, brazaletes, zarcillos, colgantes, o pendientes, orejeras, representaron dioses, animales, escenas cotidianas, mitológicas y ceremoniales" (p. 91)

Cultura. La ideología se expresa en el arte a través de la cerámica y en la orfebrería que reflejan un profundo sentimiento religioso al representar motivos antropomorfos y antropozoomorfos relacionados con sus divinidades. Creían en el más allá y en la existencia de otra vida después de la muerte, a la que había que llegar con algunos recursos propios de este mundo.

Creían en el chamanismo, su religión estaba basada en sus rituales funerarios, enterraban a los señores principales con sus criados y mujeres; la tradición de que la mujer siguiera a su marido al más allá, era llamado "cadáver viviente".

Chamanismo. Es una creencia en que el mundo visible está impregnado por fuerzas y espíritus invisibles que afectan todas las manifestaciones de la vida. EL chamanismo requiere conocimientos o capacidades especializados.

1.4 Comunidad ampliada

Investigadores como Hermes Tovar, muestran que este tipo de comunidad se encuentra representado en las llamadas culturas chibchas, que habitaron el altiplano cundiboyacense y el sur del departamento de Santander; en la Cultura Tayrona, que habitó los departamentos de Magdalena, Guajira, Cesar y en las faldas de la Sierra Nevada de Santa Marta; en la Cultura de San Agustín, que se desarrolló en el Valle del Alto Magdalena (sur del departamento del Huila), territorio correspondiente a los actuales municipios de San Agustín, San José de Isnos y Salado Blanco, situados todos en las estribaciones del macizo colombiano.

La cultura San Agustín es de las más antiguas, sobresale por sus estatuas de piedra con figuras animales o humanas, algunas de las cuales superan los tres metros de altura y que aparentemente servían como guardias de tumbas, sus sepulturas muestran su estratificación social para llevar a cabo los trabajos. Los sitios donde se ubican son las Mesitas, Altos de Lavapatas, Alto de los Ídolos, Altos de las Piedras. Es un sitio arqueológico por excelencia. Hay lajas que forman una especie de cajón. Las piedras talladas tienen el aspecto de seres monstruosos; en las esculturas predominan rasgos felinos, representaciones de guerreros con sus armas y casquetes.

En otro centro arqueológico denominado Tierradentro (Cauca), se ha hallado templos funerarios subterráneos, estatuas, rocas labradas.

Los Taironas progresaron en lo urbano, con el descubrimiento de Buriticá, conocida como ciudad perdida; con otros estudios se encontraron importantes trabajos de ingeniería, carreteras y puentes hechos con losas de piedra, terrazas para el cultivo de las laderas y construcción generalizada de plataformas de nivelación sobre los cuales se erguían viviendas y otros oficios, practicaron la estatuaria, variedad de objetos de piedra, la orfebrería y la cerámica.

La comunidad ampliada surge en el momento en que varias comunidades compuestas, son dominadas por otra comunidad compuesta, quien entra a controlar grandes regiones y con poblaciones numerosas. Surge el Señor Principal, como autoridad centralizadora. Este tipo de comunidad alcanza su mayor desarrollo entre los chibchas.

La propiedad de la tierra. La propiedad de la tierra es comunitaria. Para Tovar (1974) en este tipo de comunidad,

> "... existen las siguientes entidades comunitarias: la parte, el pueblo y el cacicazgo del Señor Principal. Varias partes componen un pueblo y varios pueblos a su vez forman el área de dominio de cada uno de los Señores Principales que existieron en el altiplano colombiano" (p. 45)

Al interior de estas entidades, cada unidad familiar tenía su parcela, con derecho de explotación y usufructo cediéndose generalmente a la siguiente generación. Los trabajos de siembra y recolección se hacían de forma colectiva. Además de las parcelas familiares, había la tierra comunal (ejidos), utilizadas por todos los miembros de la comunidad, al igual que los bosques de caza, los ríos y las lagunas para la pesca. Existía también la propiedad de los caciques que tenía indicios de propiedad privada, estas parcelas eran trabajadas por la comunidad para el mantenimiento de gobernantes, sacerdotes y fiestas religiosas.

Organización social. Entre los chibchas la filiación consanguínea es la materna. Se prohibía cualquier contacto sexual entre sus componentes, se practicaba la exogamia porque ya existían otras comunidades tribales en los dominios de las comunidades compuestas, siendo exceptuados los caciques y los de gran poder. En la poligamia chibcha la primera mujer tenía un status superior.

Dentro de los chibchas se presenta una nobleza indígena integrada por caciques principales, nobles (UZAQUES), sacerdotes (XEQUES), una población tributaria o gentes comunes y esclavos que tuvieron menos importancia.

La nobleza indígena. A la cabeza de la tribu se encontraba el cacique rodeado por sus mujeres, hijos y servidores, a veces eran numerosos, los sacerdotes (Jeques) y los guerreros (Guechas), quienes asistían a los caciques en las labores propias de su campo y conformaban consejos de consulta político-militar para cuando los caciques lo necesitaran.

Para Tovar (1974), la nobleza estaba constituida por:

> "a) la comunidad dominante y su cacique, b) la nobleza de las comunidades compuestas sometidas con prerrogativas y derechos. Entre los chibchas existían un capitán que tiene poder y dominio sobre UNA PARTE, un Cacique que tiene poder y dominio sobre UN PUEBLO, un Señor principal que tiene poder y dominio sobre una PROVINCIA, también pertenecen los militares, c) la nobleza de la Parte"(p. 45)

A medida que la comunidad amplía sus dominios, la diferenciación social entre esta nobleza y las familias tributarias se acentúa.

La población tributaria. Se desempeñaban como trabajadores de la tierra y artesanos, no gozaban de privilegios políticos ni administrativos dentro de los puestos de gobierno. La función básica de la población tributaria es la de servir al Señor Principal, a la nobleza, a los templos y la de producir un excedente tributario. Entre los chibchas la población tributaria fue llamada moxca.

En esta comunidad el aumento de la población tributaria permitió el trabajo de terraplenar montañas, construir monumentos y acarrear materiales para la construcción de edificios. El tributo en la comunidad ampliada sigue siendo en especie y en servicios. Tributan mantas, cueros de venado, oro, algodón, coladoras, plumas de aves, tributaban trabajo para la construcción de obras de infraestructura como terrazas, acequias, caminos y templos.

Esclavos. Son prisioneros de guerra que ocupan el lugar de servidumbre de la población indígena, quienes quedaban al mando de familias privilegiadas.

Estructura política. En los chibchas se da un proceso de centralización, diferenciación entre el jefe de la comunidad y los miembros de la comunidad dominante, por lo tanto se agudizan las contradicciones; la autoridad con el tiempo se fue haciendo vitalicia y finalmente hereditaria. Sepúlveda (1978), afirma que:

> "Heredaban matrilinealmente la jefatura, particularmente el hijo mayor de hermana, o en ausencia de este, el hermano mayor del jefe o mandatario fallecido. Cuando se presentan personas con el mismo grado era necesaria la proclamación pública, o sea la ratificación o el reconocimiento público de la autoridad. La proclamación iba acompañada de la consagración, que con gran ceremonial iba el heredero hasta la laguna de Guatavita acompañado de la multitud. Allí se le embadurnaba el cuerpo con miel y se le untaba con oro en polvo. Después, este entraba con algunos miembros de la nobleza a una balsa y se internaba ante el silencio de la multitud hasta la salida del sol. Una vez que este surgía en el oriente, el heredero se tiraba al agua, en medio del alborozo. Después, de aquel acto, se arrojaban ofrendas a los dioses, y se hacían fiestas y juegos por varios días" (p.64)

Entre los chibchas comienza a surgir un Estado incipiente, a partir de que los individuos trabajan para el capitán, para el cacique, quienes cobraban los tributos y daban gran parte de ellos al cacique principal. Los miembros de la comunidad usufructuaban la tierra a cambio de someterse al pago de tributos, en servcicio militar y personal, al trabajo obligatorio en las parcelas de gobernantes y sacerdotes, a la construcción de obras comunales, y a depender en todo de la voluntad del gobernante.

> "Esta aristocracia tribal y esta burocracia administrativa formaban el embrión de una clase explotadora al adueñarse de gran parte del producto excedente, engendrando un proceso de diferenciación económica, social y política, llevando a la sociedad de clases, a la propiedad privada y por ende a crear las fuer-

zas coercitivas propias del Estado; aunque es posible que la tierra siguiera siendo comunitaria" (Sepúlveda p. 85)

Entre los historiadores aún no hay unanimidad acerca del número de confederaciones o cacicazgos entre los chibchas, algunos hablan de cinco, otros de dos; sí hay consenso sobre dos confederaciones principales: la confederación del sur, encabezada por el Zipa, tenía su capital en Bacatá, hoy Bogotá y la confederación del norte estaba gobernada por el Zaque y tuvo su capital en Hunza, hoy Tunja. Quienes sostienen que la comunidad Chibcha estaba dividida en cinco cacicazgos se refieren a: Bacatá (dominio del Zipa), Hunza (dominio del Zaque), Guatativa, Susa y Tundama.

La estructura urbana. En este tipo de comunidad aparecen los grandes centros ceremoniales, como centro fundamental y corazón de la nueva ciudad, reemplazan a la plaza y habitaciones a su alrededor. Los centros ceremoniales se convierten en lugares de concentración de grandes masas indígenas para asuntos políticos, militares y religiosos.

Estructura económica. Entre los chibchas sobresalió el trabajo artesanal (elaboración de mantas de algodón); en minería (producción de sal, extracción de esmeraldas, oro, cobre, carbón de piedra); alfarería (producción de ollas, las ollas grandes se llamaban gachas); orfebrería (trabajo del oro en láminas de pequeñas dimensiones). Según Tovar, Hermes (1974):

"Aparecen los mercados sólidos orientados hacia el cambio de valores de uso. Se creó una división de trabajo comunitario; mientras unos pueblos (Nemocón, Tausa y Zipaquirá) producían la sal; esmeraldas en Somondoco; ollas en Tinjacá, Ráquira y Cogua; tejidos en Zuta y Ciénaga; agricultores: Foaca, Occata. No fueron autosuficientes, fue necesario el intercambio con todas las regiones circunvecinas de productos que, como el algodón, el oro, las piedras preciosas y las plumas de papagayos, únicamente podían obtenerse en tierras bajas o calientes, a pesar de las que ellos poseían" (p. 51).

No todo el producto excedente era consumido por la nobleza militar o religiosa u otros funcionarios del Estado sino que estaban dispuestos, también, para servir a los miembros de la población tributaria en general en tiempos de necesidades.

El intercambio se hizo entre comunidades, emplearon como valores de cambio el algodón, la sal, sobre la base del trueque. El oro tenía un valor de uso, utilizado en ritos, ornamental y ceremonial, adornos (pulseras, ajorcas, anillos, alfileres, collares, narigueras, pectorales, etc).

Conocieron plantas y practicaron la agricultura. Francisco Posada, relaciona los siguientes productos: maíz, algodón, arracacha, auyamas, batatas, cubios, fríjoles, quinea, patatas, tomate, turmas, caimito, guayabo, pitahaya, yuca, calabaza, guanábana, guayaba, piña, guama, agucate, coca, hibio, chugua y tabaco. Cazaban venados, curíes, conejos, tórtolas, perdices y patos. Trabajaron el fique para hacer mochilas, cestos, canastas.

Rosso José, en sus ensayos sobre sociedad chibcha afirma que:

"Poseyeron activos centros de intercambio como Turmequé, en donde se intercambiaban telas, vasijas y piedras preciosas, cada tres días; Sugamuxi, lugar de donde llegaba el algodón de los llanos orientales; la feria de Coyaime sirvió para comercializar con sal, mantas, esmeraldas, al igual que la de Zacoratá, al norte; en Aipe se negociaba con telas, sal y esmeraldas. Tora, a orillas del río Magdalena, fue otro punto comercial" (p. 24)

Religión y cultura. Los dioses aparecen como quienes facilitan el trabajo, suministran alimento, preservan la salud y la vida, aseguran la victoria, conjuran el peligro. Rinden culto al sol a quien denominaban Xué, Chía a la luna, Chiminigagua, al principio creador o fuerza suprema, Bachué a la madre de la humanidad y Bochica al rey civilizador. El sol y la luna serían la encarnación en Bachué madre de la humanidad, Bochica, héroe cultural que enseñó la moral y los oficios. Rindieron culto a los muertos como un gran acontecimiento, concebían la muerte como un prolongado viaje en donde el difunto sentía todas las necesidades que había tenido en la vida, por ello le colocaron armas, víveres, mantas, utensilios y personas vivas. Manejaron el arco, la flecha, la lanza, la cerbatana, la honda, el propulsor.

Las comunidades indígenas hacia finales del siglo XV adquirieron un desarrollo enmarcado en sus propias condiciones, el cual se expresa en las siguientes consideraciones abstraidas de lo planteado anteriormente. Los instrumentos de trabajo, vestido, casa, enseres domésticos, etc, eran de propiedad individual. La tierra laborable, las aguas, los bosques, las minas, es decir, los medios de producción, eran propiedad comunal. Los trabajos de siembras eran colectivos y se iniciaban con grandes festividades religiosas; los productos de las parcelas trabajadas por las familias pertenecían a ellas; domesticaron animales como patos silvestres y roedores. Se inicia el proceso de surgimeinto de un Estado incipiente porque comienzan a aparecer las clases sociales, hay sujeción, dependencia, apropiación de los tributos que llevan a enriquecer a la nobleza.

Se acercaron al conocimiento de las matemáticas, emplearon un calendario que les permitió manejar la agricultura y celebrar las fiestas religiosas. Elaboraron PETROGLIFOS, piedras pintadas generalmente en rojo; algunos historiadores consideran que ya se iniciaban en la escritura jeroglífica. Llegaron a estructurar códigos como el de NEMEQUENE que contenían normas de organización social. Su ingeniería se expresa en la construcción de muros de contención, terrazas, acueductos, puentes y bases para vivienda. Fueron navegantes.

La instrucción y educación estaban ligadas a las necesidades materiales de la sociedad. Practicaron el aprender-haciendo porque para aprender a manejar el arco se cazaba, para aprender a fabricar utensilios se elaboraban y construían según sus necesidades. Los nobles recibían instrucción en los centros educativos denominados "cucas", ahí aprendían a ser disciplinados, a recibir conocimientos prácticos sobre faenas productivas, el intercambio de productos, cálculo del tiempo, ejercicios gimnásticos y militares, entre otros.

Las manifestaciones artísticas de los indígenas se expresaron en labores como la cerámica, la orfebrería, los hilados, tejidos, fiestas, música, canto, danza, escultura, escritura, pintura, literatura oral. Utilizaron materiales como la piedra, la madera, el hueso y el marfil vegetal (tagua), trabajaron el oro y el cobre, de los cuales inventaron una mezcla denominada TUMBAGA.

Nos dejan su cultura, sus tradiciones, el conocimiento sobre las plantas y animales, su forma de convivir, su cosmovisión, sus cantos y bailes, sus fiestas, sus creencias, sus medicinas, sus utensilios artísticos, de guerra, para cultivar el campo, su habilidad para sobrevivir en un entorno hostil, su genética, su inteligencia, entre otros. Sepúlveda (1978), afirma que:

> "Nos dejan además la música, el canto y la danza, que presidían las ceremonias religiosas, alegraban sus festividades, exaltaban su valor en los combates y mantenían el entusiasmo y coordinación de sus movimientos en las faenas agrícolas y trabajos de siembra... Entre los instrumentos musicales utilizados por las tribus podemos mencionar: el arco musical, las trompetas de caracol, el tambor de madera, el de membrana de piel, el bastón de ritmo, la flauta de pan y pifano, la maraca, placas sonajeras, cascabeles, campanillas, silbatos, ocarinas, flautas verticales y traveseras, semillas de frutos vegetales secos. En los hilados y los tejidos emplearon el

fique, corteza de árbol, el algodón. Los hilos
se teñían con diversidad de colores vegetales
(color rojo sacado de la tuna y la cochinilla;
color azul, sacado del añil; el amarillo extrai-
do del espino; el morado, del palo brasil) o
colorantes de origen mineral" (p. 85)

Diego Montaña Cuéllar en su obra, "Colombia: país formal, país real", muestra algunas tradiciones y costumbres: El baño era utilizado por los chibchas, como recurso terapéutico y ritual religioso. La primera ofrenda del chibcha a la dividnidad era la entrega de los cabellos en señal del tributo a la diosa de las aguas que llamaban Sía. La entrada de las mozas chibchas a la pubertad era celebrada con una ceremonia de purificación por medio de las aguas. Las mujeres encinta para dar a luz, se retiraban solas a orillas de las aguas. La ceremonia de Correr la Tierra era una gran fiesta que celebraban todos los caciques chibchas en honor del agua. Sobre el rito de las aguas se forjó la Leyenda de El Dorado, procedente de la ceremonia de consagración de los soberanos chibchas.

Con la extracción de la sal compraban todo el oro de los aluviones que se extraían de los ríos del sur y en las vetas de las cordilleras central y occidental ocupadas por los quimbayas.

Hernán Sepúlveda, señala que nos dejaron también el arte indígena que surgió como fuente misma de la productividad, como medio para acrecentar el rendimiento de la agricultura, de la caza, de la pesca, para expresar la fertilidad de la tierra, de las aguas, de los bosques, del subsuelo; para reconocer la influencia del sol, de la luna y la acción benéfica o destructora de los elementos sobre la cosecha, los partos, en una palabra, para asegurar la supervivencia de la comunidad y sus miembros. El arte rupestre se expresa en las grabaciones en rocas de triángulos, rombos concéntricos, motivos antropomorfos, zoomorfos y antropozoomorfos, manos y pies humanos, espirales, grecas, líneas.

CAPÍTULO II

Europa en el siglo XV

2. Europa en el siglo XV

Para entender el proyecto de Colón sobre lo que hoy es América, es necesario tener claro lo que sucedía en Europa; sus pueblos asimilaron aportes de otras culturas milenarias como la china, la india, la musulmana, la egipcia, la africana, la griega y la romana, en términos sociales, económicos, políticos, humanistas y científicos que incidieron en la elaboración de dicho proyecto.

En Europa hacia el siglo XV predominaba el feudalismo pero al mismo tiempo se genera el proceso de desarrollo del naciente capitalismo. En el feudalismo lo característico es el Señor feudal, las personas son siervos, viven y trabajan en sus predios. Los siervos producen bienes agrícolas para el consumo inmediato de su familia o de su amo, no producen para vender, el mercado era débil y ocasional, existían pequeños burgos. Las pocas transacciones en este sistema se hacen a base de trueque o intercambio de productos y sólo excepcionalmente interviene el dinero en ellas.

El desarrollo capitalista se muestra en las producciones artesanales que comenzaron a impulsar la vida comercial. Las monarquías inician un proceso de unificación de condados, principados y regiones autónomas. Simultáneamente comenzaron a eliminarse barreras aduaneras que posibilitó la instauración de mercados regionales y luego nacionales.

En la formación económico social feudal hay dominio de la economóa natural, fijación del campesino a la tierra, dependencia personal del campesino respecto al terrateniente, estado de desarrollo bajo de la técnica, sin desconocer que hubo avances en muchos aspectos.

A continuación clarificamos términos o glosario medieval de acuerdo con el documento: El feudalismo en la edad media, de Marimar; diccionarios de Rosentales, de Borisov y de Francisco J. Trujillo:

Feudo. Comprendía el castillo, donde vive el señor feudal y los caballeros.

Mansos. Son las tierras que el señor feudal deja a los campesinos para que las cultiven a cambio de dinero o parte de las cosechas.

Reserva. tierras del señor feudal que cultivan sus siervos. Contaba con edificios, patios, almacenes, talleres, establos, hornos y molinos. Por el uso de estos establecimientos el señor cobraba en metálico o en especie; también lo hacía por la explotación de un bosque, el uso de un río, de un puente por medio del peaje o pontazgo. La Iglesia tenía su propio impuesto llamado diezmo, consistente en el cobro del 10 % de la cosecha.

En las cercanías del castillo se situaban las villas y humildes casas de los siervos y capilla.

Villa: Es un centro urbano mayor que un pueblo, pero menor que una ciudad propiamente dicha, donde se realizan ferias o mercados.

Vasallaje: Es la relación de un individuo con su Señor cuyo vínculo implicaba lealtad y, a su vez, dependencia y sumisión; el vasallo debía brindar asistencia militar y política al señor, quien a cambio le entregaba tierras para su usufructo. El vasallaje es para los trabajadores campesinos, los nobles, eclesiásticos y caballeros.

Vasallos. Personas que dependían del señor feudal y su principal deber era guardarle fidelidad, así como, pagar impuestos, tributos, ayudarlo en todas las labores que fuese necesario, sea político o militar.

Siervo. Persona que pertenecía al pueblo en condiciones similares a los esclavos, con la diferencia de que no eran vendidos junto a las tierras y jurídicamente era un hombre libre.

Servidumbre. Forma de contrato social y jurídico mediante el cual una persona —el siervo, generalmente un campesino— queda al servicio y sujeto al señor feudal, a un noble o alto dignatario eclesiástico, o incluso a una institución como podía ser un monasterio.

La concesión de feudos o territorios que el monarca otorgaba a los nobles o vasallos que hubieran destacado en la guerra o en otra forma de servicio era común, su entrega se suscribía durante la realización de un acto de gran solemnidad que se dividía en tres etapas: homenaje, juramento de fidelidad e investidura.

El homenaje. Es un juramento de cumplimiento, a los actos de sumisión, veneración y respeto al señor feudal. El vasallo desarmado, descubierto y de rodillas, colocaba sus manos juntas en las del Señor, quien las tomaba entre las suyas simbolizando, respectivamente, la entrega de su persona, convirtiéndose en su «hombre», y la aceptación de la entrega. Espera que su señor le alce, dando con este gesto un reconocimiento de apoyo mutuo seguido de un juramento de fidelidad.

El momento de la entrega del feudo es lo que se llama investidura y siempre precedía al momento del Homenaje. Jurídicamente la entrega del feudo es en usufructo vitalicio, lo que significa su derecho a utilizar los bienes del señor y disfrutar de los beneficios que éstos den, siempre con la obligación de cuidarlos y preservarlos como si fueran suyos. Este derecho en principio desaparecía con el fallecimiento del vasallo. La "ceremonia" por la que un siervo se ligaba a un señor feudal, se llamaba Encomienda que consistía en un contrato por el cual el señor obligaba al siervo a trabajar sus tierras, mientras que se le otorgaba un pequeño feudo familiar, que eran pequeños terrenos para su subsistencia. Por medio de la encomienda, el señor se comprometía a proteger al siervo, a mantener el orden y a distribuir justicia.

Castillo. Edificación que no sólo cumplía funciones militares o de defensa, sino que servía también de residencia a los señores de la nobleza y a los propios reyes, derivando con el tiempo en un auténtico palacio fortificado.

Condado. Territorio regido por un conde.

Principado. Una forma de gobierno en la que el jefe de Estado es un príncipe. Este modelo de gobierno se dio mucho en la Edad Media.

Burguesía. Clase social que agrupa inicialmente a mercaderes y banqueros, más tarde a capitalistas industriales; propietarios de los medios de producción social y que emplean trabajo asalariado. La clase burguesa tiene su origen en la sociedad feudal; ella encabezó la revolución anti feudal y enarboló las banderas de la doctrina liberal. Nace en Europa occidental en el siglo XI y desde allí comienza a expandirse. Alcanza su predominio económico a partir de la revolución industrial en Inglaterra y su completa dominación política desde la revolución francesa de 1789 en adelante.

Burgos. Con este nombre comenzaron a ser designados en Europa las pequeñas concentraciones de personas en torno a los feudos o en sitios en los escasos caminos para intercambiar o vender productos, naciendo los mercados y los poblados para vivir.

Artesanía. Trabajo fundamentalmente elaborado con las manos, moldeando diversos objetos con fines comerciales o meramente artísticos o creativos.

Manufactura. Obra realizada a mano o con ayuda de máquinas destinada a la venta, al comercio.

Autarquía. Economía autosuficiente.

Caballero. Noble guerrero al servicio del rey o al poder feudal que montaba a caballo y que llevaba armas como lanzas o espadas, recibía tierra o dinero como retribución a su servicio, debía jurar lealtad y se comprometía a ser cortés y valiente.

Mercader. Comerciante, vendedor producto del sistema feudal y las ciudades medievales. Los mercaderes, se localizaban en los alrededores de las ciudades, vendían productos agrícolas de feudos y artesanías provenientes del oriente.

La descomposición del feudalismo comienza según, VITALE Luis, cuando:

> "La burguesía naciente y los campesinos se alzan contra los privilegios que tienen los señores feudales. Junto al feudalismo se desarrolla la naciente burguesía comercial que convive con los feudos, se desarrolla el comercio; se generan sigilosamente las primeras investigaciones científicas"(p.2)

El siglo XV, es la época del Renacimiento en Europa, reaparece el Humanismo, éste dio un impulso a las ciencias, la filosofía y el arte basándose en el antiguo saber de los chinos, indúes, árabes, sumerios, egipcios, griegos y los romanos, entre otros. Sus características fundamentales son dar mayor importancia al individuo (antropocentrismo) y el uso de la razón como motor del conocimiento. El hombre pasa a ser el centro del mundo, se canta y se ama al hombre, a la naturaleza, a la política, a la filosofía, se desarrollaron más algunas de las ciencias como la física, la biología o la anatomía.

En Europa durante los siglos XII y XIII comienza el proceso de gestación de los Estados Modernos en España, Inglaterra y Francia. Los reyes van centralizando el poder, unificando sus dominios y haciendo sentir el peso de la monarquía sobre los señores feudales que se resisten a reconocer otra autoridad que no sea la de su feudo. Las donaciones de tierras, hechas por el rey a los caballeros, y las necesidades militares de la guerra, debilitan las tendencias autónomas y autárquicas de los señores feudales.

La monarquía se convierte en un árbitro o mediador entre la nobleza y la naciente burguesía comercial, resguardando sus propios intereses de clase. El fortalecimiento de los Estados monárquicos va debilitando paulatinamente la sociedad feudal.

> "Hay evidentes cambios que debilitan el feudalismo y elevan a la nueva clase social, la burguesía. Las modernas corporaciones comerciales son el medio para que la burguesía conquiste el gobierno de las ciudades. El uso de la pólvora por los burgueses hace que sean superiores a los de los caballeros feudales. Se fortalece la manufactura, se emplea la hulla en vez del carbón vegetal, se consolidan los bancos. Se crean los Estados Nacionales que terminan por vencer la dispersión feudal, surgen grandes compañías comerciales, la burguesía estaba indagando por nuevos mercados" (Delgado, La colonia. p.23)

La lucha entre los reyes, la nobleza y el clero poco a poco va siendo ganada por los primeros, creando poderosos Estados centralizados (Castilla, Francia, Inglaterra). Se organizan los estados modernos centralizados con su burocracia, sus ejércitos y sus leyes.

Los inventos de la brújula atribuida a los chinos y el astrolabio a los griegos e introducido a Europa por los árabes, fueron útiles para determinar la orientación mediante la aguja imantada que señala al Norte, la latitud y longitud en los viajes marinos.

Otros inventos de culturas antiguas como la pólvora que cambió radicalmente la manera de hacer la guerra y la imprenta que sirvió para transmitir los conocimientos de manera asombrosa, facilitando el acceso a los libros.

Surgió un nuevo tipo de embarcación, la carabela (mástiles con velas triangulares) que fue el primer barco oceánico del mundo.

Entre los geógrafos y navegantes ya se aceptaba la idea de la redondez de la tierra; el astrónomo y geógrafo florentino Toscanelli creía que, yendo siempre hacia el oeste, se podía llegar hasta el Asia. Dibujó un mapa del mundo en el que la India estaba ubicada sobre la orilla del océano Atlántico, opuesta a Europa.

En el Renacimiento al dejar atrás las ideas teocéntricas, la razón adquirió una importancia nunca antes vista. Se comenzó a defender la idea de una explicación lógica y científica para cualquier suceso o fenómeno, desarrollando al mismo tiempo el pensamiento racional que representa actualmente al ser humano.

Nacieron los primeros bancos, a través de la necesidad de otorgar préstamos a los mercaderes. Mientras que la exploración y el comercio vivieron su época de mayor esplendor. Los marineros lograron llegar hasta tierras lejanas, mejorando la economía mediante la importación y exportación de productos locales. Un poder monetario que terminó por impulsar el crecimiento de la burguesía. Adquiere importancia el comercio de las ESPECIAS, plantas que no eran sólo utilizadas como condimento alimentario, sino que en ocasiones formaban parte de "preparados" con finalidad medicinal, como la pimienta, el clavo o canela, jengibre.

En la Edad Media el comercio de especias estaba en manos de los árabes que las compraban en India y China, las transportaban hasta los puertos del Mediterráneo oriental donde las revendían a comerciantes italianos que iniciaban su distribución por Europa.

El comercio que estaba monopolizado por los árabes dificultaba la comunicación con Asia. Si fuese por tierra, (hay que atravesar desiertos, montañas y altas mesetas llenas de peligros) o por mar, (enormes distancias, tifones, piratas, barcos no muy seguros). Estos hechos inciden en elevar el precio de las especias, por pasar por muchas manos y en cada paso elevaban sus precios antes de llegar a los consumidores europeos.

En 1452 se produce la caída de Constantinopla en manos de los turcos cortando la ruta del comercio europeo con Asia. Este hecho incidió para que se buscaran nuevas rutas de acceso a sus productos, lo que llevó a la circunnavegación de África por los portugueses y al proyecto de Cristóbal de Colón de acceder al mercado asiático navegando hacia el oeste, atravesando el Atlántico. En esos intentos se puede mencionar que:

> "...entre los años 1467 y 1472, el mercader de Tver, Atanasio Nikitín, hizo un viaje a la India a través de Irán. Pero este camino resultaba demasiado difícil y peligroso... Más cómoda era una ruta marítima... Unos 500 años, antes un grupo de vikingos comandados por Leif Ericson había llegado a las costas de Norteamérica" (Kosminsky, A. Historia de la edad media p.186)

Lippo Carlos (2017), en el artículo La instauración del Día de la Resistencia Indígena, dice que:

> "... existen no pocos indicios de que mucho antes que Colón, tuvieron presencia en América representantes de diferentes culturas europeas (vikingos, galeses, irlandeses y templarios) y no europeos (árabes, chinos, japoneses, polinesios y fenicios), existiendo además evidencias de que hubo un impor-

tante contacto árabe con la cultura azteca de Méjico.

El que navegantes árabes pudieron haber llegado a América antes que Colón es algo más que probable, ya que es un hecho admitido que los conocimientos matemáticos, astronómicos y geográficos de los árabes, transmitidos a Europa, contribuyeron de manera significativa al progreso de la navegación en los siglos XV y XVI, facilitando las expediciones oceánicas y los descubrimientos de nuevas tierras. Recordemos que la idea de la esfericidad de la tierra defendida por los árabes durante toda la Edad Media y puesta en duda por la intelectualidad europea de la época, va aparejada con la de un mar único que haría posible que navegando hacia el oeste se pudiera alcanzar la India, que era al parecer la hipótesis central de Colón al momento de solicitar el patrocinio de los "Reyes Católicos" de España para lanzarse a tamaña aventura" (Lippo, C.p1).

En esta época se registra el emprendimiento de viajes lejanos realizados por los portugueses Bartolomé Díaz, viajando hacia el sur y a lo largo de las costas de África llegó hasta el cabo de Buena Esperanza (1486) y Vasco de Gama, atravesó el océano Índico y llegó hasta las costas de la India (1498)

Se cambia la concepción de que la tierra no se mueve (Geoestática), que la tierra está en el centro del universo (Geocentrismo) y que el universo es finito y simétrico.

De acuerdo con el diccionario de Rosentales, conceptualizamos los siguientes términos:

Renacimiento. Es el nombre dado a un amplio movimiento cultural que se produjo en Europa Occidental durante los siglos

XV y XVI. Fue fruto de la difusión de las ideas del humanismo de los pensadores clásicos de la antigüedad grecorromana, que determinaron una nueva concepción del hombre y del mundo. Se opuso al teocentrismo y promovió el antropocentrismo. Sirvió para el impulso del comercio y la economía considerada por algunos como protocapitalista. Propendió por la investigación científica y el apogeo de las universidades.

Humanismo. Movimiento intelectual y cultural general (literario, científico, filosófico) que se desarrolló en Europa. El humanismo aspiraba a emancipar a la humanidad de la concepción religiosa-eclesiástica medieval del mundo.

Teocentrismo. Es una corriente de pensamiento que supone que Dios es el centro del universo y lo rige todo, incluso las actividades humanas.

Antropocentrismo. El hombre es el centro del universo. Culturalmente logró imponerse sobre el teocentrismo que reinaba en la Edad Media. Hasta el siglo XV solía tomarse a Dios como el origen y la causa de la totalidad del universo, a partir de entonces empezó a situarse al hombre en el centro. Esto supuso una nueva cosmovisión y un cambio rotundo en la manera de entender la realidad.

Geocentrismo. Tolomeo, sostenía que la tierra es inmóvil y constituye el centro del universo, girando en su derredor el sol, la luna, los planetas y los demás astros: todo el mundo.

Heliocentrismo. En oposición al Geocentrismo, el polaco Copérnico en el siglo XVI, expone que en el centro del universo se halla el sol, y los planetas giran a su derredor. Hoy el sistema Copérnico es aceptado con la enmienda de que el sol sólo es centro del sistema solar que se mueve en el espacio sideral. Las primeras ideas heliocéntricas fueron postuladas por Aristarco de Samos en el siglo III antes de Cristo.

CAPÍTULO III

El proyecto de
Cristóbal Colón

3.1 ¿En qué se fundamentaba el proyecto de Cristóbal Colón?

La presencia de Cristóbal Colón en América, es el resultado de un proyecto cuyo objetivo era "ganar" tierras para tener perlas, piedras preciosas, oro, plata, especias y obtener ganancias a través del comercio sin trabas (buscar nuevas vías). Para tal propósito se presupone la existencia de tierras en el océano Atlántico, incluso, se habla con mucha argumentación que otros ya habían llegado a América antes de 1492.

Hacia 1480 Cristóbal Colón vivía en Portugal y desde entonces tenía la propuesta de navegar hacia occidente por el océano Atlántico hasta llegar a Cipango (Japón) o a las Indias. Primero presentó su proyecto al rey Juan II de Portugal, luego a Gran Bretaña, Francia y a los reyes de Castilla y Aragón, Isabel y Fernando, con quienes después de varias negociaciones, el 17 de abril de 1492 se concretó el acuerdo, denominado Capitulaciones de Santa Fe.

¿Qué es una capitulación? Las capitulaciones eran un contrato firmado entre los monarcas y particulares para la realización de distintas operaciones o acciones, pero dicho contrato no tenía un carácter bilateral sino que era más bien una concesión y una merced de uno para con el otro, es decir, un permiso real que le proporcionaba al particular, exclusividad en la misión encomendada.

Del texto de las capitulaciones se pueden hacer las siguientes inferencias:

Quienes financian el proyecto de Colón son los Reyes Católicos y no el Reino de España, en consecuencia las tierras que se conquistan pasan a ser propiedad de los Reyes, por derecho de conquista y no de España. Ellos son los "supuestos dueños".

A Colón se le concede el título vitalicio y hereditario de almirante de todas las islas y tierras firmes descubiertas o conquistadas.

Se le conceden los títulos de virrey y gobernador de dichas tierras, que incluía el derecho de presentar a la Corona una terna de candidatos para cada oficio de gobierno.

Del 10 % de todas las ganancias económicas que se generasen en los territorios, el 90 % quedaba para la Corona. Es lógico deducir que la Corona financió el viaje de Colón.

En desarrollo de estas capitulaciones, Garay, en Datos menos conocidos del viaje que cambió el mundo.1492, señala que:

> "Seis meses tardó en reunir a los hombres, el material y los barcos. Del reclutamiento se encargaron fundamentalmente los hermanos Pinzón. La mayor parte de los 87 hombres que oficialmente -probablemente serían más, unos 100- acompañaron a Colón fueron reclutados en la propia Palos y en Sevilla, pero también había un contingente de vascos de la mano del cántabro Juan de la Cosa y al menos tres extranjeros (dos italianos y un portugués). 26 hombres subieron a bordo de la Pinta, 22 en la Niña y 39 en la Santa María. Entre ellos había un boticario, un cirujano, un escribano, un sastre y hasta un traductor, pero ninguno de ellos era mujer ni soldado ni eclesiástico" (Garay, p.1).

Sobre las carabelas hay consenso en los investigadores acerca de que la Pinta y la Niña eran carabelas, la Santa María era una nao, siendo más grande y más lenta. Partieron de Palos el 3 de agosto de 1492. El 12 de octubre llegaron a la isla de Guanahaní, Cuba el 28 de octubre y a La Española el 6 de diciembre .

Los españoles fueron explorando y estableciendo pequeñas colonias, primero en el archipiélago de las Antillas, después en Tierra Firme, es decir, el continente americano. Realizado el primer viaje, Colón llevó consigo algunos "nativos" cautivos, loros y plantas desconocidas en Europa. A partir del informe de Colón se presentan los siguientes hechos:

1. Los reyes decretaron la prohibición inmediata de ir "a las Yndias" sin autorización y encargaron a sus embajadores en Roma la obtención de unas bulas, denominadas "Bulas Alejandrinas", con las que el papa Alejandro VI otorgaría a Castilla y León el monopolio de las tierras descubiertas al oeste de cierto meridiano.

2. Portugal hace el reclamo en el sentido de tener los mismos derechos que España.

3. Se adelantan negociaciones diplomáticas entre Castilla y Portugal, que culminaron en la firma del Tratado de Tordesillas en 1494. Por este tratado, España y Portugal se dividían el mundo. Todas las tierras situadas a trescientas leguas al oeste del archipiélago de Cabo Verde serían conquistadas por Castilla, mientras que los territorios al este de esa línea podrían ser colonizados por Portugal.

4. Este acuerdo legitimó la colonización portuguesa en Brasil.

5. Proliferan las expediciones de empresas privadas de grandes propietarios para explorar el interior de las costas del continente.

6. Se dan permisos y creación de gobernaciones por parte de los reyes para tratar de controlar el dominio español.

7. Se generan contradicciones y conflictos entre expediciones por jurisdicción, dominio y poder sobre amplias regiones.

8. Se dá la imposición forzosa de un sistema de dominio contrario a la cultura de la población aborigen.

9. Isabel y Fernando dan el visto bueno al segundo de los cuatro viajes que emprendería Colón. Esta vez la ambición sería mayor, con consecuencias, trágicas para los indígenas. Ya no iban 88 tripulantes (oficialmente), sino 2.500. La expedición emprendió el regreso el 16 de enero de 1493.

Señalar el 12 de octubre de 1492 como el día del Descubrimiento de América, es un encubrimiento que oculta el genocidio de miles y miles de indígenas, desaparición de civilizaciones enteras; saqueo de las riquezas existentes y destrucción de las culturas autóctonas. Varios países han designado el 12 de octubre con otros nombres como Día de la Resistencia, y por tanto de Movilizaciones por sus Derechos:

- En los Ángeles (EE. UU), el Día de Colón, lo cambiaron por el Día de las Personas Indígenas,
- Desde hace 10 años la ONU aprobó la Declaración de Derechos de los Pueblos Indígenas del mundo.
- En Argentina es el Día del Respeto a la Diversidad Cultural.
- En Belice es el Día Panamericano.
- En Costa Rica, Día de las Culturas.
- En Cuba no se celebra el 12 de octubre.
- En República Dominicana se llama Día de la Identidad y Diversidad Cultural.
- En Ecuador la denominación es Día de la Interculturalidad y la Plurinacionalidad.
- Nicaragua y Venezuela lo asumen oficialmente como día de la Resistencia Indígena.
- En Perú Día de los Pueblos Originarios y del Diálogo Intercultural.
- En Bolivia Día de la descolonización.

Además, respecto a la presencia de los europeos en América, se debe tener en cuenta que fueron los llamados "indígenas" quienes primero descubrieron al continente y prosperaban y vivían en él, mayoritariamente en comunas y en total armonía con la naturaleza.

De ahí que es inapropiado el término descubrimiento, lo mismo que otra terminología que han ido acuñando los historiadores es el de "Encuentro de dos Culturas" o "de dos mundos", términos que falsean la Historia porque ese encuentro no fue pacífico. Se trata de ocultar el genocidio desatado, el saqueo de sus incalculables riquezas y el sometimiento de los sobrevivientes; de ahí que sea más apropiado llamar INVASIÓN Y CONQUISTA DEL EUROPEO A AMÉRICA.

3.2 Invasión, conquista y fundación de poblaciones

El primer español que pisó tierras colombianas fue Alonso de Ojeda, en 1499. Ojeda, quien había obtenido una licencia para rescatar oro y perlas en Tierra Firme, partió de Santo Domingo, acompañado por sus socios Juan de la Cosa y Américo Vespucio. Su expedición, que contaba con cuatro carabelas, recorrió la costa venezolana desde el golfo de Paria y llegó hasta la península de la Guajira, donde dio el nombre al Cabo de la Vela. La expedición regresó con oro, perlas y esclavos que fueron vendidos en España. El descubridor de la costa Atlántica colombiana fue Rodrigo de Bastidas, quien en 1502 la recorrió desde la península de la Guajira hasta el golfo de Urabá. En su viaje descubrió la desembocadura del río Magdalena.

Los invasores en los primeros viajes de la conquista se centraron en intercambiar baratijas europeas por oro, perlas y demás artículos de valor que poseía la población indígena porque su objetivo era obtener recursos para financiar nuevas expediciones.

La Corona estimuló la conquista de Tierra Firme y por esta razón creó la gobernación de Nueva Andalucía (Urabá) que comprendía los territorios desde el Cabo de la Vela hasta el golfo de Urabá y la gobernación de Castilla de Oro (Veragua), actual Panamá. Desde Santa María-La Antigua del Darién, Vasco Núñez de Balboa organizó una expedición a territorio panameño y guiado por informaciones de algunos indígenas descubrió el Océano Pacífico en 1513; se inicia la gran etapa exploratoria de las costas del sur del continente con Pascual de Andagoya, Pizarro y Almagro, quienes recorren la costa pacífica hasta llegar al Perú.

Para entender la conquista del actual territorio colombiano se puede ver en el siguiente cuadro las zonas de donde parten las expediciones con las respectivas fundaciones de pueblos y ciudades; proceso en el cual existieron conflictos de intereses entre los grupos de conquistadores, contradicciones entre los conquistadores y la Corona, falta de organización y coordinación por parte de la Corona española por autorizaciones dadas a diferentes empresas financieras desde España; acciones individuales de los conquistadores por sus ambiciones de riqueza, de poder y de dominio territorial; por ejemplo en la búsqueda de El Dorado, llegan a la comunidad chibcha tres expediciones: Gonzalo Jiménez de Quesada por el valle del Magdalena, Nicolás de Federmán por el oriente y Sebastián de Belalcázar desde el sur.

3.3 ¿Quiénes conquistaron América?

Hay consenso entre los historiadores y en particular, el estudio de Lipski, (1996: 54-56), citado por Carmen Marimón Llorca, en el artículo El español en América: de la conquista a la época colonial, afirma que, mayoritariamente, la población que emigró a América estaba formada por un conjunto heterogéneo que podría calificarse de clases medias urbanas. A este grupo pertenecían los segundones de las familias nobles, los artesanos expulsados, las familias desposeídas de sus bienes, además de algunos reos a los que se les conmutaban las penas. Apenas sabían leer y escribir y, una vez establecidos, se limaban las diferencias, pues se ganaban la vida como marineros, pequeños propietarios, artesanos, empresarios, etc.

3.4 Resistencia indígena ante el invasor

En el artículo, 12 de Octubre tiempos para descolonizar, Soldepaz Pachakuti (2017), señala que la resistencia Indígena en América nace el 12 de octubre de 1492, resistencia que aún per-

Zona de partida	Jefe de expedición	Espacio geográfico y poblados	Año
Costa Atlántica	Alonso de Ojeda	San Sebastián de Urabá	1510
	Fernández de Enciso	Santa María la Antigua	1510
	Gonzalo Jiménez de Quesada	Bogotá	1539
	Rodrigo de Bastidas	Río Magdalena Santa Marta	1521 1525
	Pedro de Heredia	Cartagena	1533
Costa Pacífica	Vasco Núñez de Balboa	Océano Pacífico	1513
	Francisco Pizarro y Diego de Almagro	Costa pacífica hasta el Perú	
Desde Perú	Lorenzo de Aldana, Juan de Ampudia, Sebastián de	Desde Perú hasta la sabana de Bogotá.	1537
	Belalcázar	Pasto	1537
	Sebastián de Belalcázar,	Popayán	1536
	Sebastián de Belalcázar	Cali	1538
	Sebastián de Belalcázar,	Timaná	1539
	Pedro de Añasco	Neiva	1539
	Juan de cabrera	Anserma	
	Jorge Robledo		
Desde Perú	Jorge Robledo	Valle de Aburrá	1541
Oriente	Nicolás de Federmán Casa alema Welser	Sabana de Bogotá	1537

Cuadro 2. Muestra la invasión y conquista del interior del territorio colombiano.

vive ante los despojos y atropellos de los cuales son objeto las comunidades indígenas que sobrevivieron a la matanza por los europeos. Un ejemplo es que el V Centenario del "descubrimiento" de América, varios pueblos lo conmemoraron con acciones de tomas de tierras, cierre de caminos, tomas de oficinas, marchas, plantones, vigilias, asambleas, para hacerse presentes y reivindicar sus demandas históricas y la exigencia de sus derechos como pueblos originarios. Por eso, el 12 de octubre ha pasado de ser el tradicional "Día de la Raza" y se ha convertido en una jornada de lucha y reivindicación de los pueblos indios.

> "Se piensa que la resistencia indígena al invasor europeo se limitó al proceso de conquista, inolvidables son las descripciones de cronistas e historiadores que narran episodios tan memorables, la resistencia al europeo fue una constante del largo período colonial.
>
> El rechazo se manifestó de diversas maneras, abarcando desde la simple resistencia pasiva incorporada al quehacer diario, hasta la rebelión armada y generalizada. En muchas zonas conquistadas por el extranjero, los nativos continuaron con sus ritos y creencias, desafiando a la autoridad que intentaba imponer su religión.
>
> Las tácticas militares empleadas se fueron modificando, adaptándose a una guerra de emboscadas o "guerrillas", que evitaba la batalla a campo abierto contra las huestes hispanas. La resistencia fue intensa y general en el país sobre todo después de que se percataron de las verdaderas intenciones de rapiña del invasor" (Soldepaz Pachakuti, p.2).

Bartolomé de las Casas fue el primero en denunciar la matanza de los aborígenes. Sus descripciones, llamaron la atención del rey de España, quien se dio cuenta, del grave riesgo de perder la mano de obra, sin la cual no era posible explotar las minas, las plantaciones y las haciendas. La monarquía dictó entonces las

"Leyes de Indias" que, bajo un manto humanitario, escondían la verdadera intención de los reglamentos sobre la encomienda, que no era otro que preservar la mano de obra indígena. Sin embargo, la verdadera respuesta a este problema que para ellos no era realmente de carácter humanitario, sino de índole económica, fue la de traer esclavos africanos para sustituir las extintas o muy diezmadas comunidades indígenas como entes productivos.

En una interesante nota sobre el padre Las Casas, José Martí, escritor, poeta y prócer augusto de la independencia de Cuba, señalaba: "es verdad que Las Casas por el amor de los indios aconsejó al principio de la conquista que se siguiese trayendo esclavos negros que resistían mejor el calor: pero luego que los vio padecer se golpeaba el pecho y decía ¡con mi sangre quisiera pagar el pecado de aquel consejo que di por mi amor a los indios! (Lippo, p.6)"

> "La historia de la conquista y colonización del territorio neogranadino aparece como una cadena de sujeciones, levantamientos, nuevas sujeciones y nuevos levantamientos de las tribus contra la esclavitud de la encomienda, los tributos, los malos tratos y la violación de los compromisos comerciales y políticos por parte de los colonizadores"(Delgado, p. 41)

El historiador Álvaro Delgado, en su obra La Colonia, menciona los pueblos que se distinguieron en esta resistencia: guajiros (Riohacha), bondas y tayronas (Santa Marta), zinúes y catíos (Córdoba y Antioquia); yemecíes (Zaragoza); motilones (Pamplona); carares, agataes, saboyaes, juratenas, arayas, guacamaes, yareguíes (Vélez); paeces (Timaná); timaes (Cartago); pijaos o yalcones (Popayán, La Plata, Neiva, Ibagué); gualíes (Mariquita); colimas, muzos, barbures (Muzo, La Palma); timanaes y anquíes (Neiva).

En la resistencia sobresalen los pijaos, turbacos, panches, sindaguas y otros, quienes destruyen ciudades, desarrollan espionaje, sabotean la economía, arrebatan armas a los españoles, emplean tácticas guerrilleras (sorpresa, emboscada, cansancio, ataque y rápida desaparición). En la resistencia existe también la venganza, como es el caso de la cacica Gaitana que, ante el sacrificio de su hijo en la hoguera, se vengó del conquistador Pedro de Añasco, sacándole los ojos y paseando su cuerpo por todos los pueblos de la región del Huila.

Los chibchas también lucharon:

"El indomable cacique Tundama se convirtió en el héroe de la resistencia de los chibchas del altiplano cundiboyacense. Reunió gran cantidad de indios de sus pueblos tributarios de Soatá, Chitagoto, Onzaga, Susacón, Sátiva, Ocavita y Cerinza, armados con flechas, dardos, hondas, macanas y picas. En su primer enfrentamiento contra los europeos, en el llano de Bonza, llegaron a ser 12 mil indios armados y lujosamente adornados con plumas, coronas de oro y brazaletes. En el segundo, que se llevó a cabo en el Pantano de la Guerra (Pantano de Vargas) en diciembre de 1539 los chibchas fueron derrotados, a pesar de los esfuerzos de Tundama, a causa de su temor a los caballos y las armas de fuego" (Social Hizo en Resistencia indígena en la colonia. p.2)

Una vez doblegados fueron sometidos a encomienda y mita. Quienes resistieron de manera directa (panches, carares, yareguíes, muzos, opones, pijaos), fueron exterminados o reducidos a su mínima expresión. Otros, al comprender la nueva realidad, se replegaron a los puntos altos de las cordilleras, quienes sobreviven arrinconados en tierras de ladera o en lo profundo de la selva, pese a todas las campañas de exterminio libradas contra ellos en los últimos cinco siglos por los conquistadores europeos y sus descendientes criollos. En total, en el actual territorio colombiano existen unas 80 etnias, que agrupan a algo más de un millón de seres humanos, con sus propias formas de organización social, costumbres y tradiciones y muchas de ellas conservan sus lenguas vernáculas.

> "Entre los muchos mitos creados por la historiografía de base eurocéntrica existe uno altamente despreciativo que señala que los indígenas, una vez recibidos los espejos y demás baratijas con las cuales los conquistadores pretendían obtener sus riquezas minerales vía trueque, se les sometieron mansamente. Nada más tendencioso y carente de toda fundamentación histórica. Por otra parte, también se ha señalado que por lo general los indígenas colaboraron con los conquistadores, cuando ocurre que existen suficientes evidencias demostrativas de que este comportamiento fue la excepción y no la regla, ya que si bien algunos caciques colaboraron con el enemigo, la mayoría de los jefes se inmolaron heroicamente en aras de la preservación de las vidas de sus gobernados y de la defensa de los valores de su cultura. Único es, el lamentable caso del Imperio Azteca, que sucumbe después de una heroica resistencia ante la deserción de algunas tribus y la asimilación de los Totonacas a las fuerzas españolas, ambas acciones motivadas por disputas internas existentes incluso antes de la llegada del conquistador"
> (Lippo, p.6)

Varios factores incidieron para que el español termine doblegando a los indígenas, por ejemplo, se sorprendieron de encontrar a un hombre sobre un caballo y pensar que eran una sola figura, fue un problema psicológico. El español conoció el caballo, las armaduras, las armas de fuego, la pólvora, el arcabuz, técnicas desconocidas por los americanos. La técnica militar de los españoles, acostumbrados a guerrear contra los árabes durante 800 años. En algunos casos la falta de unidad de los pueblos precolombinos dado que estaban en contra de su reinado vieron con buenos ojos la llegada de los españoles, percibieron como una oportunidad de liberarse de su poder. El invasor había triunfado por su sistema económico superior y su mayor desarrollo bélico, y por la coyuntura política favorable a su acción.

3.5 Rebelión negra

Para reemplazar como trabajadores a la gran cantidad de indígenas muertos en las posesiones coloniales durante el siglo XVI,

> "...los europeos capturaron africanos al sur del Sahara, de los cuales, según el historiador británico Eric Hobsbawm, unos 12 millones llegaron vivos a América donde fueron reducidos a la esclavitud. La diferencia entre personas capturadas y personas que llegaron vivos a la América se explica porque una parte de los capturados morían por efecto de la captura y de la retención en espera del viaje, otra parte moría durante el viaje y algunos eran sometidos a esclavitud en el África misma. Así mismo, es necesario tener en cuenta que hasta el 10% de los esclavos que trabajaban en plantaciones, minas y otros oficios morían cada año por las extremadamente precarias condiciones de vida y los abusos laborales. La exportación de tanta gente, hombres y mujeres en edad productiva, produjo un abandono de la agricultura y detuvo el progreso de regiones enteras, dejando a este continente en permanente desventaja frente a otras partes del mundo, lo que en buena medida explica la continuada pobreza de la región"
> (Lippo, p.2).

El esclavo, fue sometido a condiciones infrahumanas, al palmeo donde lo tratan como animal, la fijación de un precio por su cuerpo, por su fuerza de trabajo, el látigo, el distanciamiento de su tierra, en medio de penurias y violencias, negado de comodidades.

El palenque fue la forma que adquirió su sueño y su lucha, presentándose en la Costa Atlántica, Panamá, Chocó, Antioquia, Valle del Cauca, Cundinamarca y los Llanos Orientales. El fenómeno abarcó, pues, todo el territorio del Virreinato.

Los palenques crearon, entonces, alarma entre propietarios y autoridades. Estos sitios de libertad, hay que destacar, no estaban constituidos sólo por negros esclavizados sino también por indios, pardos y hasta blancos pobres.

3.6 Legislación española acerca de los pueblos indígenas

Teniendo como referencia los actos administrativos producidos por el Consejo de Indias, en alguna manera para frenar abusos y maltratos a que fueron sometidos los indígenas, ante las denuncias de algunos religiosos como Fray Antón de Montesinos, se mencionan los siguientes acciones administrativas:

A. El Consejo de Indias expide las leyes de Burgos de 1512, de ellas se puede extractar las siguientes determinaciones:

• Los indios son libres y deben ser tratados como tales, según ordenan los Reyes.
• Los indios han de ser instruidos en la fe, como mandan las bulas pontificias.
• Los indios tienen obligación de trabajar, sin que ello estorbe a su educación en la fe y de modo que sea de provecho para ellos y para la Corona.
• El trabajo que deben realizar los indios ha de ser conforme a su constitución, de modo que lo puedan soportar, y ha de ir acompañado de sus horas de distracción y de descanso.
• Los indios han de tener casas y haciendas propias, y deben tener tiempo para dedicarlas a su cultivo y mantenimiento.
• Los indios han de tener contacto y comunicación con los cristianos.
• Los indios han de recibir un salario justo por su trabajo.

B. El Consejo de Indias se reunió en Granada en noviembre de 1526 y dictó doce ordenanzas dirigidas a los conquistadores españoles en las que se les invitaba a promover y fomentar buenas costumbres a los nativos para así apartarlos de vicios e instruirlos en la fe cristiana. Igualmente se hacía un llamado a la responsabilidad y el arrepentimiento por las injusticias cometidas y se suspendían las conquistas violentas, lo cual suponía el avanzar por aquellas tierras y tomar posesión de ellas, pero siempre sin dañar ni violentar nada ni a nadie. De estas Ordenanzas se infieren las siguientes determinaciones:

• Se indica castigos a los conquistadores que abusasen de los nativos.
• La inmediata liberación de los indios esclavizados injustamente.
• La presencia obligatoria de dos clérigos en todas las operaciones militares para garantizar el trato justo a los indígenas.
• La lectura del requerimiento.
• La prohibición de la esclavitud india.
• La inclusión militar de indios evangelizados.
• La prohibición del trabajo indígena en las minas, pesquerías y granjerías, etc.

C. Ante las denuncias de Fray Bartolomé de las Casas de los abusos y maltratos a los nativos, nacieron las Leyes Nuevas de Indias que fueron promulgadas el 20 de noviembre de 1542 en Barcelona.

Según Gabriel Bernat en, Las leyes nuevas, se legisla:

"Sobre la esclavitud:

Cuidar la conservación, gobierno y buen trato
de los indios

Que no hubiera causa ni motivo alguno para hacerlos esclavos, ni por guerra, ni por rebeldía, ni por rescate, ni de otra manera alguna.

Que los esclavos existentes fueran puestos en libertad, si no se mostraba el pleno derecho jurídico a mantenerlos en ese estado.

Que se acabara la mala costumbre de hacer que los indios sirvieran de cargadores (tamemes), sin su propia voluntad y con la debida retribución.

Que no fueran llevados a regiones remotas con el pretexto de la pesca de perlas.

Sobre las encomiendas:

Que los oficiales reales, del virrey para abajo, no tuvieran derecho a la encomienda de indios, lo mismo que las órdenes religiosas, hospitales, obras comunales o cofradías.

Que el repartimiento dado a los primeros conquistadores cesara totalmente a la muerte de ellos y los indios fueran puestos bajo la real Corona, sin que nadie pudiera heredar su tenencia y dominio"(p.1)

Esta legislación protegió a los indígenas generando contradicciones con los encomenderos produciéndose levantamientos, ajusticiamientos y la derogatoria de algunas medidas años más tarde por la Corona.

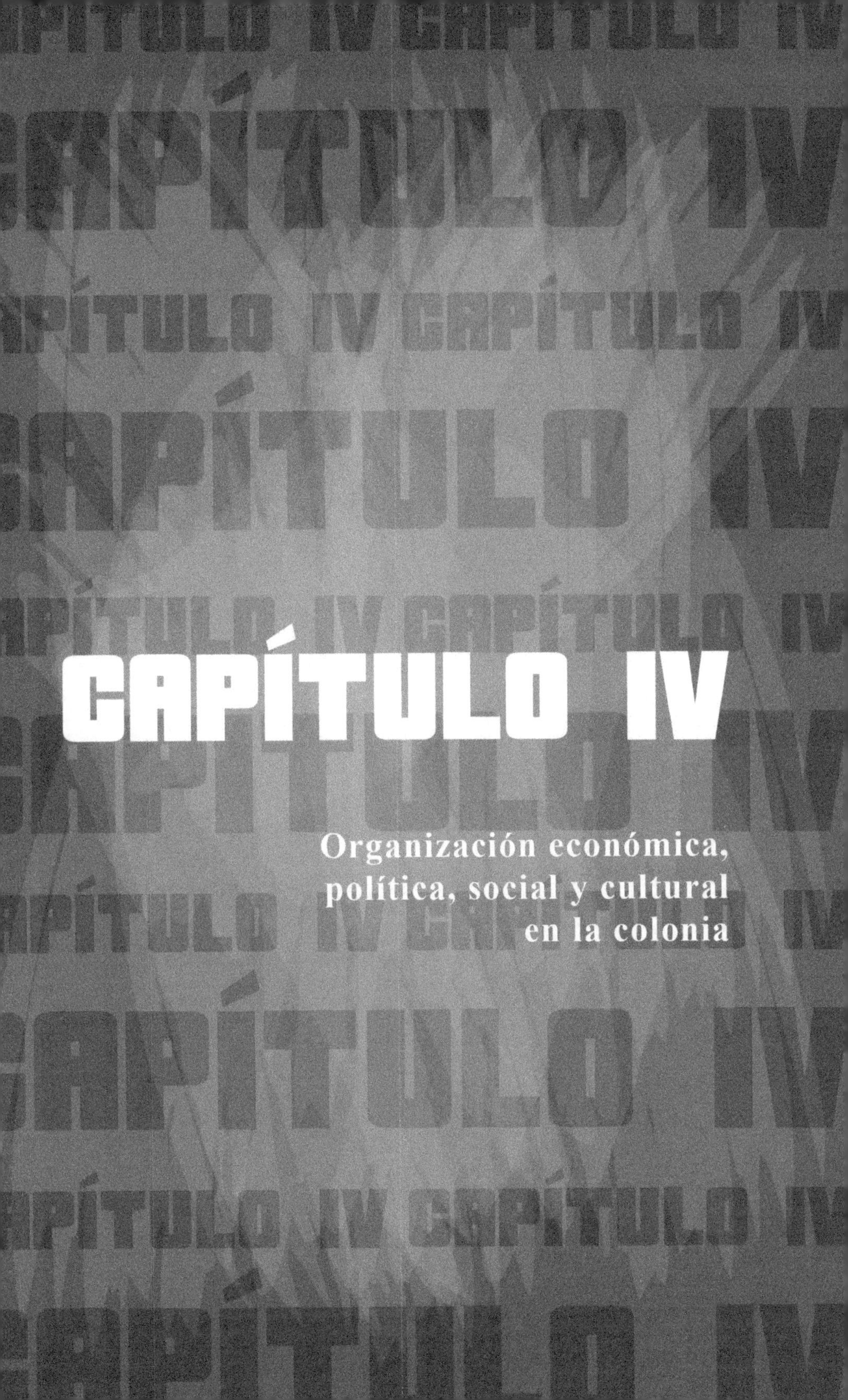

CAPÍTULO IV

Organización económica,
política, social y cultural
en la colonia

4.1 Carácter de la conquista y colonización

La colonización española fue esencialmente capitalista dado que sus objetivos fueron efectuar grandes ganancias, buscar minas de oro y plata, colocar mercancías en el mercado mundial, contratación de mano de obra aunque a pagos irrisorios y, no tener la mano de obra indígena el carácter de siervo. Todo ello se opone a la autarquía feudal.

La política económica que imperaba en aquella época en Europa, era el mercantilismo, que consideraba el autoabastecimiento de las naciones; la riqueza de una nación dependía de la cantidad de oro y plata que tuviese y que una nación sólo podía aumentar sus reservas de estos metales preciosos vendiendo más productos a otros países de los que compraba. Los mercantilistas daban por sentado que su país estaría siempre en guerra con otros, o preparándose para la próxima contienda. Si tenían oro y plata, los dirigentes podrían pagar a mercenarios para combatir, comprar armas, uniformes y comida para los soldados. Además, sostenían que los salarios fueran bajos y que la población creciese. Una población numerosa y mal pagada produciría muchos bienes a un precio lo suficientemente bajo como para poder venderlos en el exterior.

De ahí que durante los primeros años de la conquista, se buscó principalmente rescatar la mayor cantidad de riquezas y excedentes productivos de las sociedades aborígenes americanas. Ello explica cómo una de las primeras prácticas de engaño a los indígenas fue: *El rescate,* el cual consiste en el intercambio, muchas veces obligado, que se realizaba entre españoles e indígenas; los indígenas recibían abalorios, chucherías, toda clase de baratijas, a cambio de oro, plata y alimentos.

El punto de partida para iniciar la colonización era el de fundar ciudades. La fundación de un poblado o un núcleo urbano significaba la posesión de tierras y la sujeción de los pueblos que las habitaban. Desde las ciudades se organizaba la explotación de las regiones conquistadas.

4.2 Estructura de la tierra en la colonia

Con la conquista y la colonia cambia la propiedad de la tierra, la tierra que era propiedad comunitaria del indígena antes de la llegada del invasor, ahora es arrebatada por la Corona al considerar que las tierras eran de Dios, su creador, y como el Papa era su representante, nadie mejor que él para otorgar la propiedad sobre ellas por medio de la Bula Papal a la Corona de España; se procedió a su repartimiento mediante el sistema de capitulaciones.

Capitulaciones. Contratos que otorgaban derechos y beneficios a un conquistador, tenían que ver con la licencia del Rey para poder conquistar y descubrir, las obligaciones del descubridor y el carácter condicional de las mercedes, supeditadas al éxito de la empresa y la conducta del conquistador, junto con la amonestación de castigo si éste no se ajustaba a lo pactado.

¿Qué es una merced real? Es una concesión de la corona a su vasallo, al que premiaba por sus servicios donando tierras como reconocimiento a los méritos de un servicio.

Las mercedes reales y las capitulaciones posibilitaron la organización de la tierra a través del repartimiento, la composición y los resguardos.

1. Repartimiento. Tirado Mejía, en su articulo La Tierra en Colombia, dice que el el repartimiento

> "...consistía en la asignación de solares, tie-
> rras.. a un colono que había prestado algún
> tipo de servicio beneficioso para la corona.
> El repartimiento contraía ciertas obligaciones
> como las de poblar, cultivar la tierra y habi-
> tarla. A los nuevos pobladores se repartirán
> solares y tierras, cuyo dominio adquirirán a
> los cuatro años de morada y labor, deberán a
> los tres meses tomar posesión de ellas, plan-
> tarlas de sauces y árboles de modo que pueda
> aprovecharse la leña, bajo pena de perder las
> dichas tierras para darlas a otros moradores;
> el repartimiento creaba una espectativa de
> dominio, que podía convertirse en un domi-
> nio, o no, mediante ocupación efectiva y cul-
> tivo" (p.4)

En un comienzo las adjudicaciones de tierra abarcaron grandes extensiones, sin delimitar muy bien los linderos, por ello, los propietarios se apropiaron más tierras de las asignadas. El historiador Alvaro Tirado Mejía cita que una merced de 500 hectáreas, por ejemplo, se hubiera convertido, en el curso de poco tiempo en un latifundio improductivo de 20.000 hectáreas; y que una merced de 10.000 hectáreas, otorgada a alguno de los Nobles del Reino, hubiera dado origen, de la noche a la mañana, a un territorio de 200.000 hectáreas.

Las tierras se iban aumentando en tamaño debido a que existían tierras que aún no eran ocupadas o quedaban libres por la disminución de la población o por migraciones de indígenas a territorios más alejados de la influencia del blanco. Estas tierras fueron utilizadas para el abastecimiento de trigo, cebada para los centros urbanos y mineros, transformándose en las primeras ESTANCIAS, éstas se encontraban alrededor de los asentamientos de los encomenderos. Con el tiempo estas estancias fueron creciendo dando paso a enormes extensiones de territorio con productividad agrícola llamadas HACIENDAS. Un ejemplo de la extensión de estas haciendas, cita Claudia Constanza Ortiz a Hermes Tovar, en Estudio sobre las grandes empresas agrícolas en siglo XVIII, tenía tres propietarios: don José Fernando de Mier y Guerra, don Gonzalo José de Hoyos y doña Micaela Lans, que poseían 170.000 hectáreas.

Se convirtieron también en grandes propietarios las Órdenes religiosas en especial los jesuitas, sus posesiones estuvieron repartidas entre misiones, haciendas y colegios. Los fieles habían transferido a las comunidades religiosas gran cantidad de bienes o sus rentas para que estos cumplieran determinadas tareas de beneficencia o del culto. Dichas propiedades por estar destinadas al cumplimiento de ciertos fines no podían enajenarse, ni motivaron un incremento del rendimiento por las comunidades que tenían su usufructo. Si a esto añadimos que según cálculos de la época el patrimonio territorial de las comunidades religiosas abarcaba la tercera parte de la propiedad raíz de la nación, nos damos cuenta de cómo esa situación de "manos muertas" entorpecía el desarrollo agrícola del país.

En la hacienda o gran latifundio sus principales actividades fueron la ganadería y la agricultura. A la cabeza de la hacienda se encontraba el patrón, lo siguen los mayordomos, capataces, peones, indios mitayos y negros esclavos. Los comerciantes lograron tener grandiosas fortunas que les permitieron convertirse en propietarios de minas y haciendas.

Según el Diccionario de definiciones de Julián Pérez Porto:

Estancia. Es un campo o terreno destinado a la agricultura y ganadería de carácter rural que incluye vivienda, establos, silos. Las estancias estaban especializadas en la producción de ganado sobre todo el vacuno.

Hacienda. Son grandes extensiones de tierra de carácter latifundista dedicadas a plantaciones, a la ganadería de grandes dimensiones; incluía a veces minas en funcionamiento. En ellas se producían cereales como el trigo y el maíz, además de cultivos de frutales y caña de azúcar. Los dueños de las haciendas vivían en las ciudades y dejaban la producción en manos de capataces. Para trabajarlas, los hacendados requerían de abundante mano de obra que no siempre se conseguía fácilmente. En un principio, los indígenas trabajaron en ellas para pagar sus tributos, pero la disminución de esta población obligó a los hacendados a contratar peones asalariados.

Misiones. Las misiones que España establecía servirían a varios objetivos: convertir a los nativos al cristianismo, pacificar a los indígenas, enseñarles costumbres y normas españolas.

Los colonos necesitaban el trabajo de los indígenas, quienes prefirieron emigrar para huir de los tributos excesivos y por la explotación a que fueron sometidos en el trabajo en casas, haciendas y hatos.

Para asegurar que los misioneros puedan mantenerse, el rey de España estableció el Patronato Real de las Indias, que respaldaba el control absoluto de la Corona española, en materia eclesiástica dentro del imperio.

Patronato real. Conjunto de privilegios y facultades especiales que los Papas concedieron a los Reyes de España a cambio de que estos apoyaran la evangelización y el establecimiento de la Iglesia en América. Entre estos privilegios constaban el nombramiento de Obispos y demás dignidades eclesiásticas, la recaudación de los diezmos y otras contribuciones de los fieles; que la Iglesia contara con numerosos misioneros, dispusiera de los recursos económicos y financieros necesarios y, sobre todo, facilitara su movilización y distribución.

2. Composición. Tirado Mejía, señala que en 1591 se establece el sistema de "Composición", mediante el cual se podía adquirir y legalizar tierras a cambio de pagar una determinada suma de dinero a la Corona, o sea, se trata de legalizar terrenos de titulación dudosa. También se adquiere tierras por venta o remate.

3. Los resguardos. A partir de 1595 se crearon los resguardos indígenas por la Corona Española. Machado Absalón, en el documento La Colonia a la Creación del Frente Nacional, dice que son

> "...porciones de tierra adjudicadas colectivamente a los indígenas... en muchos casos la tierra se cultivaba individualmente o en parcelas familiares... otros lotes se trabajaban colectivamente para cubrir los diferentes tributos" (p. 42)

Esta tierra no podía ser vendida, ni arrendada, ni permutada. Este territorio se regía por sus propias leyes indígenas y tenían vetados a los españoles. Fue creada para apaciguar el exterminio de indígenas, cuidar la mano de obra barata y mantener controlados a los indígenas de algunas zonas del país. El resguardo era gobernado por un cabildo formado por el cacique, el cura y el corregidor, y se dividía en tres partes: la primera se destinaba a las familias que las cultivaban de acuerdo con sus necesidades, la segunda era para la comunidad y era trabajada por todos, la tercera era destinada a los terrenos comunes de pastos para la cría de los ganados.

Estos territorios fueron quedando cerca a los centros poblados y con vías de comunicación, lo cual hace que terratenientes, españoles pobres, mestizos presionen sobre la tierra de resguardos. Gracias a la resistencia indígena, pero también a la necesidad de alimentos y mano de obra en la colonia, los resguardos fueron una importante fuente de abastecimiento.

4.3 Organización social en la colonia

Con la conquista y la colonia surgen nuevos grupos raciales debido a la mezcla entre razas, hay una marcada división de clases sociales, los españoles adoptaron el papel del grupo dominante, colocando a los indígenas en el grupo dominado. En la colonia existían las siguientes clases sociales:

Peninsulares. Los nacidos en Europa y conocidos como españoles o chapetones, ocuparon un lugar superior al de los hijos de los españoles nacidos en América. Originalmente lo constituían los conquistadores, entre los que vinieron campesinos, artesanos, militares, mineros, predominando los hombres sobre las mujeres. Eran propietarios de grandes haciendas, minas, dominaban el comercio y tenían bajo su control los altos cargos de la administración, el ejército y la Iglesia.

Criollos. Blancos nacidos en América que descendían exclusivamente de padres españoles o de origen español, se empleó este término para los hijos de los conquistadores y primeros pobladores, posteriormente para los futuros migrantes. Entre ellos se incrementó la competencia por el acceso a la riqueza, el status, la seguridad y los criterios de pureza de raza. Las viejas familias herederas de la conquista fueron perdiendo terreno en lo económico y en lo político porque las nuevas generaciones de criollos sin las más altas posiciones de mando, lograron enriquecerse y retener la posición que había correspondido a los antiguos criollos. Algunos alcanzaron cargos políticos a partir del estudio de abogacía. Para ingresar en la educación superior debían probar su pureza de sangre, es decir, carecer de ancestros indios o africanos.

Mestizos. Según articulo de Anarella Vélez, Historia crítica, en estructura de la sociedad colonial, señala que:

> "La mezcla racial en América pronto produjo un estrato social que se hizo numéricamente significativo y ocupacionalmente necesario, eran objeto de discriminación racial y económica por parte de los blancos. Si bien por una parte los mestizos estaban exentos de pagar tributo (cuyo pago era obligatorio para el indígena), por otra el Estado les negaba la posesión de tierras. Esto explica que el mestizo no tuvo más que su fuerza de trabajo, se vio obligado a desplazarse a las haciendas donde vivió y trabajó a cambio de tierra en

> usufructo; en otras palabras, se volvieron arrendatarios, o trabajadores como auxiliares asalariados en la minería, agricultura, como vaqueros, arrieros, tejedores, herreros, pequeños comerciantes, etc."(p.1)

Con el continuo y profundo proceso de mestizaje, se convirtieron en pobres sin tierra, y sin dinero para comprarla, se sometieron como peones, arrendatarios, "agregados", jornaleros, o algo semejante, para acceder o aspirar a la misma.

Según el Diccionario de definiciones de Julián Pérez Porto:

Mestizo. Es quien nace de padre y madre de distinta raza. El término suele utilizarse para nombrar al individuo nacido de un hombre blanco y una mujer indígena, o de un hombre indígena y una mujer blanca.

Mulato. Es un término utilizado para referirse a una persona que ha nacido de un padre blanco y una madre negra o viceversa, en términos más generales, una persona de cualquier proporción significativa de ascendencia europea y africana. En el sentido más amplio, se aplica a las personas de ascendencia blanca y negra.

Zambo. Individuo nacido del mestizaje de una persona negra con una persona indígena americana.

Pardo. Descendiente de esclavos africanos que se mezclaron con europeos e indígenas para formar una gente que no era ni mestiza ni mulata.

Grupo social de indígenas: los caciques una vez doblegados fueron obligados a colaborar con los conquistadores, fueron conservados en sus puestos de dirigentes locales para exigir tributos y trabajo a las masas indígenas, facilitando así el sistema español de dominación indirecta.

Al ser obligados a trabajar en mitas, encomiendas, en la minería, disminuyó la población indígena debido a enfermedades epidémicas (viruela, sarampión, tifoidea, etc.), de trabajo excesivo y la consiguiente debilitación física y el choque cultural inducido por el español.

> "Las causas que produjeron el descenso de la población indígena en el Nuevo Reino de Granada fueron: acciones bélicas del período de conquista, dureza del régimen del trabajo en minas, obrajes y haciendas, nuevas enfermedades traídas por el conquistador (viruela, gripe, sarampión, tifo), desorganización de las tradicionales formas de cultura y vida social; inseguridad alimentaria. Finalmente, la introducción de formas nuevas de cultura y nuevas relaciones sociales, se tradujeron en disolución de familias y tribus, apatía por la reproducción y dificultad del contacto sexual, con sus consecuencias negativas que condujeron a casi a la aniquilación como etnia" (Ortiz, Claudia Constancia. Las condiciones sociales y económicas de la colonia. 2010 p.6)

Grupo social de negros: como producto de la escasez de población nativa utilizada como mano de obra, los españoles trajeron mano de obra negra de Africa, a través de la estrategia de la esclavitud, cuya importación en escala considerable se inició en el siglo XVII para trabajar minas y haciendas.

A los africanos se los secuestró, fueron capturados, traídos a la fuerza contra su voluntad; en varios artículos y documentales se muestra que para evitar fugas eran atados unos a otros en columnas, cargados con piedras de 18 a 20 kilos y obligados a caminar más de 1.500 kilómetros hasta llegar al mar. En los barcos negreros eran encadenados, hacinados, humillados y torturados. La introducción de esclavos negros se efectuó en el Cauca, Nariño, Antioquia, Chocó, Bolívar, Popayán, Cali, el norte de Antioquia y la Costa Atlántica.

Ortiz, en el artículo, Los esclavos en la época colonial, señala que era un negocio muy rentable y lucrativo para mercaderes como para la Corona, debido a impuestos que este tipo de negocios exigía, llamado

> "...asiento. A los negros capturados se les denominaba de distinta manera, "por ejemplo se le llamaba "bozal" al esclavo que era recién sacado de su lugar de origen y que por lo tanto no hablaba el español. Un esclavo que llevara más de un año siendo esclavo y que ya sabía hablar español era denominado como "ladino". Uno que tuviera entre 18 y 35 años era llamado "pieza de la india". "Bozalón era aquel considerado torpe y el "Cimarrón" era llamado aquel esclavo o esclava rebelde que huía del yugo de su amo…Se procedía a marcarles la piel con una R de Corona Real, tal como se hace con el ganado usualmente, en el pecho aunque existen casos que fueron marcados en el rostro". Además de la minería y plantaciones eran utilizados en labores domésticas, artesanales, en extracción de perlas" (Ortiz, p.2)

Según Barragán Diego Mauricio, en El Orden Social en la Colombia de los siglos XVIII, los grupos sociales se organizaban de acuerdo a cinco elementos:

> "1) El origen racial, teniendo en cuenta que las mezclas raciales eran consideradas como "impuras", se dio una clasificación por niveles que tenían como troncos raciales a blancos, indígenas y negros. Existía una relación directa entre el nivel de mezcla racial y la posición social de las personas; a mayor nivel de mezcla, menor puesto ocupado en la jerarquía social. 2) La militancia y la representación de los cánones cristianos de vida, los notables encarnaban la representación legítima, pues

eran los que contaban con los recursos para cumplir con los parámetros establecidos por la iglesia (en especial los sacramentos); las "clases inferiores" por lo general, no tenían las condiciones objetivas para cumplir con dichos requerimientos. Incluso en varios testimonios de la época colonial y republicana se presentaba a las castas como trasgresores de la moral cristiana. 3) A pesar que algunos miembros de las castas contaban con actividades y recursos económicos, la mayoría de la riqueza estaba concentrada en manos de los notables y los otros grupos desarrollaban actividades menores asociadas con la subsistencia. 4) La participación en el gobierno y las decisiones políticas estaban en manos de los notables, excluyendo a la mayoría de la población de los asuntos del Estado. 5) Las castas ocupaban las posiciones bajas en la jerarquía social y eran catalogadas como representantes de un modo de vida "irregular", en la mayoría de los casos como "parias", trasgresores de los parámetros morales"(p. 20)

Esta clasificación daba privilegios a los descendientes de los conquistadores; en contraposición a indígenas, negros y mestizos. Es decir, la estratificación social estaba dada por razas: españoles peninsulares, criollos, indios, negros y mujeres. Surge el concepto de "notables" y el de "razas impuras" al proceso de mestizaje.

En la economía, se observa la diferenciación de los grupos sociales en las actividades que desarrollan. Las clases altas están excluidas de las ocupaciones industriales (trabajo manual y lo que tenga relación con la tarea cotidiana de conseguir medios de vida, destinadas a grupos inferiores) y se reservan para determinadas tareas a las que se adscribe un cierto grado de honor. Los notables tomaban el orden social con la idea de "orden natural" donde existían unas razas civilizadas, con tradición, inteligencia y capacidad de dominio y otras que eran bárbaras sin identidad, brutas y que necesitaban ser civilizadas.

> "El vértice blanco está asociado con el poder, la riqueza, la civilización, la creación y el gobierno de la nacionalidad colombiana y las altas posiciones en las escalas de urbanidad, educación y "cultura" (ser culto). El estilo y nivel material de vida, la educación, las maneras, la forma de hablar y la estructura familiar de los blancos son distintivos de una alta posición en la jerarquía nacional de prestigio y de estatus. Los dos vértices de abajo (indígena y negro) son vistos desde arriba como primitivos, dependientes, ignorantes, rústicos e inferiores"(Barragán, p.22)

La discriminación ha sido una estrategia empleada por los grupos de notables en el desarrollo del proceso social colombiano y como arma que grupos superiores emplean contra grupos en una lucha de poder, como medio de conservación de sus injustos privilegios.

4.4 Organización política

Con el fin de gobernar y administrar las nuevas colonias, la Corona creó algunos organismos con asiento en América y otros en la misma España. Los organismos con sede en España fueron:

La Casa de Contratación. Surgió antes que el Real Consejo de Indias. Establecida también en Sevilla para atender las necesidades de organizar las expediciones y el movimiento naval entre España y América. Cumplía, además, todas aquellas actividades referentes a los conflictos que surgían como consecuencia de las actividades que regenteaba, actuando como juez en las controversias comerciales o de cualquier otro tipo.

El Real Consejo de Indias. Tenía su sede en Sevilla, fue establecido desde 1503, con el cometido de obrar como un cuerpo asesor del Rey en materia legislativa, que proponía a la aprobación del Rey las Leyes de Indias.

Las Leyes de Indias eran normativas generales que el Rey dictaba, para su aplicación en los territorios coloniales. Sus miembros eran el Presidente, ocho Consejeros, dos Secretarios y un Fiscal, nombrados directamente por el Rey.

Las instituciones que gobernaban y administraban el Reino de Indias con residencia en las propias colonias, fueron: Los Virreyes, Las Reales Audiencias, los Consulados, los Gobernadores, los Cabildos.

Según la normatividad de la Corona Española, el Virrey era un delegado directo del Rey, y ejercía en su jurisdicción una autoridad tan amplia, que era equiparable a la del Rey mismo.

La Real Audiencia. Era un órgano de funciones esencialmente judiciales; aunque también actuaba como consejera del Virreinatos en los asuntos que él consideraba oportuno consultarla y lo sustituían provisoriamente, en caso de ausencia o muerte. Formalmente, era presidida por el Virrey, o en su caso el Gobernador, eran denominados oidores nombrados por el Rey.

Los Oidores debían vestir de toga durante las audiencias, les estaba prohibido asistir a fiestas, casamientos o bautismos, dar o recibir préstamos, tanto ellos, como sus hijos; para mantenerlos al abrigo de tentaciones económicas, la Corona les pagaba una excelente remuneración por sus servicios.

Los Consulados. Sus funciones estaban referidas a las cuestiones relativas al comercio; sus miembros eran nombrados por los mismos comerciantes de las regiones en que actuaban.

Los Gobernadores. Fueron en realidad, la primera autoridad ejecutiva y aún judicial que surgió en las colonias y su autoridad abarcaba una ciudad de fundación relativamente reciente y su territorio circundante, como regiones más extensas.

Cabildos. Los miembros del Cabildo denominados Alcaldes, eran los de mayor importancia, teniendo como funciones actuar de jueces y eventualmente suplantar al Gobernador en caso de estar impedido. Otros integrantes del Cabildo eran los Regidores, el Alguacil Mayor, que estaba a cargo de la policía del orden y los delitos, y dirigía la cárcel; el Fiel Ejecutor era responsable de asegurar a la ciudad el abasto de los víveres para sus pobladores; el Alférez Real era el encargado de portar el estandarte real en los actos públicos.

Alcaldes. Los alcaldes ordinarios eran los encargados de impartir justicia en primera instancia en lo referente a lo civil, lo criminal dependía directamente del alcalde mayor.

Síndicos. Eran los encargados de representar, defender y promover los intereses de la comunidad.

Regidores. Adquirían sus cargos por compra, por medio de un remate, de por vida, y podían heredarlos o transmitirlos a quien ellos decidieran. Los regidores se ocupaban en especial de la percepción de los impuestos.

Vecinos. Son quienes poseen un solar, han fundado una familia y se establecen en forma permanente.

Habitantes. Son quienes están de paso en la ciudad, no gozan de los derechos que poseen los vecinos.

4.5 Economía colonial

La política mercantilista adoptada por la Corona explica las decisiones tomadas en el campo económico para sus colonias, por ejemplo el comercio estuvo marcado por el monopolio. Las colonias solo podían y debían comercializar con España, estaba prohibido el comercio entre las propias colonias o con otras naciones. Para lograr el control del comercio se creó la Casa de Contratación de Sevilla en 1503. El monopolio permite fijar precios para obtener altas ganancias.

España enviaba a América productos manufacturados (herramientas, muebles, paños, telas, vinos, aceites, loza, hierro...); mientras que América le enviaba materias primas como metales preciosos y productos agrícolas. Así las cosas, este sistema impedía el desarrollo de la industria, el único puerto habilitado era Cartagena de Indias.

La Corona protegió a las flotas de comerciantes con barcos de guerra llamados galeones por el peligro de los ataques de piratas y corsarios. Al llegar los barcos con la mercadería se realizaban ferias donde los comerciantes ofrecían sus productos; realizaban dos viajes al año; el monopolio no daba abasto y apareció el contrabando.

La minería desde el comienzo de la conquista fue una de las principales actividades de la economía, primero buscaron el oro y la plata, luego fueron obligados los indígenas a trabajar en los lavaderos de oro en el lecho de los ríos y luego en la extracción de las minas de beta. Con la minería del oro se impulsó el comercio interno y externo, el desarrollo agrícola, ganadero y manufacturero. La minería neogranadina tuvo bastantes obstáculos como la escasa inversión, poca mano de obra, falta de tecnología apropiada y desconocimiento de la explotación minera. Los españoles utilizaron la encomienda y la mita como estrategia para obtener mano de obra.

Encomienda. Sistema por medio del cual grupos de indígenas eran literalmente entregados al cuidado de un español y en retribución por tal guía y protección, el español recibía tributos de los indígenas. El tributo estaba representado inicialmente en trabajo o en bienes, o en ambos. El gobierno español declaró ilegal el pago del tributo con trabajo, pero éste era exigido ampliamente, en violación de la ley. A pesar de que finalmente la Corona abolió el sistema de las encomiendas (momento en el que los tributos pasaron directamente al tesoro real), los ex encomenderos retuvieron cierta autoridad no oficial sobre sus anteriores protegidos.

> "Los encomenderos empleaban esa mano de obra en sus casas, estancias, hatos y por eso los indios aborrecían este tipo de explotación y preferían emigrar buscando tierras dónde labrar, para huir de los tributos excesivos. A través de la encomienda se dio la más desaforada expoliación, saqueo y arbitrariedad. Los indígenas debían proveer a su explotador, además de comida, oro, vestuario, agua, leña, forraje. La dificultad de pagar en oro hizo que los nativos solicitaran que el tributo se conmutara con mantas. También tenían la obligación de hacer a sus encomenderos labranzas de trigo, cebada, maíz. Los indios debían sembrar, beneficiar y coger todas las labranzas y poner los productos en la casa misma del encomendero. Éste estaba obligado a evangelizar a los indios que le fueran encomendados, y la Corona pretendía también que dicha institución estuviera orientada a la creación de poblados" (Ortiz, p.2)

La Mita. Era un sistema de trabajo originario de América. Córdoba Julián señala en el artículo El trabajo indígena en los Andes que:

> "...cada grupo de indígenas aportaba a la corona un número determinado de trabajadores durante un tiempo (entre 15 días y 10 meses, la Mita para el servicio doméstico se fijó en 15 días; la Mita pastoril, en 3 o 4 meses y la Mita minera en 10 meses, dentro de cada año). Estos trabajadores eran llevados a las zonas que más se necesitaran para las diversas actividades, alejándolos de la familia,

ocasionaba en muchos casos la muerte de los indígenas. La mita era obligatoria pero no podía exceder de un tercio de la población tributaria nativa, y tenía un salario controlado por los españoles el cual era muy mínimo para las necesidades que tenían que suplir los indígenas. La mita se hacía por sorteo, en presencia del respectivo cacique" (Córdoba, p.3)

Existieron 7 clases de mitas: agraria, minera, de obrajes, de servicio doméstico, de boga, de transporte y acarreo, de obras públicas.

Un ejemplo de la mita agraria, es el llamado concertaje que era una forma de captar mano de obra indígena, se acordaba laborar para determinado propietario a cambio de un jornal a través de un contrato, el cual se hacía por escrito y por un período que iba de seis meses a un año. El trabajador tenía derecho a una casa y a los servicios religiosos. El salario debía pagarse en dinero y no en especie. En la construcción de ciudades se utilizó la mita urbana, lo cual implicó la edificación de casas, iglesias, conventos, acequias.

Se observa con claridad que la mano de obra constituyó la mayor necesidad, por lo tanto, se sometió a la población indígena para que trabajara en la extracción de metales preciosos y proporcionara alimento a los conquistadores. Esto trajo como consecuencia la disminución de la población indígena e incidió para que la Corona la reemplace con mano de obra africana, quienes fueron empleados en plantaciones, en lavaderos de oro y servicio doméstico.

Agricultura. Claudia Ortiz, en el artículo Las condiciones sociales y económicas de la colonia, muestra que en la Costa Atlántica las haciendas estaban dedicadas a la caña de azúcar, a la producción de mieles para la fabricación de aguardiente, maíz, yuca, plátano. En la zona oriental, la sabana producía ganado, papa, trigo y harina de trigo, especialmente para el mercado de Cartagena. Vélez y el Socorro, también cultivaban caña para la producción de mieles que se requerían para elaborar aguardiente, panela y azúcar. Cúcuta y Pamplona, cultivaban cacao para la exportación. Las provincias de Neiva y Mariquita, levantaban ganado que se engordaba en la Sabana de Bogotá, y que se enviaba también a los distritos mineros de Popayán y Chocó. Algunos historiadores han afirmado que la agricultura neogranadina no tuvo un desarrollo significativo, afectado por la casi inexistente tecnología, escasa inversión de capital, las cargas fiscales, el estado de las vías de comunicación. Todos estos factores hacían que la producción agropecuaria no se incentivara.

Las cargas impositivas y los monopolios. La Corona implantó el monopolio en la producción y comercialización de aguardientes, tabaco, sal, naipes, pólvora, con lo cual obtenía grandes ganancias expresadas en la diferencia existente entre los costos de producción y los elevados precios de venta. La Corona cobraba los impuestos mediante la recaudación y administración directa por parte del Estado y el de la adjudicación por remate a los particulares.

El historiador Alvaro Tirado Mejía en su obra: Historia Económica de Colombia, menciona los siguientes impuestos:

Impuestos Civiles

La Avería: Consistía en una especie de derecho de aduana que gravaba las mercaderías enviadas de España a las colonias o viceversa.

La Media Anata: Por este impuesto, los empleados civiles debían pagar a la Corona la mitad de lo que recibieran el primer año, por concepto de sueldos, gajes y demás emolumentos obtenidos de su empleo.

La Alcabala: Gravaba la venta de bienes muebles e inmuebles.

El Quinto Real: Era el impuesto que debían pagar los mineros por el oro obtenido.

El Impuesto de la armada de Barlovento: Creado en 1635 con el objeto de establecer la lucha contra los corsarios del Caribe, gravaba el consumo de artículos esencialísimos.

La Sisa: Un gravamen de origen medieval, era el porcentaje de peso y medida, que el vendedor sustraía al comprador, en las transacciones menores, en beneficio de la Corona.

Los Valimentos: Consistían en la apropiación que la Corana se hacía de los sueldos de sus empleados, en momentos de efugia económica, unas veces con la promesa de devolución y en la mayoría de los casos en forma definitiva.

Gracias del Sacar: Era la suma percibida por la Corona cuando otorgaba ciertos privilegios o concesiones a alguno de sus súbditos tales como el suplemento de edad para ocupar cargos públicos o la concesión de títulos de nobleza.

Impuestos Eclesiásticos

El Diezmo: Era un gravamen sobre los frutos vegetales y sobre las crías de los animales al servicio del culto.

La Mesada Eclesiástica: Era la deducción por parte de la Corona, de la duodécima parte de la renta de un año obtenida por causa de su Oficio, por los miembros del clero.

Los Espolios: Eran los bienes muebles e inmuebles que dejaban los Arzobispos y Obispos al morir y que pasaban a la Corona.

Las Vacantes Mayores: Eran las rentas que percibía la Corona desde el día de la muerte de un prelado hasta el día en que la Santa Sede preconizaba el sucesor.

Estancos y monopolios

El Estado era el único comprador y por consiguiente el único vendedor del producto, y sus ganancias se derivaban de la diferencia entre el precio de compra y el de venta. Con relación a su cultivo, el Estado por lo regular establecía el número de matas que podía plantar el agricultor y las zonas de explotación, imponiendo al contraventor, severas penas que podían llegar hasta la confiscación y la muerte. En nuestro país, los dos principales productos agrícolas sometidos al estanco fueron el tabaco y el aguardiente de caña" (Tirado, p. 85).

4.6 Estructura urbana

En la colonia hay cambios sustanciales en la estructura urbana al establecer la Corona criterios y procedimientos específicos para fundar una ciudad. Según el bloger de CUSI (2010), quien retoma las ordenanzas de la época, al fundar una ciudad los españoles debían tener en cuenta lo siguiente:

Competencia. Quienes recibían las Capitulaciones (adelantados o conquistadores) tenían la facultad de repartir tierras entre los españoles. La propiedad derivaba siempre de la gracia o la merced real.

Objetivos. Según la Corona toda ciudad por fundar debía ser un puesto de avanzada militar que indicara posesión, tener unos vecinos armados dispuestos a defender y ser un centro de irradiación cultural y religiosa.

El Lugar. Debía elegirse lugares cómodos, con buenas entradas y salidas que permitieran la comunicación, cuyos pastos y tierras sean aptas para sembrar, y con abundancia de agua.

Los vecinos. Un pregón debía convocar a los soldados que desearan inscribirse como vecinos, por lo menos debía haber 30 vecinos.

El trazado. El diseño era en cuadrícula, el trazado de las plazas, calles y manzanas se hacía a cordel. Cada manzana se dividía en cuatro solares, que se repartían entre los vecinos y las órdenes religiosas. En el rectángulo principal se ubicaba la Plaza de Armas o Plaza Mayor, y alrededor se situaban los edificios principales: la catedral, la casa de gobierno y el cabildo.

La zona de fundación se dividía en: 1. La población en sí. 2. Los ejidos, sector ubicado en las afueras de la población para uso común de los habitantes y sus animales domésticos. 3. Las dehesas, de uso común de los pobladores destinadas al ganado. 4. Los propios o propiedad del Cabildo para gastos de administración. 5. Las tierras de repartimiento a los primitivos pobladores.

El acta de fundación. Era un documento donde se anotaban todos los datos referentes a la fundación y el nombre de los vecinos fundadores. El capitán fundador, el sacerdote y los testigos que asistían a la ceremonia firmaban el acta. El documento se cerraba y con él abría el primer libro de cabildo.

La ceremonia de fundación. Consistía esta en redactar el acta, asistir a una misa solemne y proceder a la nominación de la ciudad. Generalmente los españoles asignaron a las ciudades nombres de ciudades españolas, añadiéndoles el de un santo o santa.

Los títulos honoríficos. Los Reyes solían otorgar a las ciudades, títulos honorífcos que se inscribían en el escudo de armas. Por ejemplo, "Muy Noble", "Leal Ciudad"…

*El cabildo. E*n la colonia cuando se funda una ciudad, de inmediato se procede a nombrar el cabildo o ayuntamiento que era un organismo que dirige y administra la ciudad, estaba conformado por 2 alcaldes, alrededor de 6 regidores y otros funcionarios de menor rango. Se encargaban de la compostura y construcción de calles y caminos, de inspección de las cárceles, de fijar precios.

Las edificaciones levantadas por los españoles en tierras americanas seguían los criterios de la metrópoli, adaptándolos más o menos a las condiciones del lugar y a su función en un medio natural, social y económico diferente. Las iglesias, con su lenguaje espacial de naves, capillas, bóvedas, cúpulas y campanarios, continuaban la tradición establecida desde los principios de la cristiandad, aplicando en la composición de estos elementos los principios renacentistas y posteriormente barrocos vigentes en España. Esto queda conformado por manzanas cuadradas organizadas en una cuadrícula cuyo centro era la plaza mayor, sobre la cual se construyeron el templo católico y demás edificios del poder religioso y civil. Las viviendas de los conquistadores y demás personas que los acompañaran se ubicaban sobre la plaza o en las manzanas adyacentes, alejándose de la plaza según descendieran en rango e importancia.

En la construcción se utilizaron técnicas como el uso de la tapia pisada, el adobe, el ladrillo y la piedra en los muros, se empleó el bahareque conocido de los indígenas, se alternó la teja "española" o de barro con la paja, las fachadas revocadas y encaladas. Hubo arquitectura religiosa, militar, civil y doméstica de carácter urbana y rural.

4.7 La iglesia y la cultura colonial

La Iglesia participó en la conquista y colonia, cumplió un papel ideológico y de control social, al inculcar la resignación ante la explotación a que fueron sometidos los indígenas. Fray Bartolomé de las Casas, cuestionó el sistema de explotación y exterminio indígena pero estuvo a favor de la esclavitud de africanos para reemplazar a los indígenas. La iglesia católica y las Órdenes religiosas de dominicos, franciscanos, mercedarios, jesuitas y agustinos cambiaron los valores, las creencias y les enseñaron el idioma español a los nativos.

La iglesia y estas comunidades logran ser los mayores propietarios de tierra, bien por iniciativa propia al administrar concesiones de tierras (conocidas como Mercedes) o porque las heredaran bajo los mecanismos de las capellanías, es decir tierras legadas a santos o santas de la devoción del fallecido que eran administradas por la iglesia. En ellas no se desarrolla ninguna actividad económica de importancia y allí tenían asiento los conventos de las Órdenes religiosas. Entre los mecanismos utilizados por la iglesia para acumular tierras se mencionan a continuación, de acuerdo a inferencias hechas del documento "Orígenes de las guerras civiles en Colombia", de autor anónimo:

Cofradías. Eran asociaciones de fieles que servían para dar asistencia espiritual y material a sus miembros; algunas llegaron a poseer cuantiosos bienes que utilizaban para construir iglesias, conventos u oratorios, o para mantener colegios, hospitales y otras instituciones de beneficencia.

Las obras pías. Eran agrupaciones de fieles que donaban un capital destinado a apoyar a los sectores desprotegidos de la sociedad, como huérfanos, viudas, pobres, financiamiento de fiestas y ceremonias, el suministro de velas, aceite y flores, o la propagación del culto a un santo o a la Virgen.

Capellanías. El fundador deja sus bienes (predios o fincas) a cambio de celebraciones a su nombre de misas y aniversarios. Los predios de las capellanías eran sagrados e intocables. Las actividades a favor del alma constituían una inversión para obtener una posición mejor en el más allá.

El derecho al patronato. Consistía en que los propietarios podían ceder un solar para edificar una iglesia, o la construían a sus expensas, o la donaban para el sostenimiento del culto, o fundaban un hospital, monasterio o casa de pobres. La iglesia recibía el predio y a cambio concedía al donante el "derecho del patronato" que consistía en tener ciertos privilegios y obligaciones. La iglesia concedía a quien había hecho el presente, ceremonias religiosas. El predio una vez pasaba a manos de la iglesia se "espiritualizaba", es decir, el donante perdía el dominio sobre él, quedando el inmueble afecto al culto.

Las misiones. Son asentamientos o colonias establecidas por los misioneros para evangelizar a los nativos en regiones inhóspitas y explotar los recursos naturales y la fuerza de trabajo. En ese contexto la misión servía como centro religioso, de formación profesional, como un centro económico para el comercio, producción ganadera y agrícola. Inciden ideológicamente en los grupos indígenas utilizando un altar portátil para decir la misa, construyendo templos con patios, pasillos, jardines, aulas, corrales y viviendas para los sacerdotes. Los misioneros buscan pacificar las zonas que poseían recursos naturales extraíbles, tales como hierro, estaño, cobre, sal, plata, oro, maderas duras, alquitrán y otros recursos, que podrían ser explotados.

Un ejemplo de las misiones lo tenemos con las misiones jesuitas, quienes primero exploraban y luego se reunían con los indígenas en regiones del Casanare, Meta, Orinoco. Lo fundamental era buscar mano de obra a partir del trabajo colectivo y manteniendo sus propias estructuras comunales. Estas misiones se convirtieron en comunidades educadoras, agricultoras, ganaderas, manufactureras y comerciantes.

La inquisición. Con sus diferentes expresiones, fue un factor definitivo para la configuración del tipo de cultura impuesto en las colonias a través de los siguientes tormentos aplicados en Europa y obviamente en América. Cultura colectiva en artículo Los 10 métodos de tortura más crueles, siguiendo el criterio de que el tormento lento purifica el alma, señala los siguientes:

> "El potro, Tormento de agua, La garrucha, Cuna de judas, La rueda, La doncella de hierro, La sierra, La pera oral, anal o vaginal, La araña de hierro, La hija del arroñero". (Ver explicación en Culturacolectiva, p.1,2...)

La acción de la iglesia influye en todos los campos de la vida colonial, además de controlar las conciencias individuales y de orientar los ritos más importantes de la vida familiar y social, realiza la labor de aculturización del indígena y la educación de la élite blanca. La iglesia a través de El Santo Oficio controla, censura, vigila la imprenta, la producción literaria, el contenido, la lectura y la circulación de las obras.

La iglesia funda, rige, orienta, decide el método y el plan de estudios. Los centros de enseñanza estuvieron a cargo de eclesiásticos entre los que correspondió el monopolio a dominicos y a jesuitas. Para Maria Teresa Cristina (1974), en el Manual de historia, encontramos que:

> "En 1605 se inauguró el colegio de San Bartalomé, en 1623 la Academia Javeriana, actuaron los Jesuitas. En 1653 se fundó el Colegio mayor Nuestra Señora del Rosario, bajo

> la dirección de los dominicos. Por orden del
> monarca español, Felipe II hasta fines del si-
> glo XVIII, no tuvieron cabida la experimen-
> tación, la razón, las ciencias naturales y las
> matemáticas. Este mismo monarca estableció
> la pena de muerte para quienes imprimieran
> o vendieran libros prohibidos por el Santo
> Oficio. La ciencia estaba supeditada a la teo-
> logía, la educación se vuelve así más profun-
> damente especulativa y religiosa" (p.512)

Durante toda la colonia el grupo que tiene acceso a la educación y que puede dedicarse al ejercicio intelectual, pertenece a la
minoría blanca, peninsular o criolla, formados por eclesiásticos.
En el acceso a los colegios mayores, seminarios y a la universidad opera también la discriminación social y racial, sólo pueden
ingresar a ellos los que pueden probar la limpieza de sangre y
que ni el estudiante ni sus padres se han ocupado en oficios bajos
como los trabajos manuales.

En el documento, El proceso de la educación del Virreinato
a la Epoca Contemporánea, Jaime Jaramillo Uribe, señala que
acerca de las escuelas públicas se comienza a hablar en la segunda mitad del siglo XVIII, bajo la política ilustrada de los Reyes
Borbones. Recordemos que primero los encomenderos tenían la
obligación de costear al cura doctrinero para que les enseñara la
doctrina cristiana, les administrara los sacramentos y los acus-
tumbraran a "vivir en pollecía". Funcionaban escuelas privadas
de manera aislada en algunas ciudades. No existó una política de
Estado. Los encomenderos y acaudalados dejaban legados para
fundar escuelas.

Con los Borbones fueron organizadas algunas escuelas públicas de manera aislada en ciertas ciudades bajo el control de los
Cabildos, su sostenimiento debía hacerse con rentas propias que
eran tan exiguas que no podían sufragar el sueldo del maestro y
los gastos del local. Era frecuente que los padres de los alumnos
tenían que hacer contribuciones mensuales para que el maestro

pudiera sobrevivir. No solo faltaban los fondos para el sostenimiento, sino también no había maestros. El sabio Caldas en el
"Semanario", en su discurso sobre educación, se lamentaba que
en Santa Fé, ciudad de 30.000 habitantes, sólo había una escuela
pública y exhortaba a los ricos a contribuir con sus caudales a la
apertura de otras.

4.8 Consecuencias de la conquista y colonización de la Corona española.

De lo expuesto se pueden abstraer las siguientes inferencias de
las implicaciones que tuvo la conquista e invasión de la Corona
española a nuestro territorio con las variables consecuencias para
América y Europa.

4.8.1 Consecuencias para América. Entre las consecuen-
cias económicas para América se pueden mencionar:

- La introducción de nuevos cultivos adaptados al clima americano como: cebada, trigo, arroz, caña de azúcar, vid, plátanos,
café, naranjas, limones, aceite de oliva, mango; animales como el
caballo, vaca, cerdo, cabra, oveja; utilización del hierro.

- Apropiación de la tierra que le pertenecía al indígena y aparición de las grandes haciendas y del latifundio en Colombia.

- La iglesia se vuelve uno de los sectores más terratenientes,
sus propiedades se vuelven improductivas, por ello las llamaron
bienes de manos muertas.

- Saqueo de nuestros recursos naturales: oro, esmeraldas, pla-
tino.
- Explotación de la fuerza de trabajo indígena y africana.

Las consecuencias sociales más dramáticas:

- Mortalidad masiva de indígenas (guerras, trabajos forzados y epidemias nuevas).

- Introducción de dos nuevas razas (blanca y negra), y cruce masivo racial entre indios y blancos.

- Esclavización de la fuerza de trabajo africana. Las desigualdades sociales (pobres y ricos).

Consecuencias políticas: se produce la caída de los cacicazgos de los chibchas.

Consecuencias culturales: la cultura indígena se ve relegada, se impone el catolicismo como nueva creencia religiosa y sus consecuencias.

4.8.2 Consecuencias para Europa. Entre las consecuencias económicas hay que destacar que cultivos americanos se adaptan al clima europeo y revolucionan los hábitos alimenticios del Viejo Continente: maíz, fríjoles, patata, cacao, cacahuete, tomate, calabaza, piña, aguacate, maguey, tabaco, yuca, batata.

Se llevan a Europa cientos de toneladas de oro, plata, maderas finas. El comercio ultramarino se desplaza de oriente al océano Atlántico.

En Europa apareció una cantidad enorme de metales preciosos, el oro y la plata extraídos en América con la explotación de la fuerza de trabajo indígena y africana (esclavos), lo cual determinó su abaratamiento y un alza en el precio de las mercancías. Los precios del pan y otros productos de primera necesidad sufrieron una elevación de tres y cuatro veces su valor.
España pierde importancia económica en Europa en la medida que no desarrolla industria, por lo tanto se ve obligada a comprar a otros países y posibilita el desarrollo y la revolución industrial en otras latitudes. La clase dominante de España se limitó a ser intermediaria de las manufacturas de los países europeos. Poseedora de cuantiosos valores de cambio, del oro y la plata que

aportaba la conquista americana, transitó por el fácil camino de la compra de artículos elaborados en otras naciones.

España se convirtió en la principal impulsora de la industria de los países que generalmente fueron sus enemigos: Inglaterra y Francia. Los comerciantes extranjeros invadieron los mercados españoles con productos de mejor calidad y más baratos. Los metales preciosos de América entraban a España y finalmente se desaparecían por las principales plazas comerciales europeas.

España contribuyó al desarrollo de la burguesía y de la revolución industrial en   otros países europeos (Inglaterra).

Entre las consecuencias sociales hay que destacar los millones de europeos que emigran a tierras americanas durante más de cuatrocientos años, quienes llegan sin nada y vuelven ricos a su población de origen al cabo de los años.

Entre las consecuencias políticas cabe mencionar: El reparto del mundo con el Tratado de Tordesillas de 1494, entre Portugal y España; el nacimiento y consolidación de los imperios europeos: español, portugués, inglés, francés y holandés; las guerras entre ellos por el dominio de las riquezas del continente americano y nuevos territorios.

Entre las consecuencias culturales: se estimuló el conocimiento del mundo con los viajes y expediciones geográficas, conocimiento de nuevas especies y minerales, dimensiones geodésicas, nueva cartografía, etc.

CAPÍTULO V

¿Qué características presenta
Europa en el siglo XVIII
y sus consecuencias
para América?

5.1 Europa en el siglo XVIII

En el siglo XVIII, el mundo era sacudido por grandes e importantes conmociones sociales. El modo de producción feudal agonizaba para dar entrada y nacimiento al modo de producción capitalista.

La guerra comercial de las naciones europeas: Inglaterra, Holanda, Bélgica, Francia, entre otras, arrecian su competencia por los mercados mundiales, invaden regiones importantes de Centroamérica e introducen sus mercancías de contrabando, incluso falsificando o adulterando monedas. Inglaterra es el país que obtiene ventaja con su Revolución industrial, convirtiéndose en la primera potencia mundial y el imperio español se ve obligado a abrirle paso a las exportaciones inglesas.

En el siglo XVIII se genera el movimiento ilustrado que busca explicaciones racionales acerca del mundo y romper con la visión dogmática de la Iglesia, imperante desde la Edad Media y en cambio llama al hombre a hacer el esfuerzo de utilizar la RAZÓN y con ella a dudar, criticar y reflexionar sobre su mundo.

El grupo de los ilustrados estuvo compuesto por burgueses que en sus obras expresaban su oposición al Antiguo Régimen, principalmente a los privilegios de la nobleza y el clero, la monarquía absoluta y el mercantilismo. Los principales derechos postulados por estos hombres serán: Vida, Libertad, Felicidad, Propiedad, Resistencia a la opresión.

La obra más importante de la Ilustración es la Enciclopedia, pues su objetivo era concentrar y difundir todo el conocimiento alcanzado por el hombre hasta esa época, los ilustrados buscan extender el conocimiento y con ello lograr romper las limitaciones del Estado absolutista.

La ilustración es un movimiento que promueve la exigencia de los derechos por parte de la población, la lucha contra el absolutismo y se propone que en caso de que el monarca no respete a la sociedad, se le destruya.

El pensamiento ilustrado responde a la ideología y necesidades de la burguesía que ha logrado concentrar un gran capital a partir del comercio (mercantilismo) y de la actividad industrial (capitalismo industrial), y que ahora exige libertad política y económica. Esta Revolución industrial, con sus grandes máquinas inventadas da origen a las fábricas y alrededor de estas se van concentrando los trabajadores u obreros y con ello crecen las ciudades con todas sus características y problemas.

Entre los ingleses al suprimirse las «propiedades comunales», las cuales fueron compradas por los más ricos, los campesinos que vivían de ellas se ven obligados a dejar el campo y trasladarse a la ciudad para trabajar como obreros en las nuevas fábricas que en esos momentos se estaban levantando. Esta abundancia de mano de obra es aprovechada por los dueños de las fábricas (los capitalistas industriales), que contratan a los obreros por salarios bajos con una jornada laboral agotadora que no baja de las 14 horas diarias. Para colmo, muchas veces los industriales, a fin de pagar todavía menos, lo que hacen es contratar a mujeres y niños.

La Revolución Francesa (1789-1799), fue un proceso social y político que acabó con la monarquía absoluta, eliminó los privilegios feudales del clero y la nobleza y consagró la separación Iglesia-Estado y la división de poderes, base de las actuales democracias.

Inicialmente estuvo dirigida por moderados como Mirabeau, que apoyaban la monarquía constitucional. A partir de 1792, las tensiones entre los partidos representados en la Asamblea Legislativa convulsionaron la vida política. Frente a la moderación de los girondinos y feuillants se impusieron los grupos radicales, como los jacobinos liderados por Robespierre y Marat, y los cordeliers, que defendían la instauración de la república y el sufragio universal.

Tras la proclamación de la república en 1793, Robespierre dirigió la Convención e impuso la dictadura (1793-1794). Le siguió la etapa del Directorio (1795-1799), dirigida por Talleyrand y Fouché. Después comenzó la era napoleónica.

Esta revolución dirigida por la burguesía con la participación de las clases populares urbanas y los campesinos que querían mejoras en su situación económica y social, consolida el capitalismo; la burguesía toma el poder, se unifica el mercado nacional, se acaba el absolutismo, se termina con la primogenitura en la herencia de la propiedad territorial, cae el mercantilismo, se impone el liberalismo económico, se extinguen los privilegios de la aristocracia y el clero, se eliminan los diezmos, la servidumbre, se redistribuye la riqueza de la propiedad de la tierra, se acentúa la diferenciación de clases sociales, las clases adineradas amplían sus propiedades; se crea la República como forma de gobierno con la separación de los poderes ejecutivo, legislativo y judicial, se limita el poder de los soberanos, se da la declaración de los Derechos Humanos y en 1791 se proclamó la Declaración de los Derechos de la Mujer y la Ciudadana.

La esclavitud, fue abolida el 4 de febrero de 1794; la separación de la Iglesia y del Estado fue un antecedente para separar la religión de la política, se difunden ideas democráticas en el mundo.

5.2 España en el siglo XVIII

A mediados del siglo XVIII, España estaba envuelta en una crisis debido a las guerras, no pudo mantener su tráfico comercial con las colonias, ni brindar asistencia militar para mantener su imperio colonial. Gran Bretaña ve a América como un mercado indispensable para sostener y expandir su economía. Lo que cambia en el dominio de la nueva potencia hegemónica es que Inglaterra, debido a su inmensa superioridad, no requirió de una dominación política formal para controlar este espacio. Le vastó la fuerza propia de su dinámica económica.

Al ser un francés, Felipe de Borbón heredero del rey implica cambios socioculturales y políticos para España y América.

5.3 La politica borbónica en América

La Dinastía de los Borbones se inicia en el año de 1700 con Felipe V, tiene como objetivos para América hacer una colonia de explotación destinada a enriquecer la metrópoli gracias a la recaudación de impuestos y el monopolio del comercio, para ello impulsa varias reformas: se refuerza el control de las colonias, crean el Virreinato de la Nueva Granada en 1717 (conformado por los territorios de las actuales Repúblicas de Colombia, Panamá, Venezuela y Ecuador), organiza una estricta recaudación de impuestos, se asegura la autodefensa de las colonias frente a las potencias enemigas, se produjo una españolización de la administración en detrimento de los criollos, se presenta mayor eficacia en la recaudación fiscal, se refuerza el proteccionismo con el fin de dificultar la importación de ciertas manufacturas extranjeras; desde cualquier puerto español se podía comercializar libremente con América, lo que estimuló la producción artesanal y el comercio.

Estas reformas cuentan con la oposición de los siguientes sectores: la nobleza y el clero por estar en peligro sus privilegios y sus derechos sobre la propiedad de la tierra y los pequeños campesinos al ser manipulados por el clero que les decían que las reformas afectarían las tierras comunales. Debido a ello se presenta el motín de Esquilache de 1776 que estuvo dirigido por la nobleza y el clero. El rey utilizaría la revuelta como pretexto para expulsar a los jesuitas el año siguiente.

En concordancia con estas reformas y según el " Manual de la Historia de Colombia", en la segunda mitad del siglo XVIII la capital de la Nueva Granada se convirtió en uno de los principales centros de actividad intelectual, especialmente en el campo de la investigación científica. En 1760 vino José Celestino Mutis, sabio naturalista español, médico personal de uno de los últimos virreyes coloniales, Pedro Messía de la Cerda, quien regresó a España luego de expulsar a los jesuitas. Mutis, ante la enorme riqueza de especies botánicas decide quedarse en la Nueva Granada. Desde muy pronto, adquirió cierto renombre, al afirmar abiertamente la tesis copernicana de que la Tierra gira alrededor del sol y no viceversa, lo cual aún era prohibido manifestar y era controlado por la Inquisición. Mutis nunca corrió peligro pues contaba con la simpatía de importantes funcionarios civiles. Fundó la Expedición Botánica en 1783; ambicioso proyecto de investigación diseñado con el fin de registrar todas las especies botánicas de la franja suramericana situada al norte de la línea ecuatorial.

Aunque Mutis era español, escogió a sus colaboradores principalmente entre la comunidad científica criolla y algunos de los miembros de la Expedición se convertirían en líderes del movimiento independentista de comienzos del siglo siguiente. A su lado estuvieron científicos, naturalistas, geógrafos y dibujantes criollos, como Francisco José de Caldas, Francisco Javier Matis, Salvador Rizo y Pablo Caballero, entre otros. Mutis, orientó su cátedra de matemáticas en el Colegio Mayor Nuestra Señora del Rosario, la primera en su género en el Nuevo Mundo, había pronunciado su célebre frase que sintetizaba la nueva apertura intelectual de la España ilustrada. "No miremos a nuestra España retrasada, miremos a la Europa sabia". Una característica de la Ilustración fue el énfasis que se hizo en la educación, sobre todo técnica y científica, como medio de incrementar la producción.

Por inciativa de Francisco Antonio Moreno y Escandón,

"...se funda en 1777 la primera biblioteca pública del Nuevo Mundo, hoy biblioteca Nacional, con los fondos de libros de los jesuitas expulsados... En el año siguiente se introduce de manera definitiva la Imprenta en Santa Fe, y con ella el periodismo... En 1782 comienzan los trabajos de la expedición Botánica... En los últimos años del siglo, se organizan las primeras tertulias literarias...Con Mutis se formó el primer grupo de investigadores educados en el método experimental que contó con hombres de formación científica tan notable como Francisco José de Caldas (1771-1816) y Francisco Antonio Zea (1766-1822) cuyos conocimientos fueron reconocidos en Europa..Con la imprenta se genera el primer periódico bogotano llamado Gaceta de Santa Fé (1785), el Papel periódico de la ciudad de Santa Fe de Bogotá (1791-1797), semanario dirigido por el cubano Manuel del Socorro Rodríguez, del que se publicaron 270 números. El periódico dirigido por Jorge Tadeo Lozano de nombre: Correo curioso, erudito, económico y mercantil de la ciudad de Santa Fé de Bogotá (1801)... Además de la imprenta Real, funciona en Santa Fé la imprenta patriótica de propiedad de Antonio Nariño, quien conoció de manos de un capitán de la guardia del Virrey, una copia del documento básico de la Revolución Francesa, imprimió el 13 de diciembre de ese año el folleto de los Derechos del Hombre y del ciudadano, proclamados por la Asamblea Constituyente de Francia". (María, Teresa, Cristina, p.573)

Por esto la biblioteca de Nariño fue allanada; sentenciado a 10 años de prisión en puesto militar del norte de Africa, en el viaje logró escapar y estableció contactos con un miembro del gobierno británico para discutir el estado de las colonias españolas y la posibilidad del apoyo británico para su liberación, lo mismo que hacía Francisco Miranda, ambos pensaban en la independencia, luego Nariño se ve obligado a entregarse al Virrey, en 1810 se encontraba en los calabozos de la inquisición en Cartagena.

Todos estos hechos significan un despertar a la ciencia y a la filosofía moderna que fue socavando los cimientos medievales de la cultura colonial de inspiración eclesiástica y escolástica; como lo fue también la rebelión de los comuneros que movilizó a criollos pobres y de ingresos medios, así como a mestizos, que se manifestaron en contra de los impuestos y aterrorizaron a los funcionarios reales de la región.

La escolástica según diccionario filosófico de Rosental y P. Ludin,

> "...es una corriente filosófica que coloca siempre la fe por encima de la razón, no investiga la naturaleza ni la realidad circundante, sino que, de los dogmas generales de la iglesia, procuraba obtener deducciones y reglas concretas para la conducta humana. Es decir se manipula con conceptos y silogismos sin relación con los hechos y la práctica". (p. 97)

Contradicciones que generan las Reformas borbónicas:

• Intelectuales españoles y criollos tuvieron acceso a las ideas de la Ilustración, a través de Centros de estudio, tertulias y publicaciones científicas.

• Comerciantes criollos no se vieron beneficiados con las libertades comerciales que solo se aplicaron para la metrópoli.

• El aumento exagerado de impuestos y demás contribuciones para financiar las guerras, generó descontento masivo en las colonias.

• Con las reformas introducidas, de alguna manera, las colonias pasaron a ser consideradas como el gran mercado de los bienes agrícolas e industriales y no solo como proveedoras de riquezas.

5.4 Movimiento comunero

Según escrito de Wilmar Harley Castillo Amorocho, Los comuneros, vigencia para el debate y praxis en el Sur,

> "En la Nueva Granada, para el año 1781, existía un paquete de leyes fiscales para los diferentes renglones de la economía. La serie de impuestos instaurados por la Corona española buscaban sostener la economía del régimen colonial, al igual que su aparato militar encausado a defender las colonias y el reino en España. Esto principalmente por el asedio económico y militar que Inglaterra venía desplegando en Europa y en las Indias" (Castillo, p. 2)

Estas medidas fiscales son el resultado de las reformas de los Borbones que son aplicadas en la Nueva Granada por el regente visitador Juan Francisco Gutiérrez de Piñeres; las cuales apuntaban a incrementar el impuesto de alcabala dirigido a toda clase de ventas, que tenían efectos sobre la tierra, las pulperías, las tiendas de mercaderes, las carnicerías, los ganaderos y hacendados, las fincas y heredades, los censos y contratos públicos, los arriendos, los comisos y condonaciones. Afectó a pequeños propietarios (cultivadores de algodón, tabaco, añil, quina, caña de azúcar, mantas, alpargatas, textiles, etc., pequeños comerciantes).

Castillo, en su escrito Los Comuneros, expresa:

> "... así mismo, el de armada de Barlovento (impuesto dirigido a la venta de algodón e hilo para sostener los enormes costos de la armada militar contra la piratería), o el quinto real (impuesto establecido por la Corona sobre la extracción del oro y la plata, así como de otros metales preciosos). También se agregaba los impuestos a la sal, aguardiente, tabaco, barajas, peajes, tributos, papel sellado,

correos y el gracioso donativo"

Por otro lado "el rechazo contra el régimen español era caldeado por el control de los puestos administrativos y políticos por españoles. Ningún criollo estaba en un cargo público de ninguna institución del sistema colonial. Este nivel de exclusión política-administrativa motivó a las clases medias y altas criollas a ser parte del movimiento comunero, y quienes pondrían su cuota en el área de la negociación política con la corona al explotar la ola insurreccional" (Castillo, p. 2).

Las decisiones tomadas, de por sí impopulares, se hicieron más ofensivas por la aplicación de métodos arbitrarios y violentos usados por los recaudadores de impuestos.

La Protesta. Los reclamos populares a la nueva política de impuestos no se hicieron esperar. Estos adquirieron mayor relevancia a partir del 16 de marzo de 1781, fecha en que se conocieron las nuevas disposiciones acerca del impuesto sobre las ventas. En El Socorro, provincia de Santander, inicia la rebelión con el rompimiento del documento real que mencionaba los nuevos impuestos; a cargo de Manuela Beltrán.

"A partir de este acontecimiento de sublevación iniciaría la ola insurreccional comunera desde el territorio de El Socorro. Los alcances geográficos de la insurrección llegaron a estos territorios de la Nueva Granada: Zona nororiental de Cúcuta, Pamplona, Socorro, Mogotes, Charalá, pie de monte y zona oriental de los llanos, Boyacá, Cundinamarca, área indígena y negra de Alto y Medio Magdalena, Caguán, Aipe, Neiva o Tocaima, Ibagué, Ambalema y Honda. Parte mestiza y negra del Bajo Magdalena, área indígena de Pasto, asientos mineros y esclavistas de Antioquia. Las revueltas apuntaban a la destrucción de los símbolos de la realeza colonial, al desco-

> nocimiento de las autoridades españolas y al
> rechazo a las opresivas instituciones fiscales.
> Los insurrectos se dieron cita un mes después,
> y el 16 de abril en El Socorro, los directivos
> de la sublevación constituyeron una junta que
> se denominó 'Común' y le dio origen al nom-
> bre de Comuneros" (Bonett, Diana. Estalla
> la revuelta de los comuneros. Marzo 16 de
> 1781. La rebelión de un pueblo p.1)

Al movimiento se sumaron, además del conjunto popular, los terratenientes y pequeños propietarios que vieron amenazadas sus posibilidades de crecimiento ante la nueva política fiscal. A final, unas 20.000 personas marcharon hacia Bogotá para presionar al Virrey. Sus dirigentes fueron: Ambrosio Pisco como representante de los indios; José Antonio Galán, de los mestizos, y Francisco Berbeo, Salvador Plata y los demás capitanes del Movimiento como exponentes de los intereses criollos.

La negociación. Zipaquirá, cercana a Santafé, fue el lugar de concentración del movimiento. Los representantes del gobierno y el arzobispo Antonio Caballero y Góngora temían la llegada a Santafé de los insurrectos porque amenazaba la estabilidad de los gobernantes neogranadinos, en parte por la debilidad de los ejércitos reales y porque el Virrey tenía que defender la plaza de Cartagena. Santafé estaba desprotegida.

Como resultado de la negociación se llegó a la firma de las "Capitulaciones" de Zipaquirá. En los 35 puntos de ese documento se recogieron los principales motivos de insatisfacción de los pobladores. La mayor parte aludía a la derogación o disminución de los impuestos que no habían sido consultados con el pueblo, se exigió la eliminación del tributo de la armada de Barlovento y la disminución de las tarifas de las contribuciones sobre el tabaco y el aguardiente, entre otros. Devolución de algunos resguardos y minas de sal, reducción de la tarifa de sus tributos y derogación del diezmo.

> "En las capitulaciones se expresaba por ejem-
> plo el mantenimiento de la estructura militar
> subversiva en los territorios para la defensa
> de los acuerdos pactados, se advierte a la Co-
> rona de no disponer funcionarios (visitador)
> con conducta despótica y violenta contra los
> habitantes de este territorio… la exigencia de
> no permitir funcionarios que sigan reprodu-
> ciendo la conducta violenta y opresiva contra
> las comunidades, al tiempo que se advierte
> de su expulsión directa de estos funcionarios,
> sin mediación de la corona sino por la fuer-
> za legítima de los habitantes. Al tiempo, se
> acuerda la posibilidad de que criollos asuman
> cargos administrativos reemplazando al espa-
> ñol, que venía siendo colocado directamente
> por el régimen" (Castillo, p.5)

En el desarrollo del movimiento comunero se da la liberación de esclavos negros y la devolución de tierras a indígenas y campesinos; lo cual implicaba el rechazo pleno al sistema colonial, a su estructura económica (basada fuertemente en el esclavismo para extraer minerales y trabajar la tierra), como al combate directo de las relaciones opresoras de españoles y criollos terratenientes contra los sectores populares.

Al aprobarse las capitulaciones el 7 de junio de 1781, inmediatamente empiezan a desmontarse las sublevaciones en el Alto y Medio Magdalena y se da el cumplimiento de campañas desmovilizadoras por parte de la iglesia, para minar cualquier conducta subversiva que existiera en la Nueva Granada. Galán, decide retirarse al Socorro al ser notificado de la aprobación y puesta en marcha de las capitulaciones.

La firma de las 'Capitulaciones' produjo división en el movimiento. Mientras Juan Francisco Berbeo decidió aceptarlas como salida, José Antonio Galán las consideró una traición. Y no pasó mucho tiempo para que sus temores fueran confirmados.

Incumplimiento de las capitulaciones. El virrey Manuel Antonio Flórez, quien se encontraba en Cartagena de Indias, desconoció las capitulaciones, bajo el argumento de que habían sido firmadas bajo amenaza y envió el regimiento fijo desde esa ciudad para implantar la autoridad en Santafé. Todo volvió a su antiguo estado. Un grupo de comuneros, al mando de José Antonio Galán decidió levantarse de nuevo. En represalia él y sus compañeros Isidro Molina, Lorenzo Alcantuz, y Manuel Ortiz, fueron brutalmente "castigados".

Galán fue ejecutado en enero de 1782 junto con los otros tres jefes comuneros, sus descendientes fueron declarados infames, todos sus bienes confiscados y sus hogares destruidos y regados con sal. Las pocas penas impuestas a los participantes más ricos fueron menos represivas.

Arturo Stevenson en su artículo, La insurrección de los comuneros un ejemplo de lucha, expresa:

> "José Antonio Galán, Lorenzo Alcantuz, Isidro Molina, Juan Manuel Ortiz , fueron ahorcados en Santafé el 1 de febrero de 1782. Se les cortó la cabeza, y divididos sus cuerpos en cuatro partes, fueron quemados en una hoguera encendida delante del suplicio. La cabeza de Galán fue puesta en una escarpia en Guaduas, la de Ortiz en el Socorro, la de Molina en Santafé y la de Alcantuz en San Gil. Les fueron secuestrados sus bienes, sembradas de sal sus casas y declaradas infames sus descendencias. Los crímenes imputados a Galán está comprobado que fueron calumniosos; a Ortiz se le castigó por haber escrito una carta de aliento a los Comuneros; a Molina ser hijo del Procurador del Socorro; a Alcantuz haber roto y pisado las armas reales. Nunca la justicia humana se ha mostrado más cruel y vengativa; pero a los que ella llamó criminales la historia los considera mártires

y el suplicio infamante se torna en pedestal
de gloria. Los compañeros de Galán fueron
azotados y pasados por debajo de las horcas"
(p.10)

En marzo de 1781 la insurrección popular se amplía en gran parte del Virreinato de la Nueva Granada en lo que hoy son los departamentos de Tolima, Huila, Santanderes, Antioquia, Boyacá, Cesar, Nariño, Valle y Cauca y en los estados venezolanos de Táchira, Mérida y Trujillo.

Del documento de Castillo Amorocho antes mencionado, se pueden abstraer las siguientes conclusiones:

1. La figura de José Antonio Galán es reconocida entre el movimiento social colombiano, pero aún no tiene ese reconocimiento en escenarios como la academia o la escuela, para que las generaciones conozcan la gesta comunera en nuestra historia.

2. Como todo movimiento social en los comuneros también tenían representación las castas medias y altas, terratenientes y comerciantes criollas que defendían sus intereses.

3. Este tipo de composición expuso la falencia que el sector popular comunero tuvo en el momento de iniciar la insurrección, la falta de líderes políticamente formados en el seno popular, para que sus intereses y aspiraciones pudieran haber llegado con la misma fuerza que los intereses aristocráticos criollos y así las reivindicaciones de los sectores indígenas, campesinos y africanos no hubieran sido usurpados en el momento de la negociación con la Real Audiencia.

4. En el movimiento comunero se puede ver la voluntad de independencia que yacía entre el pueblo y la aristocracia cuando se acuerda permitir la organización militar comunera, la capacidad de destituir funcionarios que maltrataran al ciudadano, la participación de criollos en puestos públicos, como también criterios de comercio y propiedad de tierras entre campesinos, indígenas y

hacendados con criterios de libre mercado, muy en sintonía con el movimiento global que empezaba a tener la economía con Inglaterra a la cabeza.

5. La participación de estos sujetos en la toma de decisiones, elección de mandos militares y líderes dentro del reconocimiento del otro, expresaba la base de una democracia participativa en el seno de un régimen excluyente.

6. Fue un movimiento de carácter social reivindicativo que tuvo como causa las altas cargas tributarias que el régimen colonial español impuso a los habitantes de la Nueva Granada.

7. El movimiento comunero fue la expresión de pueblos que buscaban sacudirse del poder español y construir su propio destino. La lucha por la segunda y verdadera independencia continúa. La lucha de los comuneros no fue en vano y sigue viva.

8. El movimiento comunero nos enseña que son las masas populares las que hacen la historia y sus opresores los que intentan hacer antihistoria, es decir, obstaculizar u oponerse al cambio.

CAPÍTULO VI

¿Cuál fue la coyuntura internacional para la independencia?

6.1 España y la revolución francesa

En el artículo, Nueva Granada, 20 de julio de 1810. Independencía irreal o el grito por un mayor poder para los criollos, escrito por el Equipo Desde Abajo, se expresa:

"El Imperio español se rezagó ante los cambios técnicos, científicos, productivos, económicos, ideológicos y políticos acumulados en Inglaterra y Francia...No poder comerciar libremente... era motivo de inconformidad. ... la exclusión del poder político, la inmensa carga tributaria... hacía sentir el descontento de los criollos americanos, a través de motines, insurrecciones, levantamientos populares. La incapacidad de la Metrópoli para satisfacer las expectativas económicas de sus colonias... estimuló deseos separatistas... Todo ello estaba marcado en los efectos de la Revolución Francesa... sembraron esperanzas e ilusiones, lo cual conmovía la Corona española, sometida no sólo a sus ecos liberadores sino también a las tensiones derivadas de la guerra entre los dos colosos que ya la desplazaban: Inglaterra y, por supuesto, Francia... Napoleón ante la invasión a España opta entonces por destituirla e imponer en

> su lugar a su hermano José…Carlos IV abdi-
> ca a favor de su hijo (Fernando VII), quienes
> son apresados por Napoleón" (Equipo Desde
> Abajo p.1.)

Esta situación implica los siguientes hechos:

La Revolución Francesa fue progresista porque daba libertades y desarrollaba el capitalismo; casi toda Europa con tendencia
feudal ataca a la Nueva República Francesa que se defiende exitosamente, este conflicto duró desde 1798 hasta 1814 en Europa; se
configuran dos bloques, el primero comandado por el emperador
de Francia Napoleón Bonaparte y el segundo de la Coalición liderado principalmente por Gran Bretaña. La ocupación de la península ibérica por parte de Napoleón, y su decisión de designar a su
hermano José Bonaparte Rey de todos los territorios españoles,
fue el aspecto central del proceso a través del cual las provincias
españolas en América se independizaron de la Metrópoli.

Napoleón ofrece a España una Constitución liberal, las provincias españolas de América y Asia tendrán los mismos derechos
que las provincias españolas. Los españoles se rebelan el 25 de
agosto de 1808 y se instala la Junta Central (Junta Patriótica),
también deciden que los dominios (de ultramar), no eran colonias sino una parte esencial integrante de la monarquía española;
acordaron una alianza con Inglaterra para enfrentar a Napoleón;
por tanto, abrieron los puertos de América a los barcos ingleses.
Así, los criollos obtuvieron el tan anhelado comercio con los ingleses. En América se forman Juntas de gobierno que respaldan
a la Junta Central.

El hecho de aceptar solo 9 diputados a los territorios de ultramar y 36 de las provincias españolas para conformar el gobierno
provisional generó contradicciones entre España y sus colonias.
Los grandes propietarios y esclavistas, conocedores de que la Revolución Francesa había abolido la esclavitud, definiendo como
laico al Estado y teniendo como piso la igualdad, fueron cautelosos en las Juntas Supremas de Gobierno y por ello afirmaban

su fidelidad al Príncipe heredero y hay ausencia de exigencias de independencia y soberanía.

Este planteamiento se puede ver en el documento que resume las aspiraciones criollas conocido con el nombre de Memorial de agravios redactado por Camilo Torres, que según el equipo investigador desde abajo no fue aceptado por el cabildo de Santafé y terminó archivado. Sólo años después saldría a la luz pública.

El 24 de febrero de 1810 se decretó la ampliación de la representación de América, en concordancia con la población de cada región con el fin de apaciguar el creciente descontento en las colonias. La Junta Central nombró Comisionados Regios (veedores con todo el poder) para el Nuevo Mundo, seleccionados entre los criollos residentes en España. A tal propósito fueron designados Antonio Villavicencio y Carlos Montúfar –ambos quiteños–, este último hijo del Marqués de Selva Alegre, jefe de la rebelión de Quito en 1809.

Ante estos hechos en nuestro territorio se presentan las siguientes posiciones y actitudes por parte de los participantes:

1. La posición de adherirse a la Junta autónoma de Quito que desde el 10 de agosto de 1809 había declarado la Independencia.

2. Posición del Virrey Amar y Borbón. Consistía en convocar a una junta extraordinaria del Reino, que integraban el Cabildo de Santafé, la Audiencia, los oficiales reales, las autoridades eclesiásticas y los hacendados y vecinos nobles de la capital para contestar a la Junta Revolucionaria de Quito y el envío de tropas para contener a los rebeldes, pero no tuvieron que llegar a su destino, toda vez que los peruanos cumplieron su cometido con anticipación.

3. Posición del pueblo. Se insistía en un levantamiento popular, dirigido por José María Carbonell.

4. Posición de conformar sus propias Juntas Gubernativas Autónomas, alternativa que se puso en práctica, así, la primera de ellas se organizó en la ciudad de Cartagena el 22 de mayo, en Cali el 3 de julio, en Pamplona el 4 de julio, la del Socorro el 11 de julio y el 20 de julio de 1810 se organizó en Santafé como Junta Suprema del Reino.

Los sucesos del 20 de julio son explicados por el Equipo desde abajo, de la siguiente manera:

> "... los notables dirigidos por Francisco José de Caldas acordaron un plan que consistía en provocar una... perturbación del orden público para permitirle al Cabildo hacerse por sorpresa con el poder, forzando al Virrey a convocar e instalar una Junta Suprema de Gobierno integrada por los Regidores del Cabildo de Santafé, presidida por Amar y Borbón, tomar medidas para el pronto restablecimiento del orden al considerar que el pueblo sería utilizado de manera temporal sin permitir su protagonismo, había temor por lo sucedido con la rebelión de los comuneros que podía poner en riesgo los privilegios de los comerciantes, los hacendados, los esclavistas y los religiosos.

> El día establecido para tal perturbación fue el 20 de julio. Ese día estarían allí muchos de los personeros de la oligarquía criolla: Camilo Torres, José Miguel Pey, Jorge Tadeo Lozano, José Acevedo y Gómez, Joaquín Camacho, Antonio Morales y otros más. El plan se pone en marcha y hacia las 12 del día sucede el altercado conocido como el "Florero de Llorente", y a renglón seguido hay una gran agitación a los gritos de: "¡Queremos Junta!, Están insultando a los americanos, ¡Mueran los bonapartistas!", que gana la participación de indios y blancos, patricios y plebeyos, ri-

cos y pobres. Quienes protestan rompieron las vidrieras, forzaron las puertas y registraron todo su interior. Hacia las 3 de la tarde, la situación tomó visos de alarma porque las multitudes se olvidaron de las autoridades....

Los conspiradores –movidos sólo por sus particulares intereses–, se replegaron a proteger sus casas y sus propiedades, y a esconderse de la posible rabia popular. Al final de la tarde, José Acevedo y Gómez, el más firme y valeroso jefe entre los conspiradores... arenga a los campesinos, comerciantes y otros paisanos que aún quedaban en la plaza principal..., arenga ante los pocos que le escuchan.... A las 6:30... relaciona los nombres de quienes debían integrar la Junta de Gobierno, todos retirados del lugar, dedicados a proteger sus bienes o escondidos de la rabia popular" (Equipo Desde Abajo. p.9)

En ese contexto el verdadero prócer del 20 de julio, fue José María Carbonell, porque lideró una multitud que se dirige a la plaza principal con participación de indígenas, artesanos, mulatos, estudiantes, quienes reclaman un cabildo abierto, llama al pueblo con las campanas; los historiadores dicen que se reunieron 9.000 personas. El Virrey se ve obligado a conceder cabildo extraordinario y no abierto, es decir un acuerdo con la oligarquía criolla, cerca a la media noche. Con ello se legalizó la junta de gobierno del 20 de julio que nombró Acevedo y Gómez. El pueblo quedó excluido. Presidente de la Junta, Antonio Amar y Borbón; vicepresidente, José Miguel Pey, hijo del Oidor que ordenó desconocer las Capitulaciones otorgadas a los comuneros y que redactó la sentencia contra Galán

El 21 de julio, cuando se posesiona la Junta de Gobierno, el pueblo vuelve a movilizarse y exige prisión para el señor Amar y Borbón. Carbonell instala una Junta Popular que decide mantener al pueblo en manifestación permanente hasta conseguir la prisión del Virrey, el 13 de agosto; más tarde es liberado por los notables y Amar y Borbón y su esposa, con sigilo, salen de la ciudad con rumbo a Madrid. El 15 de agosto toman prisionero a Carbonell y sus compañeros, después de su defensa son liberados.

De la llamada Acta de Independencia se infieren los siguientes hechos:

- Elaborar una Constitución.
- Independencia de las provincias, ligadas por un sistema federativo.
- El Rey Fernando VII sigue siendo el Rey, siempre y cuando viniera a la Nueva Granada, se ciña a las normas de la Constitución y sin tener derecho a delegar su autoridad.
- El 26 de Julio, por presión del pueblo se desconoció la autoridad proveniente del Consejo de Regencia.

Antonio Nariño, tras varios meses de prisión en las cárceles de la Inquisición en Cartagena, es liberado en diciembre de 1810, se une a Carbonell y los miembros de la Junta Popular que salvaron el 20 de julio, ahora organizados como Partido Popular.

6.2 La primera República 1810-1816

En este priodo conocido como Patria Boba, se hicieron reformas en algunas provincias que no tuvieron el carácter nacional sino regional, por ejemplo en 1814 la Provincia de Antioquia dio el primer paso hacia la abolición de la esclavitud a niños que nacieran de madre esclava (libertad de vientres). A los indígenas se les eliminó el tributo anual de manera generalizada. En Bogotá se ordenó la distribución de los resguardos o terrenos comunales entre los indígenas que recibieron tierras como propiedad privada. Pero al abolirse el tributo, el indígena quedó obligado a pagar los impuestos ordinarios de los que antes eran exentos.

La abolición del monopolio del tabaco fue llevada a cabo en la provincia del Socorro. Se acabó con el comercio de esclavos; porque era innecesaria para el momento porque no había una drástica escasez de trabajadores. Se abolió la discriminación de la población no blanca. Se apoyó abiertamente la intención de los terratenientes de apropiarse de las tierras de los llanos. Estas reformas fueron eliminadas con el régimen del terror implantado por Pablo Morillo, quien además restableció la inquisición y creó aparatos represivos.

En marzo de 1811 se elige el "Colegio Electoral Constituyente del Estado de Cundinamarca" que sesionó con muchísimas dificultades y confrontaciones protagonizadas por los centralistas y federalistas, y promulga la primera Constitución de alcance nacional.

La provincia se llamaría Cundinamarca y sería una monarquía constitucional, reiterando a Fernando VII como rey con poderes limitados según el derecho constitucional, estableció la separación de poderes y los derechos del hombre y del ciudadano, y en últimas, fue el texto que sentó el precedente para posteriores constituciones liberales. Se nombra al segundo Jefe de Estado, el señor Jorge Tadeo Lozano por un período de tres años. Al presentar un proyecto para crear un Estado federal se dan las contradicciones y fricciones políticas, la oligárquia le exige la detención de los líderes populares, declarar la suspensión de las garantías constitucionales y asumir la dictadura. El 17 de septiembre de 1811, tras ardua preparación, los habitantes de las barriadas, los trabajadores de los talleres, volvieron a la calle, presión que lo lleva a renunciar al cargo de presidente el 19 de septiembre de 1811 y se nombra, en su lugar a Antonio Nariño.

Nariño comienza a difundir una propuesta centralista de gobierno y territorio, donde las provincias deberán sujetarse a un gobierno centralizado y fuerte, que tendría su base en Santafé con un gobierno único de toda la nación. La existencia de un solo Congreso responsable de las leyes de toda la nación. Sometimiento y unidad de todas las provincias en torno a una sola Constitución, control económico concentrado en un solo ente administrativo y la creación de un solo ejército nacional.

Ante esta propuesta varias provincias que venían desarrollando su gobierno y organizando su territorio en forma autónoma, rechazaron en 1811 tal pretensión de Cundinamarca y firmaron el pacto del 27 de noviembre de 1811, creando las Provincias Unidas de la Nueva Granada con participación de las provincias de Antioquia, Cartagena, Neiva, Pamplona y Tunja. DeLarosa Michael, afirma que "Las Provincias Unidas de la Nueva Granada se reconocen mutuamente como iguales, independientes y soberanas, garantizándose la integridad de sus territorios, su administración interior y una forma de gobierno republicano" (Historia Concisa. p. 41).

Entre 1811 y 1815 emergieron dos repúblicas importantes: Cundinamarca y las Provincias Unidas. Estaban en bandos opuestos, y ambas atacaban a las provincias vecinas que permanecían leales a España, para someterlas a su área de influencia.

Quienes decidieron seguir siendo leales a España se acercaron a la sede del virreinato, ubicada en Panamá, y gozaron de un cierto nivel de continuidad en sus gobiernos. El Estado de Cundinamarca defendió el centralismo como su forma constitutiva de gobierno y formó un ejército que intentó someter por la fuerza a las provincias aledañas, fueran realistas o federales.

En abril de 1812, Cundinamarca reformó su Constitución aboliendo definitivamente todo poder monárquico en el Estado. En consecuencia, declaró su independencia absoluta de España el 16 de julio de 1813. Cada una de las Provincias Unidas, por su parte, desarrolló su propia Constitución: Tunja en 1811; Antioquia, Cartagena, Mompox y Neiva en 1812; Popayán en 1814; Mariquita y Pamplona en 1815, todas ellas declararon su independencia absoluta de España.

En la Nueva Granada, hubo dos procesos que buscaban una ruptura con España, el que lideraron Antonio Nariño y José María Carbonell en Santafé, y el que encabezó la familia Gutiérrez de Piñeres en Cartagena. Las reformas que se adelantaban en favor del pueblo, generan contradicciones con la aristorcracia santafereña, con la iglesia y con las fuerzas realistas. Buscaba construir un solo país. No pensaba igual Camilo Torres Tenorio ni la clase que representaba, para quienes tal propósito se lograría desde el federalismo.

Esto lleva a enfrentamientos armados, los primeros combates los gana Nariño para luego formular un plan denominado, la Campaña al Sur contra los realistas en Popayán y en el actual departamento de Nariño, e inclusive avanzar a Quito. En ese trayecto de luchas y combates llega a Pasto, lugar donde al verse perseguido y rodeado por las fuerzas del pueblo pastuso prorrealista, decide entregarse para salvar la vida de los suyos. En 1814 es enviado de nuevo a las mazmorras, esta vez a Cádiz. Solamente el triunfo del ejército libertador en 1819 le permitirá volver a su libertad.

En diciembre de 1814, las Provincias Unidas vencieron al ejército de Cundinamarca con el liderazgo militar de Simón Bolívar. La victoria marcó el fin de la República de Cundinamarca, pero no logró establecer un orden federal sólido, justo cuando los ejércitos españoles de la reconquista partían de Cádiz hacia la Nueva Granada en febrero de 1815.

El Centralismo. Proyecto que considera un gobierno único para todo el territorio grancolombiano, con un poder ejecutivo fuerte, inicialmente diseñado para resistir la reconquista española. Se caracterizaba por pretender construir una república unitaria, que evitaría y solucionaría las rivalidades regionales y neutralizaría el poder de los caudillos locales.

El federalismo. Proyecto de modelo de Estado que se basa en la unidad entre varias regiones denominadas Estados o Provincias que delegan parte de su autonomía en una autoridad general, el Estado nacional. Las regiones autónomas o sea los estados soberanos conservan su poder, su soberanía, sus leyes y sus autoridades propias; establecimiento de Congresos provinciales que dictaran normas exclusivas para sus territorios; separación de las provincias a través de sus propias Constituciones, autonomía para su desarrollo económico y administrativo; y la creación de sus propios ejércitos.

El régimen del terror. La caída de Napoleón Bonaparte, le permitió a Fernando VII regresar a España el 22 de marzo de 1814. Armó un poderoso ejército de más de diez mil soldados y 60 barcos encabezados por el reconocido general Pablo Morillo. Asedió a Cartagena el 6 de agosto de 1815, inició el sitio de Cartagena de Indias, punto estratégico militar de la Nueva Granada. Los cartageneros resistieron heróicamente durante 106 días, pero el hambre y el acoso militar hicieron que sucumbieran ante las fuerzas españolas. La historia registra que el hecho dejó cerca de 6.000 víctimas, en menos de cuatro meses. Según la Enciclopedia Libre Wikipedia, entre "1810 y 1824 en las guerras de independencia de la Gran Colombia murieron entre 250.000 y 400.000 personas".

En febrero de 1816, con el fusilamiento de nueve líderes de la insurrección en Cartagena, Morillo dio inicio a lo que se denominó 'Régimen del Terror', por la manera brutal con la que los realistas intentaron acabar con el proceso independentista. En el interior del país fueron fusilados, entre otros líderes los siguientes: Policarpa Salavarrieta en 1817; Antonio Villavicencio, Jorge Tadeo Lozano, José María Carbonell, Camilo Torres, Manuel Rodríguez Torices, Francisco José de Caldas en 1816 y en 1819 Antonia Santos.

Una vez en Santafé, el 26 de mayo de 1816 estableció los tres pilares del Régimen del Terror, según La Rosa son:

> "... la Junta de Secuestro, encargada de confiscar todas las propiedades de los patriotas; el Tribunal de Pacificación, que detenía a todos los que apoyaban la causa patriótica, encarcelándolos o exiliándolos; y el Consejo de Guerra Permanente, que estaba encargado de la ardua tarea de juzgar y ejecutar a los culpables de traición" (p.42)

Los pocos militares que permanecieron en la República de las Provincias Unidas escasamente alcanzaron a escapar; algunos se refugiaron en las planicies orientales del Casanare, desde donde organizaron una resistencia débil pero valerosa.

Tales persecuciones violentas por parte de Morillo terminaron por favorecer a Bolívar. En las regiones montañosas surgieron grupos guerrilleros que encontraron apoyo a través de una red de espías urbanos que les daban información sobre los movimientos de las tropas realistas. Poco a poco, estos grupos lograron ir debilitando el dominio militar de Morillo. Cada vez más ciudadanos, veían al ejército de Morillo como un ejército de ocupación, y de ese modo la expulsión del ejército de ocupación se convirtió en el objetivo principal.

Bolívar viajó de la Nueva Granada hacia Jamaica en mayo de 1815, el 6 de septiembre, escribió su Carta de Jamaica o "Contestación de un sudamericano a un caballero de esta isla". En este documento hace una denuncia acerca de la situación socioeconómica de América y la necesidad de organizar una República grande con la unión de las actuales territorios de Colombia, Panamá, Ecuador y Venezuela.

De Jamaica se dirige a Haití a solicitar ayuda del Presidente Alexandre Petión. Organiza un ejército y el 17 de julio de 1817 Bolívar había logrado tomar control del territorio de Angostura y le abrió el río Orinoco a la Legión Británica, en febrero de 1819; en la misma población de Angostura el 15 de febrero instaló el Congreso de Angostura, restableciendo así la república.

De acuerdo con, La Rosa:

> "... uno de los militares refugiados en los llanos de Casanare, donde llegó escapándose de Pablo Murillo, fue Francisco de Paula Santander, quien recibió el encargo de Bolívar de convertir en ejército organizado las fuerzas dispersas en las extensas llanuras de

> esa región del país. Santander logró lo solici-
> tado y además sugirió a Bolívar que la Nueva
> Granada era el objetivo inicial si el propósito
> era liberar todo el norte de Suramérica de la
> presencia española.
>
> Bolívar así lo entendió y dio forma a la inva-
> sión que tras cruzar los Andes debía liberar a
> Santafé. El 23 de mayo de 1819 se dio inicio
> a la campaña; el 5 de julio comenzó el paso
> de los Andes, por un lugar casi imposible de
> cruzar, lo que sin embargo se logró. El 25 de
> julio, Bolívar llevó a sus tropas a la victoria
> en la batalla del Pantano de Vargas, y el si-
> guiente 7 de agosto consiguió la famosa vic-
> toria militar de la batalla de Boyacá, lo que le
> permitió entrar triunfante en Santafé tres días
> después. Con la victoria, sin embargo, Bolí-
> var no logró libertar la totalidad de la Nueva
> Granada. El tortuoso camino de la indepen-
> dencia sería largo, y habría de durar varios
> años más. Pero la victoria sí le permitió ins-
> talar en Santafé un gobierno capaz de dirigir
> las acciones políticas y militares necesarias.
> La ciudad no volvería a caer jamás en manos
> del dominio imperial español". (p. 44)

Bolívar regresó triunfante a Angostura para anunciar al Congreso su éxito militar. El Congreso emitió la Ley Fundamental de
la República de Colombia el 17 de diciembre de 1819, mediante
la cual se creaba la Gran Colombia y dividía el territorio en tres
grandes departamentos: Venezuela, Quito y Cundinamarca, se
convocaba a un nuevo Congreso para el año 1821 a realizarse en
Cúcuta.

Los años que transcurrieron entre 1821 y 1826 estuvieron mar-
cados por la continuación de la guerra y los esfuerzos por dar forma y estabilidad al Estado recién creado. El triunfo de la Batalla
de Boyacá despertó nuevamente la acción guerrillera en el país.

El poder republicano se instaló en las provincias de Casanare, Socorro, Tunja, Santafé, Mariquita y parte de Neiva.

Las autoridades civiles, eclesiásticas y militares se fugaron principalmente hacia Popayán, Pasto, Quito y la Costa atlántica. Este periodo se caracteriza por tomas, pérdidas, ofensivas, recuperaciones de ciudades por los dos bandos. La tendencia es a favor de los triunfos republicanos. Son continuas las sublevaciones realistas y su consiguiente aplastamiento en las provincias de Pasto, Santa Marta y Puerto Cabello.

Un ejemplo de ello fue Pasto, se sublevó a fines de 1822:

> "...donde el clero había trabajado profundamente, poblaciones de negros, indígenas y mestizos contra la República...; alegando la violación por los patriotas de la Capitulación concedida al ejército libertador que entró pacíficamente a Pasto en junio de ese año. Tropas colombianas al mando de Antonio José de Sucre, debieron derrotar la sublevación, entraron en Pasto e hicieron enorme matanza entre soldados y la población civil. A esto siguieron drásticas medidas administrativas y disciplinarias contra los alzados, ejecutadas por conducto del General Bartolomé Salom y el Coronel Juan José Flórez" (Delgado, Álvaro. La Colonia, p. 274).

6.3 La Gran Colombia

Se concibe a un territorio semejante al Virreinato de Nueva Granada, o sea los territorios de Colombia, Venezuela, Ecuador y Panamá. Las razones de la disolución de la Gran Colombia las vamos a encontrar en las contradicciones entre sus integrantes desde su organización inicial, veamos:

Venezuela y Panamá no estaban de acuerdo con el carácter

centralista, la administración de Santander no dio participación en cargos importantes a Venezuela y Ecuador; se oponían a Santander por las reformas liberales impulsadas. La independencia dejó caudillos y líderes militares en los departamentos que hacía imposible la consolidación de una gran república, por sus intereses económicos, políticos, militares y personales. El territorio era extenso y la comunicación entre los departamentos se dificultaba. Había descontento con la elección de Bogotá como capital.

Las regiones se encontraban en una gran crisis por las guerras de independencia que habían desgastado las tierras y el presupuesto, dejándolas con elevadas deudas externas que cancelar. La idea de la Gran Colombia fue una propuesta de Simón Bolívar, retomada de Francisco Mirada, que por su liderazgo fue aceptada en principio en el Congreso de Angustura, pero rechazada después por no existir un consenso entre los caudillos militares y grupos criollos existentes de cada una de las regiones que conformaban la Gran República. Tengamos en cuenta que Venezuela, Ecuador y Panamá; aún no estaban liberadas del dominio español, cuando se crea la Gran Colombia.

Los incidentes políticos fueron apareciendo uno tras otro, los cuales fueron aprovechados por los separatistas.Veamos por ejemplo lo sucedido con José Antonio Páez que fue acusado de reclutar ciudadanos pacíficos a las milicias de manera obligada. El congreso lo somete a juicio, Páez no se somete a dicho juicio y por el contrario se subleva, exigía el federalismo, es decir, la autonomía regional; Ecuador también se volvió contra el gobierno de Bogotá, se exigía que Bolívar asuma la dictadura para poner orden en la Gran Colombia.

Bolívar, encontrándose en Bolivia, se ve obligado a viajar a Bogotá y adelanta las siguientes acciones:

Convoca al Congreso Anfictiónico de Panamá, retomando el nombre de la Confederación de las antiguas ciudades griegas, para asuntos de interés general; se instaló entre el 22 de junio y el 15 de julio de 1826, con el fin de buscar el entendimiento entre todos los países y la unidad del continente y crear una confederación de los pueblos iberoamericanos desde México hasta Argentina para oponerse a la política imperial de Estados Unidos.

La filósofa e historiadora venezolana, Carmen Bohórquez, en artículo La potencia que no fue: ¿Por qué se disolvió la Gran Colombia?, sostiene que la inquina contra el proyecto bolivariano era, precisamente, porque iba en contravía a la Doctrina Monroe de "América para los Americanos". Lo que proponía el Libertador era un bloque de poder entre naciones que compartían una historia y una cultura común, sin tutelaje alguno. Cuando era irreversible la independencia y había sido derrotada la reconquista de Pablo Morillo, Estados Unidos reconoció a la Gran Colombia en 1822 y tres años más tarde lo hizo Gran Bretaña y, el Papa aceptó desde 1827 designar Obispos en las diócesis vacantes.

Bolívar asume el poder en Bogotá por un tiempo corto, luego volvió a dejar a Santander en el gobierno para dirigirse a Venezuela y poner fin a la rebelión de Páez. Permaneció en Caracas firmando decretos reglamentarios para las provincias venezolanas sin considerar la legislación nacional. Santander y el conjunto de liberales neogranadinos consideraban que se trataba de una monarquía y que se constituía en una traición a los principios republicanos que habían inspirado la lucha contra España (1828-1830).

Convoca la convención de Ocaña para reformar la Constitución en abril de 1828, esta se disolvió porque los bolivarianos que querían fortalecer el poder ejecutivo nacional, se retiraron e impidieron reunir el quórum para la votación final. Al fracasar la Convención de Ocaña, seguía vigente la Constitución de 1821, ante esto los seguidores de Bolívar en Junio de 1828 convocan la Asamblea de Notables, quienes concedieron a Bolívar poderes dictatoriales para "salvar la República". Para Bushnell:

"A pesar de sus desventajas teóricas, la dictadura representaba la esperanza de una mayor tranquilidad pública que la que hasta ahora se había vivido en la nación, y Bolívar sin duda estaba dispuesto a hacer la prueba. Una vez asumido el poder dictatorial, empezaron a aparecer decretos dictatoriales en relación con la reapertura de monasterios suprimidos, se elevaron los aranceles de las importaciones, se otorgaron privilegios especiales al ejército y hasta se reimplantó el tributo indígena. La reversión de las reformas liberales se había iniciado incluso antes de la proclamación de la dictadura, con medidas tales como la restauración del impuesto colonial a las ventas o alcabala, aprobada en el Congreso por recomendación de Bolívar luego de su regreso de Lima y la prohibición de los textos de Bentham, decretada por el propio Libertador a comienzos de 1828. Pero la reacción conservadora no se hizo sentir plenamente sino desde el momento en que Bolívar asumió la dictadura. Una de las reformas que el dictador se negó a derogar en su intento por complacer a los descontentos conservadores fue la ley de manumisión de 1821, que numerosos propietarios de minas y plantaciones exigía afanosamente. Es probable que Bolívar no se sintiera a gusto con todas las reformas que imponía, pero ciertamente las creía necesarias para la consolidación del orden, que claramente se había convertido en su mayor prioridad". (p. 102).

Conspiración contra Bolívar. Los conspiradores entraron al palacio el 25 de septiembre de 1828 y lograron llegar hasta la puerta del dormitorio de Bolívar. Éste, sin embargo alertado por los ruidos, alcanzó a saltar por una ventana y se escondió debajo de un puente hasta que pasó el peligro. Después del atentado la dictadura se endureció. Hubo muchos ejecutados, amigos de Santander, otros fueron deportados a lugares lejanos del país o al extranjero, como medida preventiva. Uno de los expulsados fue el propio Santander, quien en primera instancia recibió una sentencia de muerte, pero Bolívar conmutó la pena de muerte por el exilio.

A Bolívar le correspondió enfrentar la guerra del Perú que se quería apoderar de Guayaquil y parte del Ecuador; afrontar las noticias de Venezuela, en el sentido de que Páez y sus aliados habían anunciado que no entablarían negociaciones mientras Bolívar permanez ca en suelo colombiano. Los ecuatorianos lo invitaron a volver a Quito para gobernarlos. Puesto que éste rechazó la oferta, designaron al general Juan José Flores, otro venezolano de origen, ligado al Ecuador por razones personales.

Bolívar después de renunciar varias veces ante el congreso en busca de la reconciliación nacional se retira de la presidencia en marzo de 1830, en julio conoce el asesinato de su fiel amigo el Mariscal Antonio José de Sucre en las montañas de Berruecos (Nariño) por sus contradictores, y decide voluntariamente viajar a Europa. Infortunadamente, Bolívar no alcanzó a viajar al morir en una hacienda, no lejos de Santa Marta, el 17 de diciembre de 1830. Había vivido el tiempo suficiente para presenciar la total desintegración de la Gran Colombia.

Por lo antes señalado, los sectores militares regionales fueron quienes dirigieron los movimientos separatistas; Bolívar renunció para salvar la República y, los proyectos integracionistas de Bolívar fueron obstruidos también por la injerencia extranjera porque no querían un país tan fuerte en América del Sur. La Gran Colombia se oficializa el 6 de octubre de 1821 y el 17 de diciembre de 1831 se disuelve oficialmente.

6.4 Significado de las guerras de independencia frente a España

Las investigaciones históricas más recientes revelan que la Independencia no fue el resultado de un conflicto entre metrópoli y colonia sino principalmente la consecuencia de una pugna en Europa entre metrópolis competidoras por el dominio universal. La independencia fue concedida al principio y conquistada después ante la presencia de Pablo Morillo.

Frente a la participación de los diferentes sectores de la población en el proceso de independencia se han planteado las siguientes hipótesis de trabajo:

1. Estefanía Rojas López, en el artículo, Los sectores populares como actores políticos en el proceso de independencia de la Nueva Granada, sostiene que las guerras de independencia son de carácter separatista colonial lideradas por los criollos y, por otro lado, social y étnico, de los más explotados y oprimidos. Argumenta que los esclavos, indígenas y campesinos, peleaban por su libertad, por la tierra, su cultura y por mejores condiciones de vida.

Sostiene que los esclavos se insertaron a las filas con el objetivo de obtener su propia libertad, es decir, dejar de ser esclavos. Los esclavos soldados buscaban exigir garantías para el cumplimiento de la promesa de libertad. Participaron los grupos denominados pardos, es decir, blancos pobres, mulatos y negros libres, los cuales buscaban por medio de la independencia mejorar, entre otras, su situación social mediante el reconocimiento de la ciudadanía.

2. Jairo Gutiérrez Ramos, en artículo, Los indígenas en la Nueva Granada y la Independencia, considera que los grupos étnicos dividieron sus simpatías políticas entre quienes defendían la lealtad a la monarquía española, y quienes proclamaban la necesidad de romper el yugo colonial y constituir naciones independientes y soberanas en América. Muchos indios se alistaron en los ejércitos patriotas y realistas, generalmente inducidos a ello por los curas, los corregidores o protectores de indios, o por sus propios caciques y capitanes.

Los ejércitos de uno y otro bando reclutaron indistintamente a indios, negros y mestizos. De hecho, indígenas de todas las provincias debieron servir como cargueros, proveedores, enfermeros o soldados tanto en los ejércitos patriotas como en los realistas. Se sostiene que hubo comunidades con tendencia realista como Santa Marta y Pasto, pero también pueblos enteros que se aliaron con los patriotas, por ejemplo, los paeces. Que estas guerras fueron lideradas por los sectores dominantes, los criollos.

3. Hugo Rodríguez Acosta, en su obra, Elementos críticos para una Nueva Interpretación de la Historia Colombiana, plantea que la Independencia no fue fruto de una toma de conciencia nacional del pueblo, puesto que las grandes mayorías indígenas, negros y mestizos lucharon separados en las filas de los ejércitos realistas y patriotas.

> "Se formula el siguiente interrogante ¿por qué las capas bajas de la población colonial, explotadas y degradadas, se mostraron reacias y aún beligerantes, a aceptar la independencia de España?... La respuesta es… desde tiempos de la conquista, se fue operando en América un proceso de penetración ideológica, que tenía como centro a las comundades aborígenes, y como promotores a los evangelizadores cristianos. El resultado, por supuesto, no podía ser otro que la conversión del indio idólatra al cristianismo… se llevó a efecto la alienación del nativo, respeto hacia las máximas instituciones de la Monarquía: el Rey y la Iglesia, era preciso hacer penitencia por tamaña desgracia que nos traerá el castigo del cielo. Tal expresión lanzada por un campesino antioqueño, al enterarse del encarcelamiento de Fernando VII (1808), clarifica hasta que punto era amado el monarca español por sus vasallos"
> (Rodríguez, Hugo. P: 100)

Esta alienación indujo a los sectores populares a no identificar al enemigo, dado que señalaron al gobierno colonial como la causa y no al Monarca que representa el dominio extranjero porque los indígenas habían sido protegidos por la Corona de los abusos de los criollos, con instituciones como el resguardo, el cabildo indígena y el derecho indiano que los criollos se aprestaban a desmontar. Esto explica las diferentes actitudes adoptadas por algunos pueblos que defendieron al Rey hasta con las armas y la vida.

Consideramos que inicialmente los criollos fueron cautelosos en no declarar la Independencia absoluta de España porque temían la resistencia popular si se pretendiese ignorar la autoridad del Monarca, por ello las primeras Actas de Independencia siempre reconocieron Al Rey Fernando VII. Dada la extensión territorial, los accidentes geográficos y las limitaciones en el comercio se desarrollaron economías cerradas de autoabastecimiento; los libros y documentos con las ideas de la ilustración y la Revolción Francesa tampoco llegaron a la Nueva Granada de manera gneralizada, particularmente a regiones lejanas y aisladas; lo cual permitió el fácil manejo de las comunidades por el clero. Ello explica que en muchas regiones el sector indígena combatió a quienes defendían la independencia y los esclavos lucharon al lado de los oficiales españoles porque les prometieron su libertad a cambio de pelear a favor del Monarca. Bolívar también se vió obligado a ofrecer la liberación de esclavos si se unían al ejército republicano. Fue el régimen y la represión de Morillo que incidió para que la tendencia de los indígenas, esclavos y campesinos se inclinaran hacia el ejército patriota.

Las guerras de independencia fueron dirigidas por los criollos, quienes se tomaron el poder político y pudieron estructurar una República orientada a realizar reformas que les convenía a ellos, por lo tanto no podía ser una revolución social a favor de los pobres. Por ello nuestros libertadores mantuvieron los privilegios de la clase de comerciantes, terratenintes, hacendados, esclavistas y mineros. Nuestros libertadores como: Bolívar, Santander, Páez, Sucre, Maza, Mariño, Arismendi, Rondón, Urdaneta, entre otros, fueron voceros y representantes de estamentos económicamente poderosos, no podían serlo de las clases oprimidas y explotadas.

Sin desconocer que con la independencia hubo cambios encaminados al progreso como lo considerado en el Congreso de Angostura de 1819 al crear la Gran Colombia, o el Congreso de Cúcuta de 1821, que adoptó un gobierno de tipo republicano, con poderes separados, se establecieron requisitos de propiedad e ingresos para ejercer el derecho del voto, se reiteró la abolición del tributo de indios, que había sido reimplantado por la Reconquista, pero obligándolos ahora a pagar los demás impuestos de los que antes estaban exentos; se definieron aranceles moderados, se liquidaron los monasterios que tuvieran menos de ocho residentes y la subsecuente confiscación de sus bienes, los cuales fueron destinados a dotar las escuelas secundarias de todo el país; y la abolición de la Inquisición para algunos casos. Los mayorazgos fueron debidamente declarados ilegales en 1824. Santander comenzó a organizar un sistema de educación pública y a realizar lentos progresos.

La eclavitud se mantuvo, únicamente se declaraba libres a los hijos de los esclavos; los conventos de monjas no sufrieron lo mismo que los monasterios de varones y la desaparición de la Inquisición no dio paso a la tolerancia religiosa. No se ocuparon de los contenidos escolares, de la injerencia de la iglesia en la educación, de la protección artesal y manufacturero ante la competencia extranjera, ni se terminó con los bienes de manos muertas. Continuó existiendo la exclusión de los que carecían de linaje, propiedad, piel blanca, ingreso o eran analfabetos.

Los impulsores del cambio constituían una minoría influyente, pero de todas maneras una minoría; cuando proponían cambios que traspasaban los límites de lo aceptable provocaban casi siempre reacciones más o menos violentas.

A diferencia de las revoluciones europeas de los siglos XVIII y XIX, la Independencia no resolvió las necesidades de los eclavos, indígenas, mestizos y de los sectores humildes. Sin duda hubo cambios políticos pero estos no afectaron la propiedad de la tierra y su estructura de la economía interna está en función de las exigencias de las nuevas metrópolis internacionales.

La Independencia fue un hecho principalmente político a partir del cual los virreyes desaparecieron y la metrópoli española dejó de tener injerencia directa. Desde entonces el Estado quedó a cargo de un grupo reducido de criollos –hijos de españoles- que se convirtió en la clase dominante.

En el aspecto económico, se pasó del dominio colonial español a la supremacía comercial inglesa; subordinada a la nueva potencia del mundo.

En el aspecto social siguió existiendo una sociedad heterogénea con desigualdades sociales y exclusión de la población originaria.

CAPÍTULO VII

¿Cómo se construye la nacionalidad de la Nueva Granada?

7.1 La tierra en el siglo XIX.

En el siglo XIX, el Estado tiene dificultades fiscales para el pago de deudas de la guerra de independencia y las posteriores guerras civiles; las trata de resolver recurriendo a la venta y entrega de las tierras baldías de la nación, a la vez que buscaba también el fomento del desarrollo rural y la colonización.

El Estado utilizó varias modalidades para lograr los objetivos antes señalados; Machado, (2009) , en sus Ensayos para la Historia de la Política de Tierras en Colombia, dice:

> "La venta de baldíos para pagar deuda públi-
> ca, la venta directa u otorgamiento de tierras
> a militares en compensación a sus contribu-
> ciones a la independencia, o como botines de
> guerras civiles, tierras ofrecidas a inmigran-
> tes extranjeros que poblaron algunas regio-
> nes, colonización interior por empresarios y
> campesinos colonos, apropiación ilegal de
> las tierras públicas, entrega de tierras a colo-
> nos en pequeñas cantidades a partir de 1848,
> adjudicaciones para la explotación de quina,
> caucho, tagua con destino a la exportación,
> entrega de baldíos a cambio de la construc-
> ción de obras públicas y creación de pobla-
> dos, entrega de baldíos para explotación

petrolera y minera a compañías extranjeras, ampliación de linderos empleando la fuerza, falsificación de títulos, apropiación ilegal de tierras alrededor de ciénagas y lagunas para el pastoreo de ganados, violencia contra comunidades indígenas, afrodescendientes y campesinas" (p.52).

El resultado fue la concentración de la tierra en pocas manos, es decir de los acaudalados.

Las guerras civiles del siglo XIX, ayudaron a la concentración rural de la tierra y los intereses del latifundio. Se despojó de tierras a los indígenas con leyes que fueron destruyendo los resguardos. La desamortización de los bienes de manos muertas (1861), realizada durante el gobierno de Tomás Cipriano de Mosquera, hizo que todas las propiedades de las comunidades religiosas, de las hermandades, parroquias, cabildos, patronatos, capellanías fueran compradas por el Estado por el valor correspondiente a la renta que en su momento pagaban para luego proceder a venderlas por subasta pública.

El Papa Pío IX, excomulgó a Tomás Cipriano de Mosquera. El resultado fue que se beneficiaron los políticos, los comerciantes y terratenientes. No se organizó una reforma agraria con dichas tierras a favor del campesino y los pobres sin tierra.

Las reformas pusieron en el mercado, tierras que antes no se podían enajenar tanto de los religiosos, llamados bienes de manos muertas, como de los resguardos indígenas. Al salir a remate los bienes expropiados sin parcelarlos, el beneficio fue para los ricos y comerciantes liberales.

7.2 Economía en el siglo XIX

Hay que reconocer que las guerras de independencia desataron un largo proceso de inestabilidad política que afectaron las actividades económicas, se perdieron vidas humanas, se fugaron capitales, hubo endeudamiento, haciendas en ruinas, confiscaciones de tierras, saqueos, venganzas personales, reparto de tierras entre los vencedores y, se iniciaba la dependencia externa para el desarrollo nacional.

Rafael Darío Muriel, en su obra Colombia: comercio y transporte 1850-1929, describe y señala que "el sistema de transporte terrestre durante el siglo XIX, está basado en la utilización de la mula; cita al italiano Agustín Codazzi, geógrafo y constructor de caminos, quien escribió:

> "Parece que nuestros antecesores no conocieran otro método de abrir caminos, que subir a la parte más elevada de un cerro para bajar después a lo más profundo... y luego, volver a subir y a bajar sin interrupción, buscando siempre las quiebras más grandes de la serranía en lugar de evitarlas, faldeándolas...A comienzos del siglo XIX, Colombia se hallaba dividida en grandes regiones aisladas entre sí, con un escaso comercio entre ellas. La producción comercial era muy limitada y predominaba la producción de subsistencia (precapitalista), lo que hacía pequeño el mercado entre las regiones; a su vez, las dificultades y altos costos de transporte desestimularon la producción para el mercado interno. La baja acumulación de capital revelaba la inexistencia de actividades productivas..." (Muriel, p.13)

Como se puede ver hubo dificultades geográficas que afectaron la integración económica del país y el desarrollo de un mercado nacional.

En las primeras décadas del siglo XIX se fomentó la producción de manufacturas nacionales, se protegió lo nuestro, en tanto que, a mediados del siglo se comenzó con la importación de manufacturas extranjeras, especialmente con Inglaterra con la implantación del libre cambio. Este comercio internacional se dio a través del Río Magdalena y se fortaleció con la introducción de los barcos a vapor y la apertura del Canal del Dique. Para el comercio interior se utilizó el río Cauca. Hubo algunas exportaciones de cacao y tabaco.

Al lado de las grandes haciendas que se dedicaban a la ganadería se asentaban pequeñas parcelas campesinas, los resguardos indígenas y la fuerza de trabajo esclava que se utilizaba para los cultivos de caña de azúcar.

Por la demanda de productos del exterior de tabaco, quina, algodón, añil, banano, café y el aumento de la población, se generaron migraciones y colonizaciones hacia la cordillera Occidental y al oriente colombiano. Esto impulsó otros renglones de la actividad agrícola y ganadera; lo mismo que una tendencia a abrir nuevas vías y a mejorar las existentes; factores que contribuyeron al proceso de valorización de las tierras.

> "En la década del 50 se impuso la libertad de cultivo y comercio del tabaco. Este producto desarrolló la economía en centros como Ambalema, Girón, Carmen de Bolívar y Palmira; creó relaciones entre la costa y el interior, estabilizó la navegación a vapor por el río Magdalena al proporcionar la carga de bajada; dio continuidad a la especialización regional de la producción (oro en el occidente, tabaco en el oriente colombiano), en tanto esta producción local fue debida, en lo esencial, a la demanda efectiva externa" (Muriel, p. 23)

En los inicios de los ferrocarriles colombianos el café constituyó más de la mitad de la carga de exportación. El café justificó e hizo necesaria la construcción de caminos entre zonas antes incomunicadas, logrando crear por este medio mercados locales y regionales.

Los metales preciosos siguieron siendo importantes en el comercio exterior. La competencia por las importaciones fue una dificultad para el desarrollo manufacturero e industria del país; sin embago cabe mencionar que unas pocas fábricas pequeñas de chocolate, cerillas y productos similares, surgieron en varias ciudades.

Hacia la segunda mitad del siglo XIX, Colombia abastece al mercado mundial de materias primas (algodón, tabaco en hoja, quina, añil, cueros) y productos alimenticios (café y banano). Importa manufacturas de metal, textiles, alimentos durables y bebidas.

Presencia extranjera y pérdida de soberanía. Esta se presenta desde las guerras de indepenencia con préstamos, armas, municiones, barcos de guerra, soldados y oficiales; particularmente el capitalismo inglés bajo el procedimiento de la famosa "ayuda", la cual fue facilitada a través de convenios lesivos por sus altas tasas de interés, descuentos, pago de comisiones, primas. El gasto militar fue enorme, el presupesto se agotaba prontamente y nuevamente se recurría al endeudamiento externo. La deuda externa conduciría a un verdadero mecanimso de dependencia de Gran Bretaña.

Estados Unidos de América (EE.UU), lo haría más tarde por la consecución de recursos del subsuelo, transporte marítimo, mercados, materias primas, construcción del canal de Panamá y ferrocarriles. El presidente Santiago Monroe afianzaría estos propósitos con su intervención del 2 de diciembre de 1823 ante el Congreso norteamericano, resumia en tres puntos su doctrina:
1. no a cualquier futura colonización europea en el Nuevo Mundo, 2. abstención de los Estados Unidos en los asuntos políticos de Europa y 3. no a la intervención de Europa en los gobiernos del hemisferio americano.

Los ferrocarriles fueron financiados por empresas privadas que recibieron subsidios y privilegios concedidos por el Estado, todos los ferrocarriles fueron diseñados para facilitar la expansión del comercio externo. La mayoría de los ferrocarriles colombianos sufrieron un calvario de contratos fallidos, pleitos, obras destruidas, financiaciones onerosas, errores técnicos, tardanzas inexplicables, corrupción, ingenuidad de los negociadores y vacíos jurídicos. De ello da cuenta la historia de los ferrocarriles del Cauca, de Antioquia, del Norte, Puerto Wilches, de Santa Marta, del Sur y especialmente el de Girardot.

Los ferrocarriles comienzan a organizarse a partir de ventajas que dieron los gobiernos colombianos a empresas extranjeras, era norma general conceder el monopolio de explotación durante 50 años, con prórrogas por otros 30 años más; después de 80 años el ferrocarril pasaría totalmente a manos del Estado, la Compañía se comprometía a pagarle al gobierno el 10% de los ingresos netos anuales durante el tiempo de la concesión, en tanto que el gobierno se comprometía a pagar a los concesionarios un subsidio de $60.000,oo anuales durante los primeros 15 años.

El transporte marítimo estuvo controlado por compañías extranjeras, lo mismo que los ferrocarriles; Muriel (2009), afirma que:

> "La construcción de ferrovías creó una nueva complementariedad en nuestro sistema de transporte. Ferrocarril-barco a vapor fue la nueva modalidad de transporte interno que nos vinculó con las metrópolis capitalistas… El monopolio del transporte fluvial sobre el río Magdalena y la construcción de varios ferrocarriles que unirían los puertos fluviales y marítimos con las regiones productoras y de alta densidad de población por el empresario e ingeniero Francisco Javier Cisneros, demuestran la unión que se comenzó a establecer entre transporte terrestre y fluvial…El empresario naviero controló la casi totalidad de empresas de transporte fluvial a vapor y muchas obras ferroviarias; controló, a su vez,

el principal puerto colombiano, Puerto Colombia… Además de las concesiones cedidas
y de los capitales aportados como regalía al
constructor-inversionista Cisneros, el Estado
le entregaba parte de las tierras baldías a lado
y lado de la vía férrea" (Muriel, p. 34)

Un ejemplo de las ventajas de la construcción de ferrocarriles
que dio el gobierno colombiano al capital extranjero, lo tenemos
en el de Panamá, Juan Santiago Correa en artículo Ferrocarriles
y soberanía: el Ferrocarril de Panamá, 1850-1903, señala las siguientes ventajas teniendo como referencia el contrato:

"La Panama Railroad Company obtuvo los
derechos exclusivos de la construcción de la
línea, la administración de los puertos situados en los dos extremos, derechos exclusivos
para la construcción de un futuro canal, una
cesión importante de terrenos para construir
la línea, los puertos, los almacenes, el derecho de posesión de las tierras en la isla de
Manzanillo y 150 000 fanegadas a perpetui-
dad en las provincias de Panamá y Veraguas;
además de la exención de los derechos de importación de todos los materiales necesarios
para la construcción. A cambio de esto, el gobierno colombiano recibía 5% de lo producido por el correo y 3% de los beneficios netos
en la misma proporción de la repartición de
los dividendos distribuidos por la empresa.
Colombia tenía la prerrogativa para redimir
la obra por 5 000 000 de dólares al cabo de 20
años, 4 000 000 a los 30 años y a los 40 años
por 2 000 000" (p.5)

De acuerdo con el historiador norteamericano Fred Rippy, citado por Muriel:

" En 1899 la United Fruit Company absor-
bió a otras compañías; en 1900 contaba con

13.035 acres de tierra cultivada en el país, tenía casi 200 cabezas de ganado y controlaba
37 millas de ferrocarril, en el año de 1913 sus
posesiones en Colombia llegaban a 32.826
acres de tierra cultivada y 49.117 acres de
tierra virgen. El puerto de Santa Marta está
ocupado, en gran parte, por la compañía del
ferrocarril, por las vías, los talleres y los
muelles construidos con el dinero de la United Fruit Company. El pueblo en general está
amenazado y será conducido a suspender sus
empresas de cultivo y de cría de ganado hasta
llegar a vender las tierras a la United Fruit Cy.
Esto explica, en parte, los sucesos de las bananeras en los finales de la década de 1920".
(p. 59)

Inversión extranjera. Está orientada al transporte marítimo, la
construcción de ferrocarriles, empresas de servicio público, como
puertos y electricidad, lo hacen inversionistas privados extranjeros y colombinaos. El gobierno apoya estas inversiones con subsidios, pagos con tierras baldías, amplios plazos de usufructo de
la vía, donación de grandes extensiones de tierras baldías a lado y
lado de la vía, entre otras.

Montaña D., (1963), en su libro Colombia pais formal   pais
reall, dice:

"Los banqueros obtenían grandes utilidades
por comisiones y primas y aseguraban una
multiplicacíón considerable a las inversiones. Todas las emisiones de empréstitos, se
hicieron con un descuento inicial enorme: el
primer empréstito mexicano se hizo con un
descuento del 58%, o sea, que por cada 100
libras que se obligaba a pagar el Estado mexicano sólo recibía 58; el primer empréstito colombiano fue contratado al 60%, es decir, con
una pérdida inicial de 40 unidades por cada
100. Además, los banqueros colocaban los
bonos y recibían del público el dinero, pero

frecuentemente no entregaban el empréstito en efectivo sino en mercancías a precios gravosísimos, con lo cual reportaban ganancias adicionales" (p.72)

El canal interocéanico y la soberanía nacional. Para las potencias: Inglaterra, Francia y Estados Unidos era necesario construir un canal por Panamá por su importancia estratégica comercial y militar del Istmo de Panamá desde la misma constitución de la Gran Colombia.

Hacia la década del 40 del siglo XIX, la política exterior neogranadina privilegió acuerdos con Estados Unidos, se concreta el Tratado Mallarino Bidlack (1846), firmado por la Nueva Granada y Estados Unidos, mediante el cual, se autorizaba el libre tránsito (sin pagar aduanas) de gentes, mercancías y tropas norteamericanas a cambio de la neutralidad del Istmo, es decir, que no sería anexado por ninguna potencia. Este Tratado establece:

> "... que los ciudadanos, buques y mercancías de los Estados Unidos disfrutarán en los puertos de la Nueva Granada, inclusos los de la parte del territorio granadino generalmente denominado Istmo de Panamá, ..., todas las franquicias, privilegios e inmunidades, en lo relativo a comercio y navegación, de que ahora gocen y en lo sucesivo gozaren los ciudadanos granadinos, sus buques y mercancías...". Además extiende el "derecho de vía o tránsito al través del Istmo de Panamá por cualesquiera medios de comunicación que ahora existan o en lo sucesivo puedan abrirse...", cuyas mercancías "no estarán sujetos a derecho alguno de importación; a cambio, Estados Unidos "garantizan positiva y eficazmente a la Nueva Granada, por la presente estipulación, la perfecta neutralidad del ya mencionado Istmo, ...; y por consiguiente garantizan de la misma manera los derechos

de soberanía y propiedad que la Nueva Granada tiene y posee sobre dicho territorio".
(Beluche, p. 9)

Con el Tratado Clayton-Bulwer (1850), entre Estados Unidos e Inglaterra se comprometían mutuamente a no controlar de manera exclusiva un posible canal interoceánico que se construyera en cualquier parte de Centroamérica.

Desde 1850 la presencia norteamericana en Panamá se mantuvo constante y, de entonces, datan los primeros conflictos e intervenciones militares recurriendo a una falsa interpretación del Tratado de 1846.

Hacia 1869 - 70, Estados Unidos negoció con Colombia los derechos para construir un Canal, pero no se concretó por el Tratado de 1850 y por la Guerra de Secesión. Ello incidió para que el gobierno colombiano permitiera a los franceses tomar la iniciativa de construir un canal por Panamá. Revisando el texto del Contrato puede verse que se pacta con una sociedad civil, con capital privado, sin presencia de tropas extranjeras, concediéndole 200 metros a cada lado, 500.000 hectáreas de tierra baldías con las minas que ellas pudieran contener, en los lugares que la compañía elija como auxilio para la adjudicación de la obra; sin menoscabo de la soberanía colombiana, pagando una anualidad del 5% de la recaudación, con plazo de término de 99 años, con la debida fianza en caso de no cumplirse la obra en el tiempo estipulado, y la prohibición expresa de cederlo a cualquier gobierno extranjero.

Este proyecto fracasaría pocos años después de iniciado (1880-1888) por problemas tecnológicos, de salubridad y hasta de malos manejos financieros, conocidos como el "escándalo de Panamá". Los accionistas "franceses" pretendían vender sus derechos a empresarios norteamericanos.

Hacia 1902 se da la invasión norteamericana a Panamá recurriendo a una interpretación intervencionista al Tratado de 1846, y creó una situación de hecho que sirviera de base a lo que debía ser el tratado del Canal, que les permitiera actuar "como si fueran soberanos" en el Istmo de Panamá.

El 22 de enero de 1903 se firma El Tratado Herrán - Hay, que afectaba la soberanía colombiana porque en dicho documento se establecía:

1. Autorización a la Compañía francesa para traspasar sus activos al gobierno norteamericano, lo cual estaba expresamente prohibido por la Constitución.

2. Pérdida de la soberanía colombiana sobre la franja de 5 kilómetros de ancho a cada lado del canal que se concedía con derechos jurisdiccionales de todo tipo; en la que podrían dictar y hacer cumplir los reglamentos de policía y de sanidad que se juzguen necesarios para la conservación del orden; en la que habrían tribunales colombianos, norteamericanos y mixtos, según la causa que se juzgue; por una duración de cien años prorrogables; con el control norteamericano de los puertos de Panamá y Colón, y de las aguas del río Chagres, etc.;

3. Monto de las compensaciones.

Este Tratado fue negado por el senado colombiano y se envió al general Tobar con 500 soldados, los oficiales fueron arrestados por militares norteamericanos. Según Olmedo Beluche en el libro La verdadera historia de la separación de 1903: "Estados Unidos conspira para apoderarse de Panamá al elaborar el siguiente plan: después de la "secesión", a los Estados Unidos se otorga soberanía absoluta sobre la zona del canal. La ciudad de Panamá será la única que quede exceptuada dentro de esta zona, y los Estados Unidos tendrán el control sanitario y policiaco allí. La jurisdicción de este Gobierno sobre la zona será considerada como suprema.

"A cambio, el Presidente de los Estados Unidos reconocería inmediatamente al nuevo Gobierno, una vez establecido, y designaría

un ministro para negociar y firmar el tratado del canal. Se determina esperar un tiempo razonable la determinación del Congreso
colombiano, que se reunirá el 20 de junio, y
luego, si no se hace nada más, hacer operativo el proyecto enunciado anteriormente...
En este Tratado estaba interesado un sector
económicamente supeditado a la Compañía
del Ferrocarril, empresa en la que era máximo representante William Nelson Cromwell,
que al mismo tiempo encabezaba un sector
empresarial norteamericano que se había
adueñado de la mayoría de las acciones de
la Compañía Nueva del Canal, y pretendía
hacer su negociado vendiéndolas al gobierno norteamericano por 40 millones de dólares...Los historiadores mencionan la realización de una reunión secreta entre 25 agentes
norteamericanos y la élite panameña, en la
cual se coordinó el movimiento separatista.
Esta reunión se realizó el 28 de julio (según
Ovidio Díaz) en la finca de Las Sabanas, de
los hermanos Ramón y Pedro Arias Feraud"
(Beluche, p 34).

El plan o la separación de Panamá de Colombia se realizó,
el 3 de noviembre de 1903, produciéndose como consecuencia
una nueva Constitución panameña, en la cual se estipulaba que
el Gobierno de los Estados Unidos de América podrá intervenir
en cualquier punto de la República de Panamá, para establecer
la paz pública y el orden constitucional, si hubiere sido turbado,
en el caso de que por virtud de Tratado Público aquella nación
asumiere, o hubiere asumido, la obligación de garantizar la independencia y soberanía de la República. Se pactó el Tratado Hay –
Bunau Varilla, sobre el canal interoceánico, entre Estados Unidos
y la nueva república.

Según Beluche, a inicios de 1903, no había en Panamá ningún movimiento por la emancipación nacional, los "separatistas"

en Panamá eran empleados y socios de Cromwell a través de la Compañía del Ferrocarril. Como puede verse no hubo opresión de Colombia para la supuesta lucha del pueblo panameño contra la "opresión", hay intereses imperialistas norteamericanos, con los cuales colaboró la élite empresarial panameña. ¿Cómo puede llamarse "independencia" a lo sucedido el 3 de Noviembre de 1903? ¿Cómo puede tildarse de "benefactor" al que vino a robarte?

Roosevelt confesó: "Si el pueblo de Panamá no se hubiera sublevado, yo hubiera recomendado al Congreso que se apoderara del Istmo por medio de la fuerza…". Pero su enorme ego imperialista no podía morir sin confesar ante el mundo, en una conferencia realizada el 23 de marzo de 1911 en la Universidad de California: "Afortunadamente, la crisis se presentó en un período en el que yo pude actuar sin impedimentos. En consecuencia, tomé el Istmo, inicié el canal y luego dejé que el Congreso lo aprobara".

A líderes populares como: Juan B. Pérez y Soto, Belisario Porras, y Buenaventura Correoso, quienes se opusieron, la historia oficial les mantiene en el olvido. Según Beluche, los sectores populares panameños han luchado por la abrogación del Tratado Hay-Bunau Varilla, la cual se fue nutriendo, década tras década, salpicada de movilizaciones y heroicas confrontaciones como el Movimiento Inquilinario de 1925, el rechazo del Tratado de 1947 o los acontecimientos del 9 al 11 de Enero de 1964. Se ha ido construyendo un movimiento nacionalista contra la presencia colonial norteamericana luchando por la verdadera independencia.

La tensión entre Estados Unidos y Colombia, se solucionó el 6 de abril de 1914 con la firma del tratado Urrutia-Thompson. Según este Tratado, Colombia reconoció la propiedad total del canal y del Ferrocarril de Panamá a Estados Unidos a cambio de que este último se comprometiera a permitir el paso de tropas, material y buques de guerra por el canal sin pagar cargos. El paso de correos y de carga colombiana estaría sujeto a los mismos cargos que los de Estados Unidos; asimismo, los ciudadanos colombianos no deberían pagar ningún cargo adicional a lo que los ciudadanos estadunidenses pagaban. En caso de estar bloqueado el canal por cualquier razón, estas mismas condiciones serían válidas para el Ferrocarril de Panamá.

Se pacta el compromiso por parte de EE.UU de pagar 25.000.000 de dólares en oro. Esta indemnización comenzó a pagarse en 1923. El periodo comprendido entre 1923 y 1928 es conocido como la danza de los millones, y se tradujo en importantes tasas de crecimiento económico. Así mismo, se reconoció por parte de Colombia a Panamá como una república independiente.

Petróleo. Otro ejemplo de entrega de nuestros recursos naturales es el petróleo. Los indígenas ya habían descubierto el petróleo en la región de Barrancabermeja antes de la invasión de los españoles. El general Rafael Reyes (1904-1909), concedió a sus más amigos la exploración y explotación petrolíferas en Colombia: general Virgilio Barco y Roberto De Mares. En 1905 a Mares se le otorgó el contrato, cuyas cláusulas muestran: que es por 30 años, explotar los pozos de petróleo que se encuentren en tierras baldías desde la desembocadura del río Sogamoso en el río Magdalena, región del Carare y hasta llegar a la cordillera oriental; refinarlo y venderlo al país a un precio que permita hacerle competencia al que se importa; dar al gobierno el 15% del producto neto de toda la producción, por semestres vencidos. El gobierno se compromete a no gravar el petróleo que se extraiga con derecho de exportación, dar al concesionario 1.000 hectáreas de tierras baldías por cada uno de los pozos de petróleo que se ponga en explotación. El 25 de agosto de 1919 traspasó de manera ilegal a la Tropical Oil Company la concesión que se encontraba a su nombre.

Rafael Antonio Velásquez, en el artículo: Lo que no se dice de la creación de Ecopetrol, señala que:

> "... en la época de la Tropical Oil Company
> (1919-1951), la USO realizó seis huelgas. La
> primera transcurrió entre el 8 y el 14 de oc-

tubre de 1924, con una participación de unos
tres mil trabajadores; la segunda del 14 hasta
el 29 de enero de 1927; la tercera del 7 hasta
el 20 de diciembre de 1935 (con 4.000 pe-
troleros); la cuarta del 8 hasta el 12 de abril
de 1938; la quinta del 28 de octubre hasta el
23 de noviembre de 1946 (12.000 obreros) y
la sexta del 7 de enero hasta el 24 de febrero
de 1948 (5.000 obreros). Las dos últimas se
caracterizaron por la reivindicación y conciencia política de los dirigentes y sus bases,
siendo la reivindicación principal la nacionalización de la industria del petróleo…En
la década de 1940 se produjo un avance del
movimiento democrático nacional, auspicia-
do por tres factores fundamentales: el fracaso de la "revolución en marcha" de Alfonso
López Pumarejo, la crisis económica que se
agravó en el país a raíz de la Segunda Guerra Mundial, y el surgimiento del movimiento
político gaitanista. En el gobierno conservador de Mariano Ospina Pérez (1946-1950)
se presentaron las confrontaciones laborales
de 1946 y 1948, buscaban entre otros puntos
la nacionalización de los petróleos, la huelga de 1948 se inicia por el despido masivo
en diciembre de 1947 de 107 trabajadores de
producción y limpia pozos y la terminación
de la Concesión de De Mares" (p, 2)

La huelga la ganaron los obreros, y el gobierno se vio obligado
a reconocer el fin de la Concesión en 1951, se expide la Ley No
165 de 1948 que facultó al gobierno para organizar una empresa
que se encargara de la administración de los bienes que iban a ser
revertidos a la nación, con el decreto No 30 de 1951 nació ECO-
PETROL el 25 de agosto de 1951. Jugó papel importante como
asesor del movimiento el abogado Diego Montaña Cuéllar, quien
le brindó las herramientas jurídicas y políticas necesarias para la
construcción de una conciencia política a la clase trabajadora en
defensa de la soberanía nacional y de nuestros recursos energé-

ticos.

Hoy esta empresa ha venido aportando durante muchos años entre el 5% y el 10% de los ingresos del Estado; sin embargo la clase dominante de Colombia quiere vender Ecopetrol al capital extranjero de manera total, dado que, en 2007, se inicia con la venta de $5,7 billones, en el gobierno de Álvaro Uribe Vélez y en la administración de Iván Duque se proyecta otra venta de acciones.

7.3 Los centros urbanos en el siglo XIX

Hacia el siglo XIX, las guerras de independencia generaron cambios en la urbanización; en la colonia los centros urbanos eran restringidos para los blancos, ahora mestizos, negros e indígenas también accedieron al espacio urbano. La ley de 25 de junio de 1824, que dispuso la división de Colombia en departamentos, provincias y cantones, abolió el sistema jerárquico de privilegios de ciudades, villas, parroquias y lugares, dado que muchas poblaciones adquirieron el rango de municipios.

Los miembros de la clase alta eran totalmente urbanos y preferían vivir en las ciudades a pesar de que poseían extensas propiedades en el campo; ahora los blancos van a estar acompañados de mestizos. Las ciudades disponían de calles un poco organizadas y con desagües destapados. En ellas funcionaban las dependencias de la Iglesia y el Estado; contaban con una amplia plaza central, que servía de lugar de encuentro, sitio de ejecuciones y mercado semanal, y de un teatro y un museo. Solamente las casas de los ricos tenían más de un piso y no todas contaban con lujos tales como: vidrios en las ventanas o alfombras en lugar de esteras de paja para cubrir el piso.

A partir del movimiento de población que se da en el país en distintas direcciones adelantado por los colonos y con el apoyo del Estado a estos procesos, los colonos a posesionarse de tierras baldías, pero comenzaron a tener dificultades con los grandes terratenientes, quienes se apropiaron de tierras recién abiertas, obligando a los colonos a colonizar nuevas tierras o a volverse jornaleros y aparceros en las grandes haciendas forjadas por personas más ricas y políticamente influyentes.

> "La colonización originó el surgimiento de poblaciones crecientes alrededor de centros urbanos, funcionó como un importante principio organizador del territorio... En estas poblaciones el gobierno organizó las instituciones como: la Alcaldía, el mercado, la Iglesia, la tienda, el colegio, el juzgado, la notaría, el consultorio médico, la cárcel, el café, el hotel, la terminal de transportes y la estación de telégrafo" (Zambrano, p. 62)

Los movimientos colonizadores del siglo XIX, de los cuales proviene nuestro campesinado moderno, estuvieron acompañados de la fundación sistemática de pueblos, que se volvieron núcleos de los municipios, la mayor parte de la población se volvió rural en el siglo XIX, organizándose poblados no tan lejos de donde beneficiarse, en mayor o menor medida, de los servicios que estos ofrecía.

Los diferentes procesos de ocupación del territorio de las vertientes cordilleranas estuvieron acompañados del surgimiento del cultivo del café en clima templado en el siglo XIX. Las exportaciones cafeteras de la zona central provocaron la creación del puerto de Barranquilla, que surge con fuerza como centro urbano importante a fines del siglo XIX. Luego, la inauguración del Ferrocarril del Pacífico en 1915, que transportaba la producción cafetera de Caldas y Valle del Cauca hacia Buenaventura, originó un gran crecimiento de Cali, que aparece como un "puerto seco", a causa de las dificultades climáticas de Buenaventura, que impidieron el crecimiento urbano de este puerto y bloquearon la posibilidad de lograr un desarrollo similar a Barranquilla.

En el siglo XIX junto a la maquinaria industrial, los ferrocarriles, el telégrafo, aparecerán nuevos materiales de construcción, tales como el hierro, el acero, concreto reforzado y nuevas técnicas destinadas a mejorar el desarrollo urbano y la misma arquitectura. Esta se plasmará en las construcciones adelantadas por los gobiernos republicanos, por ejemplo en 1846 se ordena la construcción de lo que será el Capitolio Nacional, más adelante las construcciones de la Universidad Nacional y de las Escuelas Normales. En la arquitectura religiosa en el siglo XIX, sobresalen las catedrales de Villanueva en Medellín y la de Manizales.

7.4 Organización política

Con el nombre de "Virreinato de la Nueva Granada" continuó llamándose nuestro territorio hasta el 10 de Agosto de 1819 cuando los ejércitos republicanos llegan a la ciudad de Santa Fe y el virrey Juan de Sámano sale huyendo de la ciudad. La República de la Nueva Granada, surge como consecuencia de la disolución de la Gran Colombia, ordenada por la Convención Granadina en 1831.

Tras el fin de la Gran Colombia, la convención redactó la primera Constitución de la Nueva Granada que entró en vigencia en 1832. De acuerdo con esta Constitución:

> "... se dividió el territorio en 15 provincias regidas por su respectivo gobernador: Antioquia, Barbacoas, Bogotá, Cartagena, Cauca, Magdalena, Neiva, Panamá, Pasto, Pamplona, Popayán, Socorro, Tunja, Vélez y Veraguas. Se elige presidente a Francisco de Paula Santander, exiliado en Europa desde 1828, se posesionó el 7 de octubre de 1832" (Constitución de la Nueva Granada).

Además, se mantuvieron los requisitos económicos para el voto, excluyéndose a la gran mayoría de la población, se concedió a las asambleas elegidas a nivel provincial de tomar decisiones con respecto a escuelas, caminos y otros asuntos de interés local, se reafirmó la supresión de los conventos menores, exceptuados los de Pasto, para evitar una posible anexión al Ecuador.

Santander aboga por un proteccionismo económico para defender a los productores locales, aprobó privilegios especiales para algunos empresarios que establecieran fábricas de vidrio, loza, papel y textiles de algodón.

En las provincias fundó las escuelas lancasterianas, ideadas por el inglés Joseph Lancáster; su método consistía en que los alumnos más avanzados se desempeñaban como monitores de sus compañeros supervisados por el maestro. Teóricamnete un maestro podría manejar cursos numerosos, había premios y castigos. Se enseñaba a leer, escribir y contar. El aprendizaje era memorístico. Además organizó los colegios santanderinos, imprentas y auspició periódicos, instauró el plan de estudios de la Gran Colombia, se volvió a trabajar a Jeremy Bentham y otros escritores, quienes consideraban que:

> "...todo acto humano, norma o institución, deben ser juzgados según la utilidad que tienen, esto es, según el placer o el sufrimiento que producen en las personas. Proponía formalizar el análisis de las cuestiones políticas, sociales y económicas, sobre la base de medir la utilidad de cada acción o decisión... Así se fundamentaría una nueva ética, basada en el goce de la vida y no en el sacrificio ni el sufrimiento" (wikipedia, p.1).

Sucede a Santander, José Ignacio de Márquez (1837-1841), quien impulsó el proteccionismo, se encargó de que se ratificara formalmente el acuerdo que se había negociado con Venezuela y el Ecuador, según el cual las tres naciones se distribuían el pago de la deuda externa de la Gran Colombia, que todavía estaba en mora, y dio otro paso adelante en la consolidación del nuevo régimen, estableció relaciones diplomáticas con España.

> "Tuvo que enfrentar la guerra de los Supremos, guerra civil de 1839-1842 cuyo origen fue la decisión tomada por el Congreso en 1839, de suprimir los conventos menores de Pasto... José María Obando en 1840, se declaró Supremo director de la guerra en Pasto y diferentes jefes militares del resto del país comenzaron a levantarse contra la administración de Márquez; proclamaban que el federalismo era su objetivo. A comienzos de 1842, las fuerzas del gobierno lograron finalmente dominar a los revoltosos" (Bushnell, 1994, p. 133)

En medio de la guerra fue elegido Pedro Alcántara, quien hizo una defensa de la iglesia católica, fundó Escuelas Normales en cada capital de provincia, aprobó un plan de estudios con énfasis en las ciencias prácticas y útiles con el fin de estimular el desarrollo industrial del país. La Constitución Política de 1843, estableció el centralismo y el autoritarismo, un ejecutivo fuerte para implantar el orden, reconoció el derecho de propiedad, libertad de imprenta, derecho de petición, inviolabilidad del domicilio y de la correspondencia. Invitó a los jesuitas, expulsados del imperio en 1767, para que regresaran a la Nueva Granada. Junto con su ministro, Mariano Ospina Rodríguez, retiró del currículum a Bentham y otros autores.

En la administración de Tomás Cipriano de Mosquera (1845-1849), se dio impulso a las obras públicas y progresos técnicos. Comenzó la construcción del actual edificio del Capitolio, introdujo el sistema métrico de pesas y medidas, así como técnicas modernas de contabilidad:

> "... negoció el tratado Mallarino-Bidlack de 1846, por el cual los Estados Unidos garantizaban la protección de la soberanía de la Nueva Granada, lo mismo que la seguridad del tránsito a través del istmo de Panamá... El tratado llevó rápidamente a la suscripción

de un contrato con inversionistas de Estados
Unidos para la construcción del primer ferrocarril nacional que atravesaría el istmo.. El
tratado y el ferrocarril de Panamá indicaban
claramente la intención de buscar más estre-
chas relaciones económicas con el mundo del
Atlántico Norte" (Bushnell, D. p.142)

7.5 Origen de los partidos - siglo XIX

Francisco Leal Buitrago, considera que liberales y conservadores nacieron dentro de una misma clase social, beneficiarios de
la renta de la tierra que buscaban la dominación del campesinado
que sin conciencia de por qué ni por quién libraba cada batalla,
quien aprendió a guerrear por unos ideales abstractos que le in-
fundían la necesidad de llamarse, a toda costa, conservador o liberal. "Así surgen, sin requerir de ningún aparato ni organización
concreta permanente nada más que con el espíritu protector de su
nombre sobre cada colombiano, los dos partidos políticos tradicionales". Rafael Ballén en el artículo: ¿Agoniza el bipartidismo?
Liberales y Conservadores: señala que, solamente el 16 de julio
de 1848, aparece el primer documento liberal publicado en el periódico El Aviso de Bogotá, por Ezequiel Rojas; quien comienza
con un cuestionamiento: ¿qué es lo que quiere el partido liberal?
¿Cuáles son sus deseos? ¿Cuál la teoría que quiere ver realizada?
Fácil es la contestación. La República quiere el partido liberal:
quiere sistema representativo, real y verdadero, y no apariencias
como las que existen. Ballén, retomando lo dicho por Gerardo
Molina plantea un resumen del ideario liberal a mediados del
siglo XIX, cuyo contenido fue consignado en los textos constitucionales y legales de la época:

"Abolición de la esclavitud; libertad absoluta
de imprenta y de palabra; libertad religiosa;
libertad de enseñanza; libertad de industria
y comercio, inclusive el de armas y municiones; sufragio universal, directo y secreto;
supresión de la pena de muerte; abolición de

la prisión por deudas; fortalecimiento de las provincias; abolición de los monopolios y expulsión de los jesuitas" (p.2).

Apoyaban la idea de transformar al Estado colombiano comerciantes, indígenas, esclavos y artesanos:

En relación con el conservatismo, Ballen cita a Milton Puentes, quien considera que

> "... era amigo de la esclavitud, no permite pensar con entera libertad, sino con las ideas que el cristianismo enseñe; no tiene en cuenta la filosofía racionalista, sino de las verdades reveladas por Dios, son partidarios de un Estado fuerte, donde los sectores clericales tengan mayor preponderancia y el pueblo esté sujeto a leyes más severas y rígidas"(Ballén, p.3).

En noviembre de 1849, en el periódico La Civilización, aparece el primer programa del partido conservador redactado por Mariano Ospina Rodríguez y José Eusebio Caro que promulgaba : Conservar la tradición y la herencia colonial en estructuras e instituciones. Investir de mayor fuerza y autoridad al poder ejecutivo. Conservar la esclavitud. Defender la fe y la moral católica. Mantener la alianza entre el Estado y la Iglesia católica. Otorgar a la Iglesia católica la orientación y el control de la educación. Recibió el apoyo de varios grupos sociales: los hacendados, latifundistas, quienes, como dueños de esclavos, se oponían a la abolición de la esclavitud porque afectaba sus intereses económicos; los campesinos quienes querían la paz; la Iglesia, que defendía su papel en la educación y necesitaba proteger sus bienes.

División del partido liberal en Gólgotas y Draconianos:

En 1849, José Hilario López abolió las tarifas proteccionistas de la producción artesanal con lo cual precipitó la ruina de ésta dentro de un proceso ya en marcha de competencia internacional. En este ámbito se empieza a distinguir la división del partido liberal:

Gólgotas. Liberales más radicales, guiados por Manuel Murillo Toro inspirado en un cristianismo igualitario y la figura de Jesucristo sacrificado en el Gólgota.

- Impulsaron la libertad de industria y la ley de reforma agraria de 1850, según la cual el cultivo debe ser la base de la propiedad de la tierra y que la acumulación de tierras debía ser limitado de forma legal.

- Defendían los intereses de los comerciantes y del consumidor. Para los comerciantes, el libre cambio implicaba la ampliación del mercado, reclamaban la presencia en el mercado nacional de productos venidos del exterior, de precio menor al nacional y de mejor calidad.

- Eran la nueva clase intelectual que se promulgaba desde los intereses de diferentes universidades, era un partido joven: estudiantil, representaban el cambio, la modernidad, proclamaban un estado laico, una educación sin influencia religiosa, buscaban eliminar la pena de muerte, halagaban el federalismo y luchaban por un ejército reducido. Buscaban un modelo de libre cambio para la economía en su porvenir.

Draconianos. Hacían parte los artesanos y defensores del proteccionismo. Su nombre hace referencia al legislador griego Dracón, quien contempló penas muy severas aún para infracciones menores.

- Condenaron la reducción de los derechos de importación y reclamaron un arancel alto que les permitiera no tener que competir con bienes importados, de mejor calidad y menor precio. Consideraban que la manufactura criolla no podía surgir si no se le protegía de la competencia extranjera. Sus principales líderes fueron José María Melo, José María Obando y Lorenzo Lleras.

7.6 La coyuntura de mitad de siglo XIX

En este período de tiempo del siglo XIX, se presentaron conflictos entre liberales y conservadores e Iglesia y sectores anticlericales. Los liberales mantuvieron su preponderancia durante el período y lograron imponer sus programas.

Para el período presidencial de 1849 a 1853, fue elegido José Hilario López. Durante su gobierno tuvo lugar la liberación absoluta de los esclavos (1851), lo que trajo alzamientos en diversas regiones del país, en Valle y Cauca, donde los latifundistas y hacendados instauraron una nueva forma de relación servil, en la que los esclavos pasaban a ser agregados, condición que para nada cambiaba su estatus.

Se ordenó la disolución de los resguardos indígenas y se suprimió el estanco del tabaco, estimulando así el comercio internacional que trajo al país gran cantidad de capitales. Se suprimió la pena de muerte por delitos políticos y se determinó la separación absoluta entre la Iglesia y el Estado. Asi mismo, se dio camino a la libertad de prensa y las provincias iniciaron un proceso hacia la federalización al concedérseles mayores facultades y prerrogativas fiscales y legislativas.

En 1850 se creó la Comisión Corográfica, cuyo objetivo era la descripción del país, su conocimiento, y la creación de un mapa general que permitiera aprovechar los recursos que ofrecía cada provincia. Agustín Codazzi fue el jefe de la comisión durante 9 años, ayudado por el doctor Manuel Ancizar, quién dejó un libro de viajes titulado, Peregrinación de Alpha.

En 1853, asumió el poder el draconiano José María Obando, al que conservadores y liberales gólgotas buscaron debilitar desde el parlamento, donde eran mayoría, planteando una nueva Constitución (1853), cuyo fin era debilitar el poder presidencial y privarlo de la facultad de nombrar a los altos empleados.

De otra parte, para debilitar a los artesanos y sectores populares, se decretó la circulación libre con armas y se redujo el personal del ejército y se suprimieron los grados en el mismo. Estas dos últimas medidas tenían como fin proveer de armas a los hacendados y sacar del ejército a los oficiales vinculados con los sectores populares.

Frente a tales medidas y a la debilidad del gobierno de Obando, José María Melo, militar de carrera, dio un golpe de Estado en 1854, con el apoyo de los sectores populares, los artesanos y algunos militares. Ante esta rebelión, la oligarquía representada por el general José Hilario López en el sur, Tomás Cipriano de Mosquera en el norte y el General Alcántara Herrán, unieron sus fuerzas en el centro del país y se tomaron Bogotá, el 4 de diciembre de ese mismo año.

José Maria Melo fue hecho prisionero y condenado al destierro; años más tarde, murió al servicio del ejército mexicano. Para completar los dos años que faltaba al gobierno de Obando, se eligió al vicepresidente Manuel María Mallarino, perteneciente al partido conservador, quien tomó posesión del cargo en el mes de abril de 1855.

La Constitución de 1853 establecía:

- El sufragio universal masculino, se avanzó no solo a elegir los gobernadores provinciales sino también al Procurador General y a los jueces de la Corte Suprema de Justicia.
- La tolerancia religiosa absoluta en la Nueva Granada e incluyó la libertad de cultos en la lista de derechos de todos los ciudadanos.
- La introducción del matrimonio civil y la legalización del divorcio.

En 1857, llega a la presidencia Mariano Ospina Rodríguez, uno de los fundadores del partido conservador. Trae a los jesuitas y en 1858 se expidió la primera Constitución federalista, bajo el nombre de Confederación Granadina, el gobierno general lo ejercía un Congreso que expedía las leyes, un Presidente que las ejecutaba, tenía un período de mando de cuatro años, y un poder judicial que las aplicaba.

Ejerció un régimen de partido y buscó la promulgación de una ley que le permitiera intervenir en los asuntos internos de los Estados, lo que le hizo ganarse la oposición de los liberales y el desencadenamiento de la guerra civil de 1860, a la cabeza de la cual se encontraba el caucano Tomás Cipriano de Mosquera, quien proclamó la independencia de la Confederación del Estado del Cauca, otros estados como Bolívar y Santander se le unieron y firmaron un pacto que reconoció a Mosquera como jefe de su causa. Éste se proclamó dictador, tras llegar a Bogotá y derrotar a las fuerzas legales.

Tomás Cipriano de Mosquera, inició una serie de medidas que apuntaban al establecimiento de una sociedad alejada de la constante influencia de la iglesia, para lo cual dispuso la desamortización de los bienes eclesiales, el cierre de los conventos y la expulsión, una vez más, de los jesuitas.

7.7 La República Radical

Los radicales se caracterizaron por una ardiente defensa de principios liberales de libertad de mercado, de opinión, de culto, de expresión, y por sus reformas a la herencia política colonial. Molina Gerardo, en Las ideas liberales en Colombia 1849-1914, sostiene que:

> "... los radicales se caracterizaron por ser representantes de intereses mercantiles, propios de la escuela económica del laissez-faire y, por ende, estuvieron despreocupados de la protección de la industria nacional" (p.66)

Pensaban que para lograr el buen funcionamiento de las instituciones republicanas eran necesarias tres condiciones: la cesación de los desórdenes políticos, ciudadanía ilustrada y prosperidad económica.

Myriam Jimeno, en el artículo Los límites de la libertad ideología política y violencia en los radicales, explica que la prosperidad:

> "... estaba relacionada con una noción de desarrollo que privilegiaba la construcción de vías de comunicación y de escuelas. En cuanto a las escuelas se le dio particular atención a las primarias, pues, a juicio de los liberales, en ellas se revelaban las disposiciones naturales del individuo; también se incentivó la educación profesional y técnica pues compartían la creencia de que sin instrucción no se lograría el desarrollo. En el campo religioso, los radicales lucharon en contra de la dominación temporal de la iglesia y por arrebatarle a ésta el control de la educación.
>
> Las obras del utilitarista Jeremy Bentham, que exaltaba la utilidad como el principio moral por excelencia, y las del sensualista Destutt de Tracy, según el cual la fuente del conocimiento humano reside en las sensaciones experimentadas por el alma, tuvieron gran acogida entre los liberales" (p.14).

El socialismo lo entendían como el camino para lograr una adecuada distribución de la riqueza, resaltando el derecho del hombre a la propiedad.

7.7.1 Constitución de 1863. Una vez que los liberales radicales ganaron la guerra civil 1860 a 1863, Tomas Cipriano de Mosquera, decidió convocar una Constituyente para redactar una nueva Constitución. La convención se reunió en la ciudad antioqueña de Rionegro (liberal), en medio de una región ampliamente conservadora. Sesionaron entre el 4 de febrero y el 8 de mayo de 1863.

La Constitución de 1863 se caracterizó por los siguientes aspectos:

1. "Se suprimió el nombre de Confederación Granadina y dio al país el nombre de Estados Unidos de Colombia; cada Estado componente de la nación gozaba de autonomía para dictar sus propias leyes, tener ejército propio y administrar justicia independientemente del Gobierno Nacional.

2. Se proclamaron las libertades individuales de comercio, de opinión, de imprenta, de enseñanza, de asociación, etc.

3. Se concedió a los ciudadanos el derecho de portar armas y de comerciar con ellas.

4. Se abolió la pena de muerte.

5. Se establecieron los jurados de conciencia y se otorgaron plenas garantías a los ciudadanos.

6. La educación se tornó laica, apoyándose en ciencias modernas como la física, la química, la biología y la filosofía.

7. Se consolidó la separación de Iglesia y Estado, y se confiscaron los bienes de manos muertas que poseía el clero.

8. Se redujo el período del presidente de la República de 4 a 2 años y se le quitaron poderes a esta figura. La máxima autoridad de la nación residió en el Parlamento por ser este el representante de los ciudadanos.

9. El Estado quedó reducido al de vigilante del orden público y de garantía de respeto de las libertades individuales" (Bushnell, p. 174)

7.7.2 Estados Unidos de Colombia. La Constitución expedida el 8 de mayo de 1863 fue el afianzamiento de los ideales liberales para dar paso a una educación centrada en la práctica y la realidad; la adopción del librecambio como impulsor de la economía para integrarla al proceso internacional, que ya se había debatido desde los primeros años después de la Independencia, pero que apenas a mediados del siglo XIX se llevarían a la práctica con gobiernos liberales y algunos conservadores que dominaron el escenario político hasta 1886.

Según la Constitución de los Estados Unidos de Colombia de 1863:

> "El país con el nuevo nombre lo integraban 9 estados que recibieron poderes más amplios: Antioquia, Bolívar (que comprendía Cartagena y la mayor parte de la costa Caribe), Boyacá (Tunja y sus regiones interiores), Cauca, Cundinamarca, Magdalena (la región costera situada al oriente del río, con capital en Santa Marta), Panamá, Santander y Tolima (que abarcaba las antiguas provincias de Neiva y Mariquita, en el Alto Magdalena)... Con la nueva Constitución, el gobierno nacional solo era responsable de las rutas de transporte interoceánico. Los Estados tenían derecho de establecer sus propios sistemas postales y algunos emitieron sus propias estampillas para obtener recursos económicos... El Presidente se elegía a partir de un voto por Estado, y los Estados eran libres de establecer los requisitos de votación como el alfabetismo y la situación económica para tener derecho al sufragio, tanto para las elecciones nacionales como para las locales" (Constitución de los Estados Unidos de Colombia de 1863).

Presidentes del período radical: Manuel Murillo Toro, General Santos Acosta, Julián Trujillo, Aquileo Parra, Santiago Pérez, Eustorgio Salgar.

Para las elecciones de 1876, el liberalismo estaba ya dividido en dos grandes grupos: los radicales que deseaban que se mantuviera la Constitución y los moderados que, junto con los conservadores, defendían un cambio hacia el centralismo. Pese a la división, Aquileo Parra fue elegido para la presidencia, tuvo que enfrentar la sublevación de los conservadores de Tolima y de Antioquia. En 1878, los liberales moderados y los conservadores apoyaron la candidatura de Julián Trujillo quien, una vez elegido, abolió las leyes anticlericales e inició negociaciones para poner fin a la separación entre la Iglesia y el Estado.

"A la cabeza de este movimiento estaba Rafael Núñez que con el apoyo de los liberales moderados y de los conservadores fue elegido presidente en 1880. Dictó leyes favorables a los conservadores y a la Iglesia, tales como el restablecimiento de los estudios de religión abolidos durante el período radical. En 1884, Núñez fue reelegido y presentó un proyecto para derogar la Constitución de Rionegro de 1863. Los radicales y caudillos regionales se opusieron a este proyecto y declararon la guerra a Núñez en 1885. El conflicto se inició en Santander y se extendió a otros estados. Apoyado por los conservadores y los liberales moderados que se unieron en el Partido Nacional, Núñez pudo vencer a los sublevados y cambiar la Constitución de Rionegro por la conservadora de 1886." (Pernett, Nicolás. Aquellos "locos" de 1863. Razón Pública, p.3)

7.8 La Regeneración (1878-1898)

Sobre la Regeneración hay diferentes interpretaciones; según considera Eugenio Gómez Martínez en Curiosidades y más que curiosidades de la Regeneración

"... los partidarios de Rafael Núñez, su

máximo artífice, perteneciente al entonces llamado liberalismo independiente, y para el conservatismo, se trató de la reforma del Estado con el consiguiente restablecimiento de la autoridad luego del caos provocado por el liberalismo radical... Para los detractores del experimento, los demás liberales y la izquierda, fue una degeneración, ya que consagró el centralismo, instauró una dictadura de tipo retardatario y convirtió a la jerarquía eclesiástica en poder indiscutible con capacidad de ejercer una verdadera tiranía no sólo teológica y moral, sino hasta política.... La Regeneración es asimilada por sus partidarios como consagración del sueño patriótico de libertad y orden. Para los críticos, en cambio, no se lograron en ese período "ni la libertad soñada por federalistas y radicales, ni el orden propuesto por conservadores unitarios y católicos...el personaje aparece para sus admiradores como un gran demócrata que efectuó los cambios institucionales dentro de las normas legales, todo dentro de una gran serenidad de espíritu. Los detractores lo pintan como el dictador que clausura el Congreso de 1885, que se hace reelegir por sus aduladores y que se pone al servicio de lo que ya comenzaba a vislumbrarse como burguesía bipartidista... ¿Hubo regeneración o hubo catástrofe?" (p. 1)

El concordato. Una vez concluida la labor constitucional de 1886 el gobierno regenerador se empeñó en normalizar y estrechar las relaciones con la iglesia católica. El 31 de diciembre de 1887 se empezó a negociar, en consecuencia, un concordato entre Santa Sede y la República de Colombia. Los principales puntos del acuerdo fueron; confirmación por parte del Estado colombiano, de la libertad de la iglesia católica para desarrollar su actividad doctrinaria en el país; la facultad de la iglesia para adquirir, poseer y administrar bienes libremente, el reconocimiento estatal de la deuda por la desamortización de bienes de la iglesia durante el gobierno de Tomas Cipriano de Mosquera en 1861.

7.9 Cambios con la Constitución de 1886

1. Se limita el derecho al sufragio universal al imponer el requisito de saber leer y escribir para participar en las elecciones de carácter nacional, se restablece la pena de muerte.

2. Se restauró las propiedades expropiadas por el gobierno al clero, y se les reconoció además indemnizaciones significativas a modo de resarcimiento por las medidas asumidas en el pasado.

3. Se amnistió aquellas comunidades religiosas católicas que fueron expulsadas por el gobierno dado su proselitismo y activismo político y se les subsanó su estado de legalidad, entre ellas la jesuita, y se restableció el fuero eclesiástico.

4. Se instaura el manejo de la educación pública bajo el control de la iglesia, su contenido curricular debía contener los dictámenes de la religión católica y se establece la provisión de poder del clero en el nombramiento de maestros, el veto a los textos escolares, pensum, pedagogía, etc.

5. Se funda el Banco Nacional, hoy Banco de la República.

De acuerdo al texto de la Constitución de 1886, hay centralización radical del poder público, fortalecimiento de los poderes del ejecutivo, apoyo a la iglesia católica y la utilización de la religión como "fuerza educativa y de control social". En cuanto al centralismo, la Constitución consagraba el carácter unitario de la nación, en la que residía la soberanía, modificaba el nombre de Estados por el de departamentos, ordenaba que la legislación penal, civil, comercial, minera, etc., fuese de orden nacional, y eliminaba la elección de funcionarios ejecutivos regionales. Ahora el presidente designaría a los gobernadores y estos a los alcaldes; todos los funcionarios del ejecutivo tendrían el origen de su nombramiento en el presidente de la República, la creación de un ejército nacional profesional y el estrechamiento de los lazos entre el Estado y la iglesia católica.

7.10 La guerra de los mil días.

Esta guerra tiene como líderes liberales a Rafael Uribe Uribe y Benjamín Herrera. Se inicia el 17 de octubre de 1899 en la población del Socorro Santander. Se resuelve con los siguientes tratados: el de la hacienda de Reerlandia para terminar el conflicto terrestre 24 de octubre de 1902, el del buque Wisconsin para concluir el conflicto marino el 21 de noviembre de 1902, el de Chinácota para conceder amnistía el 24 de noviembre de 1902 y, se declaró restablecido el orden público el 1 de junio de 1903, según los partes oficiales. Apoyaron a los liberales: Venezuela, Ecuador, Nicaragua, Costa Rica. A los conservadores los apoyan los norteamericanos.

Las causas son variadas de acuerdo a los puntos de vista de los partidos políticos en conflicto. El movimiento de la regeneración conservadora y la Constitución de 1866 con su régimen centralista no solucionaron los conflictos sociales, económicos y políticos que venían desde los inicios republicanos y por el contrario los agravaron, originando mucho malestar entre los departamentos y la continuación de las disputas entre los conservadores y liberales. Hubo descontento por el manejo monetario inadecuado, imposiciones fiscales y la caída de precios del café.

Las batallas más significativas serían la de Peralonso, última victoria liberal, la de Palonegro donde los conservadores demuestran su supremacía. Esta guerra trasciende las disputas político-militares de los dos partidos tradicionales y logra polarizar la población civil, que se ubica en uno u otro bando profundizando el desangre entre los colombianos.

Una de las consecuencias de la guerra de los mil días, fue la muerte de colombianos, no hay consenso entre los historiadores al decir que fueron 100.000, otros dicen que fueron 180.000; lo mismo sucede con los gastos de la misma, se calcula en 25, 75 y hasta 370 millones. La guerra fue la más larga, costosa y sangrienta de las numerosas contiendas que enfrentaron a los partidos políticos por el botín del poder. La guerra fue aprovechada por los norteamericanos para invadir Panamá para concretar la construcción del canal interocéanico. Se incrementaron los precios de los víveres y artículos de primera necesidad, hubo escasez y carestía de alimentos. El salario de los trabajadores no subió, se presentaron excesivos costos de transporte. Una de las peores secuelas de la guerra son los odios heredados que se suman a los creados al calor de anteriores guerras y que alimentarán los del futuro.

7.11 Esbozo de las principales guerras civiles en Colombia siglo XIX

Una guerra civil es un enfrentamiento armado entre grupos organizados o bandos políticos contrarios existentes en un mismo país, para defender ideologías, doctrinas, posiciones políticas e intereses económicos. Colombia a lo largo del siglo XIX continuaba con su economía de autoabastecimiento, cada provincia del país estaba dirigida por un grupo de propietarios de tierras y de minas con dominio económico en cada provincia pero al mismo tiempo aspiraban a la preponderancia en el terreno político. Entre estos grupos o bandos querían acabar el régimen colonial de manera radical o de manera moderada; esta visión y concepción los dividió y los llevó a la guerra.

Del documento Las Guerras Civiles del Siglo XIX de autor anónimo, se plantean las siguientes guerras civiles en el siglo XIX:

Guerra Civil de 1812. Enfrentamiento entre federalistas y centralisas. Los bandos tenían intereses económicos particulares, pensaban diferente frente a cómo organizar un gobierno, cada provincia del país tenía una economía propia de autoabastecimiento, dominadas por los propietarios de tierras y de minas, entran en contradicción con la organización de un gobierno centralista. Esta guerra duró hasta 1813. (Patria Boba)

Guerra Civil de 1831. Comprende movimientos contra la dictadura del General Urdaneta, considerado como representante del militarismo venezolano, fue una consecuencia de la disolución de la Gran Colombia, toman fuerza los caudillismos, la guerra termina con el convenio de las Juntas de Apulo.

Guerra civil de 1840. Denominada guerra de los conventos, tuvo como pretexto una Ley de 1839 por la cual se suprimían los conventos menores de Pasto que dependían de Quito, y dedicaban sus bienes a las misiones de Mocoa y a las instituciones educativas de la provincia.

Se explotó el sentimiento religioso con el argumeno de que se pretendía acabar con la religión del pueblo, sobresalió el presbítero Francisco de la Villota, fanático con gran imagen, quien llamó a la guerra bajo el estandarte de Francisco de Asis.

Según el autor anónimo, el pueblo de Pasto fue a la guerra por 3 consignas: defensa de la religión, los principios federeales, bandera de los gamonales militaristas e incitación a regresar al antiguo régimen del dominio español. La guerra de los conventos no se lmitó a Pasto, se extendió a las demás provincias. Esta guerra la gana el gobierno centralista.

Guerra Civil de 1851. Levantamiento conservador contra el gobierno de José Hilario López, quien abolió la esclavitud, medida que afectó a los propietarios de haciendas, de minas del Cauca, Antioquia, Chocó y Barbacoas. Los grupos sociales que colaboraron con el gobierno fueron los comerciantes, manufactureros, esclavos y pequeños agricultores.

Guerra civil de 1854. Los llamados gólgotas, representantes de los intereses comerciales aspiraban imponer una política económica librecambista. Los draconianos, representaron los intereses y pretensiones de los manufactureros y artesanos, quienes querían el proteccionismo aduanero para los artículos que producían. El General José María Melo dio un golpe de estado, pero los comerciantes unidos con los conservadores derribaron la dictadura.

Guerra civil de 1860. Se llevó a cabo contra el gobierno conservador de Mariano Ospina Rodríguez. El General Tomás Cipriano de Mosquera, gobernador del Cauca, unido a otros liberales, llegó victorioso a Bogotá y asumió el poder, éste decretó la desamortización de los bienes de manos muertas que estaban formadas principalmente por propiedades eclesiásticas, las cuales fueron sacadas a remate como propiedad de la nación.

Guerra civil de 1876. Fue un movimiento del partido conservdor contra el gobierno liberal de Aquileo Parra. Con esta guerra el radicalismo perdió la hegemonía en el país. Regresó el conservatismo al poder por intermedio de Rafael Núñez.

Guerra civil de 1885. Al intentar Núñez formar un nuevo partido, reformar la Constitución Federal de 1863 y querer organziar un Estado centralista, los radicales con el liderazgo de Santiago Pérez se lanzaron a la lucha armada, saliendo de ella totalmente aniquilados.

Guerra Civil de 1895. El liberalismo perseguido, alejado de todos los cargos públicos, los confinamientos y destierros a los miembros de la oposición y reprimido en su órganos de expresión, optó por la guerra contra el gobierno; fue rápidamente reprimida por el gobierno conservador.

Guerra civil de 1899. El partido liberal excluido del gobierno y convencido de que por medios legales y pacíficos no sería posible acabar con la hegemonóa conservadora se lanzó a la guerra de 1899 para tomarse el poder, guerra conocida bajo la denominación de guerra de los mil días. El liberalismo fue derrotado y el partido conservador continuó en el gobierno.

7.12 Grupos sociales en el siglo XIX

Los grupos sociales de la República del siglo XIX, heredan los criterios considerados en la Colonia para la clasificación de las personas a partir del concepto de "notables" y el de "razas impuras"; el proceso de mestizaje, el origen racial, los parámetros establecidos por la iglesia, la tenencia de propiedades y riqueza (actividades que desarrollan), la participación en el gobierno y la jerarquía social.

Con la independencia, la sociedad se define como una "sociedad mestiza", sin desconocer que en la parte superior se encontraba el grupo notable, y en los vértices inferiores los negros, indígenas y mestizos. Este orden direccionó el proceso social, catalogación y asignación de roles en la nación que se construía.

En el siglo XIX se pueden identificar los siguientes grupos sociales:

Los notables. Son sectores que conforman la clase élite dominante, encontramos a: blancos (criollos), propietarios de tierras y bienes urbanos, comerciantes y banqueros. También se incluyen arzobispos, obispos y algunos sacerdotes.

Los sectores dominados estaban compuestos por los siguientes grupos sociales:

Artesanos, tenderos y asalariados. Hacen parte de este sector social: blancos, mestizos, zambos, mulatos, negros libres y pobres, y pequeños propietarios.

Campesinos asalariados, sin tierra o con pequeñas propiedades. Indios de comunidades. miembros de los resguardos indígenas pobres y libres, futuros campesinos desarraigados.

Negros. Hasta la segunda mitad del Siglo XIX, estaban destinados para el trabajo forzado en las plantaciones y en las minas. También se los usaba para el servicio doméstico familiar.

La discriminación se mantenía en los indígenas, los afrodescendientes y mestizos en general. El cambio de súbdito o vasallo en ciudadano, según LaRosa, muestra los siguientes cambios y avances:

La Constitución de 1832 establece, en primer término, que para ser ciudadano de la república, pertenecer a ella, requiere, ser natural del territorio por nacimiento o por naturalización; segundo, son ciudadanos los mayores de veintiún años o los casados con propiedades con un valor mínimo de $300 o rentas por un valor base de $150 y que la obtuvieran sin ser servidores domésticos o jornaleros, además de saber leer o escribir (este requisito se aplazó hasta 1850).

La Constitución de 1843 determinó como obligatorio, pagar las contribuciones directas correspondientes a los bienes o ganancias que se debían, para ser considerados ciudadanos.

La Constitución de 1853 redujo los requisitos a ser varón mayor de veintiún años o que se esté casado.

La Constitución de 1886 estableció que son ciudadanos los colombianos varones mayores de veintiún años que ejerzan profesión, arte u oficio, o tengan ocupación lícita u otro medio legítimo y conocido de subsistencia.

En 1936, se dejó la ciudadanía en los varones mayores de veintiún años, quitando lo demás. Un cambio fundamental se dio en 1957, cuando la reforma de la Constitución reconoció a la mujer los mismos derechos políticos de los varones, y que se es ciudadano colombiano a partir de los dieciocho años.

En la Constitución de 1991, la ciudadanía implicó que todas las personas, hombres o mujeres, indígenas o afrocolombianos, en cuanto ciudadanos eran seres homogéneos.

Como podemos ver, estas reformas son el resultado de movimientos sociales que ven la necesidad de ampliar la base participativa del Estado colombiano.

7.13 Educación y cultura siglo XIX

La acción de la iglesia en el transcurso del siglo XIX, fue contraria a las iniciativas impulsadas por el liberalismo como la reforma educativa, la implementación del matrimonio civil, el divorcio, la independencia del estado respecto de la iglesia.

Con la Constitución de 1886, la iglesia recobra su influencia en el manejo del Estado, se establecen los vínculos entre la iglesia y el Estado y se firma el Concordato entre el Vaticano y Colombia en 1887. Recobró su control sobre la educación con carácter religioso y guiada por la moral cristiana.

La educación pública en este periodo se impulsó lentamente al responsabilizar a las ciudades de fundar una escuela, mantenerla con los aportes de sus pobladores y que también deberían pagar el salario de los maestros. Se obligaba a que cada uno de los conventos abriera una escuela que sería dirigida y financiada por los religiosos. Los maestros debían enseñar lectura, escritura, matemáticas y los dogmas de la moral cristiana. Se preocupan un poco por mejorar la infraestructura, dotación y cobertura. Vieron la educación con criterio utilitarista. En los tiempos de Santander se creó colegios en distintas partes del país.

El italiano, Agustín Codazzi (1793-1859), aceptó el encargo de elaborar la cartografía del país, publicó la "Jeografía física y política de las provincias de la Nueva Granada". Felipe Pérez (1836-1891), redactó el texto de la geografía física con base en los cuadernos de campo de Codazzi.

En Botánica, el médico José Jerónimo Triana en 1856, entregó un herbario de 38 volúmenes que en total contenían cerca de 4.000 especies, y éste fue depositado en el Museo de Historia Natural donde una tercera parte se perdió en los continuos traslados de local.

Un logro bien importante fue la fundación, en 1867, de la Universidad Nacional de Colombia en Bogotá. Hubo un florecimiento cultural, literatura costumbrista, la novela romántica de Jorge Isaacs, María (1867), en la que el autor ofrece una evocación de la vida en la hacienda, El paraiso" del Valle del Cauca.

El régimen liberal hizo un esfuerzo notable por revitalizar la educación primaria, que muy poco había progresado desde la década del 30. Un decreto expedido en 1870 por el presidente Salgar, establecía la instrucción primaria gratuita y obligatoria en todo el territorio nacional, además de darle un carácter de neutralidad religiosa. Para que asesorara se trajo una misión alemana de expertos con el fin de que se enseñara los últimos avances de la teoría y la práctica pedagógicas. El gobierno destinó un 4% de su presupuesto para la educación.

Hacia el año de 1870 el gobierno afirmaba que la educación religiosa debía ser impartida por representantes de las iglesias, en horas específicas, para aquellos alumnos cuyos padres así lo solicitaran, pero los activistas católicos y conservadores presionaron a familias, autoridades locales para que se alejaran de las escuelas públicas. Esto y otros factores, ocasionaron una rebelión conservadora en 1876.

Después de la Independencia, se escribieron odas, cantos, himnos, poesías a los héroes que se destacaron en las guerras independentistas.

Con la llegada de la imprenta aumentan los artistas y los escritores. Escritores destacados: Jorge Isaacs, Julio Arboleda, Gregorio Gutiérrez González, Luis Vargas Tejada, José Eusebio Caro, Rafael Pombo, Tomás Carrasquilla, José Asunción Silva, José Eustasio Rivera, Guillermo Valencia, Julio Flórez, Porfirio Barba Jacob.

En 1871, se funda la primera Academia de la Lengua Española en América; el periódico liberal El Espectador, por Fidel Cano Gutiérrez el 22 de marzo de 1887 en Medellín.

Se introduce la telegrafía eléctrica desarrollada por Samuel Morse y Alfred Vail (1844), y luego la inalámbrica o radiotelegrafía de Guillermo Marconi (1897). A las 5 de la tarde del 1 de noviembre de 1865 se transmitió por primera vez en Colombia un telegrama, y así se inició el desarrollo de las redes telegráficas en el país que permitieron la comunicación inmediata entre lugares distantes del territorio nacional y años después con el resto del mundo.

CAPÍTULO VIII

¿Cuáles son las fases de desarrollo del capitalismo en el mundo?

8.1 Capitalismo premonopolisla o de libre concurrencia

El capitalismo, "se basa en la propiedad privada capitalista de los medios de producción y la explotación del trabajo asalariado…Organización dividida en dos clases fundamentales cuyos intereses son diametralmente opuestos: la clase de los capitalistas, propietarios de los medios de producción, y la clase de los proletarios, carentes de propiedad y de medios de subsistencia, por lo que, ante las amenazas del hambre, se ven obligados a vender constantemente su fuerza de trabajo a los capitalistas…En su afán de ganacias los capitalistas sostienen entre sí una enconada lucha competitiva" (Borisov. Diccionario de economía política. p.161)

El capitalismo de libre concurrencia se genera desde el siglo XVI hasta fines del siglo XIX; es un sistema o un modo de producción donde el funcionamiento de la economía de la sociedad se fundamenta en las leyes de mercado, en la competencia y el interés individual. En un sistema capitalista se encuentra la clase dueña del capital y por ende de los medios de producción, y la clase obrera que es quien realiza el trabajo. Entre sus principales características podemos mencionar:

- El mercado se rige por la libre competencia de la ley de oferta y demanda. El intercambio se realiza mediante el comercio libre, mínima intervención estatal, la mayor parte de los medios de producción es privada, la interacción de las leyes de la oferta y la demanda forma y regula los precios con los cuales se intercambian los bienes y servicios, las personas con recursos económicos pueden abrir cualquier tipo de empresa, los consumidores tiene la libertad de elegir lo que desean consumir, buscando que el producto cumpla con sus necesidades y esté a su alcance.

- En una sociedad capitalista toda la inversión realizada está enfocada a obtener utilidades económicas. Ello lleva a una desigualdad de oportunidades y termina por conducir a situaciones de dominación del empleador sobre el empleado e incluso de exclusión social.

8.2 Imperialismo

Lenin, se dedicó a estudiar esta nueva etapa del capitalismo. Los rasgos fundamentales de este período, según este autor, son:

> "a) Surgimiento de los monopolios.
> b) Surgimiento del capital financiero.
> c) Exportación de capitales.
> d) Formación de las asociaciones internacionales monopolistas que se reparten el mundo.
> e) Reparto del mundo entre las grandes potencias" (Harnecker, Marta. Imperialismo y dependencia. p.11)

El surgimiento de los monopolios. Los monopolios surgen a causa de la concentración de la producción en grandes empresas con miles de obreros, de las cuales son dueños unos pocos capitalistas. Las ventajas del monopolio son la imposición de precios de venta y de compra. Los monopolios de los diferentes países luchan entre ellos bajo diversas formas, han originado 2 guerras mundiales. Asimismo, al interior de los países, los monopolios compiten entre sí por dominar el mercado dentro de las distintas ramas de la producción.

El surgimiento del capital financiero. Los bancos compran acciones de los monopolios industriales y estos adquieren acciones de los bancos. Se produce así, a comienzos del siglo XX, la unión del capital bancario e industrial, dando nacimiento al capital financiero y la oligarquía financiera, que tiene un gran poder económico.

La exportación de capitales. El capital extranjero pasa de exportar mercancías, especialmente productos manufacturados, a exportar capitales a Colombia construyendo empresas debido a que la mano de obra es mucho más barata; o haciendo préstamos al gobierno e inversionistas colombianos. La deuda externa colombiana al año 2017, según el economista William Gaviria Ocampo es de 124.000 millones de dólares y en 10 años más la proyecta a 224.000 millones, lo cual se vuelve impagable.

Formación de las asociaciones internacionales que se reparten el mundo. Los capitalistas de los países extranjeros se agrupan en carteles, sindicatos y trusts para obtener más ganancias al controlar materias primas, precios de compra y de venta de mercancías.

Según el Diccionario de Economía Política de Borisov, Zhamín, Makarova y otros, se precisan los siguientes términos:

El cartel. Es una asociación capitalista basada en un acuerdo sobre distribución de mercados, precios únicos, reparto de materias primas, condiciones de contratación de mano de obra, unidad de cálculo de ganancias, limitación de la producción y establecimiento de una cuota para cada uno de los integrantes del cartel en la producción y la venta. Conservan su autonomía productiva, comercial y jurídica.

El sindicato. Constituye una alianza de capitalistas en la que la venta de la producción de todos sus participantes, así como la compra de materia prima, se realiza a través de oficinas comunes, lo que permite vender más caro y comprar más barato. Por consiguiente, los participantes en los sindicatos pierden su autonomía comercial, a diferencia de los carteles.

El trust. Es una alianza de capitalistas cuyos componentes pierden por completo, su independencia productiva, comercial y jurídica, convirtiéndose en socios poseedores de acciones según el valor de sus empresas. La dirección regula la producción, determina las condiciones de venta y los precios, decide la distribución de beneficio, etc.

El reparto del mundo entre las grandes potencias. Según Lenin, la etapa imperialista del capitalismo se caracteriza, por el hecho de que los países capitalistas ya han terminado por conquistar todas las tierras no ocupadas de nuestro planeta y, por lo tanto, por primera vez el mundo se encuentra ya repartido entre las grandes potencias. El reparto se hace a través de guerras; se han presentado ya dos guerras mundiales, la tercera guerra puede darse de un momento a otro porque la competencia continúa.

8.3 La Financiarización

Es otra fase de desarrollo del capitalismo que se comienza a generar a fines del siglo XX con el capitalismo transnacional que busca la expansión del capital conformando un único mercado capitalista mundial aprovechando materias primas, mercados, mano de obra barata, para obtener mayores ganancias. Entre las naciones se dan relaciones de dominación, exclusión, incremento de la desocupación, la pobreza, la marginalidad, no se someten a las recomendaciones medioambientales y se presenta un intercambio desigual. Antonio Antón, en el artículo, La finaciarización destrruye las bases del trabajo, describe las siguientes características:

> "1) Busca la privatización de las empresas estatales exitosas para obtener más ganancias las multinacionales.
> 2) Se condena el proteccionismo de los países subdesarrollados en tanto que las mercancías de los países poderosos pueden invadir de mercancías a estos países (apertura comercial para los países desarrollados).

3) La desaparición de las fronteras para las instituciones financiaras llamadas megaempresas.

4) Devaluación de la moneda nacional para que salga beneficiado el dólar.

5) Desprotección de los trabajadores para reducir costos laborales para que ganen más los empresarios.

6) Desaparición de las fronteras geográficas, materiales y espaciales para las redes de comunicación, desde Internet a los teléfonos móviles, haciendo realidad la llamada "ALDEA GLOBAL".

7) Consolidación de la empresa transnacional en el proceso de creciente internacionalización o mundialización del capital financiero, industrial y comercial, nuevas relaciones políticas internacionales.

8) La globalización aumenta la riqueza de los dueños de las tecnologías y del capital.

9) No se contempla ningún mecanismo de redistribución de la riqueza"(p.1)

8.4 Atraso y dependencia

Hay dos visiones o formas para explicar el atraso de los pueblos:

Una que es impulsada por los Estados, las transnacionales, medios de comunicación y clases dominantes de los países dependientes, la cual no se ajusta a la verdad histórica, al sostener que el atraso se debe a que los trabajadores son numerosos por la explosión demográfica; que son débiles en el rendimiento en el trabajo debido al hambre, a las enfermedades, al analfabetismo, a la falta de especialización de la mano de obra y al carácter poco desarrollado de sus instrumentos de trabajo, etc. Por lo tanto, se necesita mejorar los medios de trabajo, como son la maquinaria, las instalaciones, los medios y vías de transporte, instalar nuevos centros de producción, etc., recurriendo a la "ayuda externa", mediante inversiones necesarias para producir el avance económico que se necesita para acortar la distancia que los separa de los países avanzados.

La otra visión de carácter científico, explica que el atraso y escaso desarrollo de los países latinoamericanos, tienen sus raíces en la dependencia externa, primero de España donde los conquistadores venían movidos por el interés de enriquecerse y alcanzar el poder económico y el prestigio social que no habían podido alcanzar en la metrópoli. Con la decadencia de España y Portugal respecto a Inglaterra y otros países de Europa, se crean las condiciones externas que estimulan los movimientos de independencia nacional de sus colonias.

Una vez independientes amplían sus relaciones con los países capitalistas desarrollados, en especial con Inglaterra. Esto se hace principalmente a través del aumento de exportación de sus materias primas e importando productos manufacturados de esos países, y estableciendo un sistema de préstamos que obliga a estos países a pagar intereses cada vez más altos, causando así la deuda externa.

Hacia fines del siglo XIX, el capitalismo pasa a su etapa más avanzada (imperialismo). Estados Unidos llega a ser dominante después de la Primera Guerra Mundial. El hecho de comprar y vender productos, fundamentalmente a un solo país, produce lo que se llama el fenómeno de la dependencia comercial.

EE.UU, exporta maquinaria y equipos pasados de moda para ellos, pero que significan un gran "avance" tecnológico para los países "atrasados". Los industriales para poder subsistir se unen con el capital extranjero conduciendo a los paises a una mayor dependencia. Se depende de la tecnología moderna que los países "atrasados" no producen. Se crean así las condiciones de una nueva forma de dependencia, la dependencia tecnológica. Las industrias de los países "subdesarrollados" no caminan sin sus máquinas, sin sus repuestos, sin sus fórmulas de producción, etc.

Los países atrasados se endeudan y pasan a la dependencia de financiarización, (empréstitos, inversiones, etc). Las potencias imperialistas impiden que los países neocoloniales establezcan su propia industria, en particular la conducente a un alto desarrollo científico-tecnológico, base de su posible independencia política, económica y cultural.

CAPÍTULO IX

¿Cómo es la organización económica, política, social y cultural de Colombia en el siglo XX y XXI?

9.1 La tierra en el siglo XX y XXI.

Como herencia del siglo XIX en cuanto a la tierra, la llamada independencia y guerras civiles trajeron como consecuencia el traspaso de la tierra de los terratenientes a los comerciantes quienes se hicieron dueños de la tierra por remate, constituyéndose en una oligarquía comerciante terrateniente. O sea no se resolvió el problema de la tierra, cual es, de entregar la tierra para quien la trabaja.

Antonio García en el ensayo Esquema de una república señorial, hacia los años veinte, señala que el sector agrario presentaba las siguientes características en el siglo XX:

> "a) Persistencia histórica del latifundio y la aristocracia terrateniente,
> b) Adjudicación en gran escala de territorios baldíos a no cultivadores, en pago de servicios militares o políticos,
> c) Dedicación de las tierras agrícolas en los valles, llanuras y altiplanos al pastoreo,
> d) Transformación de la tierra en un bien de especulación o de inversión financiera,
> e) Ausencia casi total de horticultura,
> f) Éxodo continuo de trabajadores campesinos impulsados por las obras públicas y las

ciudades en expansión, haciéndose crónico el déficit de alimentos y el desperdicio de las tierras,
g) Subsistencia de la aparcería como un método medieval de pago de la renta de la tierra en trabajo o en especies,
h) Existencia de un salario campesino varias veces inferior al salario urbano,
i) Exterminio implacable de los pueblos indígenas"(Machado, 2009, p. 170)

Hacia la década del 30 se continúa con la presencia de grandes extensiones de tierra sin cultivar y amplia población campesina sin tierra para desarrollar su actividad agrícola.

Con la Ley 200 de 1936, el gobierno de López Pumarejo, no resolvió el problema de la tierra por la oposición de la clase latifundista, en cambio si legalizó la propiedad de dudosa adquisición de los grandes terratenientes, se permitió a los hacendados la compra de mejoras a los arrendatarios y colonos. Los baldíos inexplotados no regresaron al Estado, las tierras que se encontraban alrededor de los ferrocarriles, las carreteras, los canales de irrigación, las obras públicas, se valorizaron, y no se entregó la tierra a quien la trabaja.

Después de la Ley 200 de 1936, las disputas por tierras disminuyeron debido al crecimiento industrial, la mejora de los salarios, el reconocimiento legal de sindicatos y ligas campesinas, la recomposición de fuerzas políticas y el progresivo deterioro del poder del partido liberal fueron factores que influyeron directa e indirectamente en esa baja intensidad de las luchas.

Sin embargo, con la Segunda Guerra Mundial, el fascismo, el nazismo, las ideologías conservadoras, la violencia partidista y el recorte de las libertades democráticas, hacen que la hegemonía conservadora sustentada en el poder de la Iglesia y la doctrina anticomunista vea a los liberales como comunistas, los persiguen y les cierran todo tipo de participación política después del asesinato de Gaitán en 1948. Así mismo, se crean las condiciones para el surgimiento de las primeras guerrillas liberales y grupos de autodefensa campesina, que serían a su vez los antecedentes más inmediatos del surgimiento de grupos armados en el campo, que derivarían en los sesenta en la creación de las FARC.

Las luchas agrarias continuaron como parte del proceso iniciado en los años veinte y treinta, con nuevas modalidades, ahora armadas, ante la arremetida conservadora y el cierre de los canales democráticos. La dictadura de Rojas Pinilla decretó una amnistía para la desmovilización de buena parte de los grupos campesinos que se habían alzado en armas para defenderse.

En este período se da la llegada de misiones extranjeras para recomendar procesos de modernización al estilo norteamericano, en el caso de la agricultura; el surgimiento del régimen cubano de Fidel Castro, que introdujo preocupaciones políticas en el transcurso de la guerra fría para los países de América Latina; el nacimiento de las primeras guerrillas y grupos de autodefensa campesinas; la creación del Frente Nacional como pacto bipartidista que dio cauce a un proceso político de alternación, fundamentado en la exclusión política de los opositores al régimen y sin posibilidad de que participaran en los gobiernos de los siguientes 16 años.

Trujillo Inés Paola, en el artículo Reformas agrarias en Colombia: experiencias desalentadoras y una nueva iniciativa en el marco de los Acuerdos de Paz en la Habana, sustenta que la Ley 135 de 1961-INCORA, Ley 60 de 1994-INCODER, los objetivos perseguidos a través de las distintas reformas agrarias en el país están concentrados en cuatro acciones concretas:

> "I) Los programas de redistribución de tierras, en tres modalidades: por compra, por expropiación y por cesión de tierras a través del Fondo Nacional Agrario - FNA.
> II) La formalización de derechos adquiridos a través de la tradición de la posesión (titulación de baldíos) y colonización.

III) La definición de derechos históricos de
comunidades indígenas (creación o ampliación de resguardos) y titulación colectiva a
comunidades negras y,
IV) Adjudicación de subsidios integrales"
(p. 170)

El problema de la tierra en Colombia, es grave, Gómez Nadal
Paco, en el artículo de noviembre de 2016, teniendo como referencia el Informe del Centro Nacional de Memoria Histórica,
Tierras y Conflictos Rurales, muestra que el gran asalto a la propiedad rural se dio entre 2000 y 2008 de manera forzada; están
entre 10 millones de hectáreas, según el movimiento nacional de
víctimas.

"El despojo estuvo muy relacionado con el
accionar paramilitar y se produjo, con especial intensidad durante los gobiernos de Andrés Pastrana (1998-2002) y de Álvaro Uribe
Vélez (2002-2010), cuando estuvo vigente la
denominada política de Seguridad Democrática" (p.1)

En el año 2013 el Superintendente de Notariado y Registro, Jorge Enrique Vélez, en los debates de control político sobre el tema
de los baldíos, advirtió que el 77% de los baldíos no están en manos
de las personas originarias a las que se les tituló; desde 1961 han
sido titulados 517 mil predios baldíos, 336 mil antes de la Ley 160
de 1994 y 180 mil después de esta Ley, pero entre el 65% y 80% de
estas tierras ya fueron vendidas a otros "propietarios".

En este fenómeno han incidido los paramilitares, al auge de
ciertos cultivos agroindustriales (como la palma africana) y de
los biocombustibles, los cultivos de uso ilícito o el boom minero
energético. Esto se ha presentado no solo por efecto del narcotráfico y del conflicto armado, sino también por la corrupción en las
esferas gubernamentales, en la dirigencia política y en miembros
de las élites económicas del país.

Gómez Nadal, teniendo en cuenta el Informe de Memoria Histórica, antes mencionado, hace conocer cuatro estrategias para el despojo de tierras:

> **"Uno de carácter 'estratégico'**, más relacionado con la lucha antisubversiva de grupos paramilitares y que buscaba restar control territorial a las guerrillas mediante el desplazamiento del campesinado y la acumulación de tierras para sumar poder en las regiones de confrontación.

> **El segundo modelo ha sido el 'clientelar'**, en el que lo que se buscaba era consolidar el apoyo político local a las acciones paramilitares y que supone la alianza entre estos últimos, políticos locales y regionales y funcionarios militares y no militares. Para ello, los paramilitares presionaban la usurpación y transferencia de propiedades a antiguos dueños o a terratenientes vecinos para la ampliación o el inicio de nuevas explotaciones.

> **El tercer perfil es el despojo 'oportunista'**, en el que mandos paramilitares han aprovechado "su posición en los grupos" para despojar de tierras a campesinos en beneficio propio.

> **Un cuarto elemento es el Plan Patriota**, con el incremento de las fumigaciones que no distinguían entre cultivos lícitos e ilícitos y que provocaron el desplazamiento y abandono de tierras de miles de campesinos.

> Generalmente alguien deja su tierra por conflicto armado, por presión de los "proyectos de desarrollo", por razones ambientales o por catástrofes; pero en el caso de Colombia, se debe añadir la fumigación de cultivos de

uso ilícito, la estigmatización de poblaciones campesinas como guerrilleras y las incursiones de la fuerza pública, incluso, las políticas económicas, entre la que se destaca la denominada como "apertura económica" desarrollada por el Gobierno de César Gaviria, por dificultades de acceso a crédito, la imposibilidad de tenencia de la tierra y las consecuencias de tratados de libre comercio con países que producen a menores costos, han expulsado, y continúan haciéndolo, a productores rurales"(Gómez, p.3)

En el siglo XXI, en el propósito de buscar una solución política al conflicto armado que vive Colombia desde hace más de 50 años, el 18 de octubre del 2012, inició de manera formal el proceso de paz entre el gobierno de Juan Manuel Santos, en representación del Estado colombiano, y las Fuerzas Armadas Revolucionarias de Colombia-FARC, en Oslo - Noruega, y se firma en noviembre de 2016, en la Habana - Cuba, el Acuerdo donde uno de sus primeros puntos es la reforma rural integrada, que de acuerdo con los documentos publicados en las Cartillas del Alto Comisonado de Paz, tiene la siguiente caracterización:

Reforma Rural Integral. Tiene como objetivo contribuir a la transformación estructural del campo, cerrando las brechas entre el campo y la ciudad, creando condiciones de bienestar y buen vivir para la población rural y constituye uno de los componentes centrales del Acuerdo de Paz. Para lograr su propósito propone atacar de raíz la concentración de la tenencia de la tierra y el acceso desigual, que se han identificado como principales causas del conflicto armado en el país.

Está integrado por tres componentes: - Acceso y uso de la tierra (Fondo de tierras, subsidios y créditos, formalización de millones de hectáreas, cierre de la frontera agrícola, fortalecimiento de las zonas de reserva campesina, catastro multipropósito, jurisdicción agraria, participación ciudadana en el ordenamiento territorial), - Programas de Desarrollo con Enfoque Territorial (PDET) (se iniciará en 16 subregiones del país afectadas por la pobreza, el impacto del conflicto armado, la débil capacidad institucional, la presencia de cultivos de uso ilícito y otras economías ilegítimas) y - Planes Nacionales para la Reforma Rural Integral (infraestructura, desarrollo social, estímulos a la economía campesina, garantía progresiva del derecho a la alimentación)

Los propósitos de la RRI contemplan:

1. Lograr la democratización del acceso a la tierra en beneficio de las comunidades rurales más afectadas por la pobreza, el abandono estatal y el conflicto

2. Proteger las áreas de reserva ambiental del país.

3. Lograr una transformación estructural del campo que asegure el bienestar y el buen vivir de la población en zonas rurales y la garantía efectiva de todos sus derechos.

4. Garantizar el desarrollo de la economía campesina y familiar como base de la soberanía alimentaria del país

5. Facilitar la articulación urbano-rural a través del cierre de la brecha social entre el campo y la ciudad.

6. Superar la pobreza rural.

7. Lograr la integración de las regiones más afectadas por el conflicto a través de la inversión social.

Si bien estas determinaciones significan avances, a continuación se mencionan las llamadas "salvedades" que hicieron las FARC, a la firma del Acuerdo; es decir, las propuestas negadas por el Gobierno de Santos, relacionadas con: los mecanismos de erradicación del latifundio, de la extranjerización de la tierra, de las concesiones minero-energéticas y de agro-combustibles, de revisión de los tratados de libre comercio, de los ajustes al ordenamiento territorial; a la creación de territorios campesinos, al estatus de las Zonas de Reserva y de las propuestas Zonas de Producción de Alimentos, a la defensa del medio ambiente, del agua y de los recursos no renovables, al reconocimiento de los Derechos del Campesino adoptados por la ONU, a la regulación del derecho real de superficie y a la creación de un Consejo Nacional de la Tierra.

Para tener un referente acerca de la problemática y soluciones al problema de la tierra hacemos conocer las Peticiones de Mesa Nacional Agropecuaria Popular de Interlocución y Acuerdo (MIA) para el acceso a la propiedad de la tierra:

> Se exige la adjudicación y dotación de tierras a los campesinos, indígenas y afrocolombianos, que carecen de ella, la poseen de manera insuficiente o están en posesión de baldíos que no han sido adjudicados, para lo cual debe ordenarse la compra de tierras en cantidad suficiente y de buena calidad, y la titulación inmediata de las tierras baldías que ocupan los campesinos, que cumplen los requisitos para ser adjudicatarios.

> La compra directa de tierras para ser tituladas de manera colectiva a las comunidades afrodescendientes e indígenas.

> Detener la política de extranjerización de tierras; esclarecer las operaciones o transacciones que han permitido su extranjerización; revertir estas operaciones y que las tierras revertidas formen parte del fondo para la adjudicación y dotación de quienes no la tienen.

> Iniciar, adelantar y culminar en el término máximo de un (1) año, los procedimientos de extinción administrativa de dominio de las

tierras poseídas por campesinos, para luego adjudicarlas a éstos.

Detener la reformulación del tamaño de la Unidad Agrícola Familiar (UAF) y en todo caso no disminuir la extensión que actualmente está definida.

Se exige reconocimiento a la territorialidad campesina.

La delimitación y constitución inmediata de las Zonas de Reserva Campesina en los territorios en los que ya se cumplieron todos los trámites para su constitución.

Iniciar y culminar los trámites de delimitación y constitución de las Zonas de Reserva Campesina en los territorios que las comunidades soliciten, en un término de mayor de un (1) año a partir de la solicitud.

La financiación y ejecución de los planes de desarrollo sostenible en las Zonas de Reserva Campesina constituidas y las que se constituyan. (Pliego Nacional de Peticiones Agropecuarias y Populares,de la Mesa Nacional Agropecuaria y Popular de Interlocución y acuerdo (MIA), agosto 5 de 2013)

Alejandro Reyes Posada, asesor de la delegación del gobierno en la negociación del punto agrario de las conversaciones de paz con las Farc en La Habana entre octubre de 2012 y mayo de 2013, en el artículo "El problema de la tierra en Colombia", muestra los siguientes aspectos a tenerse en cuenta para resolver dicha problemática:

En Colombia hay acaparamiento de los mejores y extensos valles planos para ganadería extensiva, desplazamiento del campesinado a tierras pendientes de laderas de montañas; el acaparamiento improductivo de las mejores tierras fértiles ha sido la fuente de enriquecimiento exagerado de familias dominantes. Los poderosos mediante la violencia han despojado de tierras a los pequeños y medianos propietarios, el régimen de propiedad de la tierra, ha beneficiado la gran propiedad, dejando por fuera los derechos de muchos pequeños campesinos, el despojo de 430.000 familias campesinas desplazadas que se han refugiado en la indigencia urbana que claman por una intervención por parte del Estado; el peor efecto social de no restituir las tierras a los desplazados es la frustración de los proyectos de vida de las víctimas, pues cuatro de cada cinco cayeron bajo la línea de indigencia.

- Se necesita adelantar un reconocimiento y titulación de los derechos de campesinos, indígenas y afrocolombianos al territorio productivo. Crear un Fondo de tierras planas y fértiles que aporten nuevos territorios para los campesinos, indígenas y afrocolombianos; por razones de justicia, ambientales y de convivencia. Proteger los bosques amazónico, pacífico y de piedemontes andinos, donde se da la propagación de los cultivos ilícitos y la ganadería extensiva de muy baja productividad y grave agotamiento de los suelos.

- Estos cambios fundamentales se lograrían expidiendo un Estatuto de derechos de la tierra, para que las actividades humanas no violen las leyes de la naturaleza, pues "su venganza" será terrible.

9.2 Economía siglo XX y XXI

La industrialización colombiana se inicia con el capital de familias dedicadas al comercio, con la contribución del Estado y con la presencia de transnacionales y de migrantes.

Sarmiento, establece las siguientes fases de desarrollo del capitalismo en Colombia:
Una industrialización incipiente a fines del siglo XIX a partir de la formación de un mercado interno, producción artesanal y

manufacturera con capital nacional, baja tecnología y promoción estatal, exportador agrario minero que avanza hasta 1945.

En ese contexto,

> "La Cervecería Bavaria fue fundada en 1891, organizada por un inmigrante alemán, Leo Kopp...A la vez, desde el alba de la industrialización, el capital norteamericano controlaba el petróleo, el enclave bananero y la intermediación del café... Coltejer (fundada en 1907 por la familia Echavarría en Medellín), Avianca (empresa colombo-alemana fundada en Barranquilla, en 1919), Cadenalco (creada en 1922 en Barranquilla, como la tienda de misceláneas LEY), Esso Colombiana (nació en 1931, propiedad de Rockefeller; perteneciente a la empresa Tropical Oil Company), el Fondo Nacional del Café (en 1940); se crea en 1944 la Asociación Nacional de Industriales (Andi)...Los centros industriales se ubican en su orden en Bogotá, Medellín, Barranquilla y Cali... protección de la industria, mercado en expansión y las desigualdades sociales". (Sarmiento, El Nuevo espíritu del capilaismo y la Economía Colombiana, p. 9)

En 1945 se cerró la fase de industrialización financiada por capital nacional, protección y subsidios estatales y dió paso al desarrollo de industrias más complejas en sectores de la química, metalmecánica, ensamblaje, microelectrónica, las comunicaciones, se necesitó mayor inversión, conocimientos técnicos avanzados, fuerza de trabajo educada, inversión extranjera directa, inversión de capital y presencia de transnacionales; proceso que comienza a declinar a partir de 1970.

Sarmiento, registra que en este periodo se crean:
> la Flota Mercante Gran Colombiana (sector naviero, creada en 1946 y liquidada en 1997).

Acerías Paz del Río (fundada en 1948, por iniciativa del gobierno colombiano, para explotar las minas de hierro y carbón de Boyacá)." Ecopetrol (la reversión al Estado colombiano de la Concesión De Mares, el 25 de agosto de 1951, dio origen a la Empresa Colombiana de Petróleos). Colmotores en 1956 con el apoyo del gobierno nacional... Las más tradicionales y emblemáticas textileras nacionales (Coltejer, Fabricato, Tejicóndor y Enka... Las empresas de servicios públicos organizadas por el Estado...unidas a las licoreras departamentales, se vieron afectadas por la corrupción, los sobornos, el clientelismo y la politiquería...En el periodo el Estado se interesa por crear bancos, industrias, licoreas, empresas de servicios públicos. En lo privado sobresalen tres conglomerados predominantes por entonces eran el Grupo Cafetero, la familia Santo Domingo y la Organización Ardila Lülle; (Sarmiento, p.11)

Hacia la década del 70 se inicia el proceso de debilitamiento del impulso del Estado a la economía, traduciéndose en reducción de la intervención pública, privatización y desnacionalización de la propiedad pública, corrupción, clientelismo e impunidad, desmonte de políticas sociales. Este proceso se concreta en los gobiernos de Virgilio Barco y César Gaviria (década de los 90). Esta fase se conoce con el nombre de Financiarización.

En el periodo "hubo fusiones, compras, ventas y alianzas; muchas empresas colombianas fueron al mercado externo para expandir sus negocios, algunas por la vía de las exportaciones y otras instalándose directamente en esos mercados; la inversión extranjera directa llegó por montones al país... Colombia se convirtió en un destino atractivo para los inversionistas... Las cinco dimensiones que configuran el nuevo espíritu del capital mundial permean y dinamizan las empresas nacionales: I) privatización, desnacionalización e internacionalización; II) financiarización, esto es, control del capital financiero sobre el productivo; III) neoliberalismo: globalización, apertura económica y mercado como principal regulador de la sociedad y la economía; IV) debilitamiento de la conciencia, organización y luchas de la clase trabajadora; V) incorporación de las tecnologías de tercera y cuarta revolución industrial, generadoras de desempleo tecnológico y de concentración y centralización del capital"(Sarmiento, p 15) .

Sarmiento, también señala que los inversionistas se dirigieron a la compra masiva de tierras. Cita como ejemplos que Argos S.A. y su empresa filial compraron y englobaron 12.500 hectáreas de las tierras de campesinos desplazados por la violencia de los Montes de María; Luis Carlos Sarmiento Angulo posee más de 12.000 hectáreas de palma y 4.000 de caucho en el Meta; la empresa Manuelita, tiene 37.000 hectáreas entre Meta y Casanare; Riopaila Castilla S.A. posee 40.000 hectáreas en Vichada. Muchas empresas nacionales se transformaron en conglomerados gigantes con presencia en otros paises (Empresas Públicas de Medellín). Por parte del Estado en el gobierno de Uribe Vélez la entrega de millonarios subsidios agrícolas a grandes hacendados.

Mientras lo enunciado se da en lo ecónomico, según el registro oficial de la Unidad para las Víctimas de la Presidencia de la República, el conflicto interno bélico dejó un saldo de 8 millones de víctimas durante el período 1985-2015. Los datos institucionales referencian 230.000 asesinatos, 45.000 desaparecidos, 6,8 millones de desplazados por la violencia y el despojo de 4,2 millones de hectáreas de tierra productiva a los pobladores del campo.

9.2.1 El extractivismo. Es un modelo que se divulga ante la opinión pública como una necesidad de explotar los recursos naturales por las empresas extranjeras y nacionales con amplias garantías para ellos para que el país con dichos ingresos haga inversión social en la población. Se explotan minerales, biocombustibles, hidrocarburos, petróleo, gas, flores, hay tráfico de especies animales, entre otras. El Estado se compromete a proteger las compañías extranjeras.

La extracción de nuestros recursos naturales bajo diferentes técnicas incluida la del fracking o fracturación hidráulica, incide en el deterioro del suelo. Los ambientalistas han estudiado el tema y han identificado los impactos de esta técnica, entre otros:

- Disminución de disponibilidad del agua.
- Contaminación de las fuentes de agua por la utilización de químicos y materiales radioactivos que se encuentran en el subsuelo.
- Impactos sobre la salud por tener altos niveles de sustancias tóxicas.
- Emisión de gases y su contribución al calentamiento global.
- Otras afectaciones: la ganadería, la agricultura y el turismo.

Los factores anteriores afectan la calidad de vida, la salud y tranquilidad de las poblaciones.

Ante demandas presentadas al Consejo de Estado sobre el uso de la técnica desde el año 2014, este organismo consideró adecuado aplicar la medida cautelar de suspensión provisional de los actos administrativos por medio de los cuales el Gobierno Nacional fijó, en 2014, los criterios para la exploración y explotación de hidrocarburos en yacimientos no convencionales a través del llamado fracking, teniendo en cuenta el informe de la Contraloría General en el año 2012, señaló que :

> "... el aumento de la sismicidad, la contaminación hídrica y la consecuente afectación de la salubridad provocadas por el fracking son potencialmente riesgosas, con mayor razón si la técnica se desarrollaba en zonas de áreas protegidas y ecosistemas estratégicos, como

los páramos. Igualmente, advirtió que el contexto colombiano imponía unas exigencias particulares que debían analizarse con sumo cuidado… hay pruebas mínimas de daños potenciales derivados de la aparente deficiencia de las medidas adoptadas en los actos administrativos demandados al autorizar una técnica cuestionada". (Informe Contraloria General, 2012)

Como podemos ver, el Estado debe garantizar a las personas los derechos humanos y en específico el de los pueblos indígenas y campesinos al manejo de sus tierras, territorios y recursos naturales, el derecho humano al agua y al medio ambiente sano.

El extractivismo trae como consecuencias la contaminación ambiental, aumenta la dependencia, la pobreza, disminuye la riqueza de los recursos de nuestros suelos y subsuelos, mueren animales activos, hay destrucción de páramos y humedales, escasea el agua, se utilizan aguas subterráneas y hasta se desvían ríos.

Es un hecho también el cambio climático, el calentamiento global, la presencia de nuevos fenómenos en el entorno, se continúan con prácticas inadecuadas del manejo de la industria, de los recursos naturales, de la explotación minera y agropecuaria. Hace falta más conocimiento de la legislación ambiental y de compromiso de los gobiernos del mundo por adelantar cambios y políticas estructurales encaminadas a proteger el ambiente.

"El calentamiento es inobjetable porque las temperaturas promedio aumentan, lo cual implica la probabilidad de sequías, de fuegos arrasadores, lluvias más intensas en algunas áreas, más enfermedades tropicales, aguas más calientes en los océanos, tormentas tropicales más destructivas, aumenta el descongelamiento de los glaciares, presencia de deshielos, elevación del nivel del mar, mayores inundaciones en las comunidades costeras, pérdida de diversidad de especies, entre otros". (Pantoja Jorge y otro, Orientaciones al padre de familia sobre prácticas ambientales en su entorno. Edinar. 2018, p.3)

Todos estos fenómenos deterioran el suelo que es un recurso no renovable que tarda muchísimos años en formarse y con nuestras malas prácticas deterioran su capacidad productiva. Para Capdevila, 2013:

> "El suelo se afecta por la erosión debido a que la lluvia y el viento arrastran sus partículas; por la deforestación quedando el suelo desprotegido y por tanto más expuesto a la acción de la lluvia, del sol y de los vientos; por la sobreexplotación cuando no hay descanso o se introduce más ganado de lo que el pastizal puede alimentar, entonces el suelo se empobrece y termina agotándose" (p. 36)

Es importante conservar los bosques porque controlan la erosión, la fertilidad del suelo, el curso del agua, mantienen la humedad y fertilidad. Proporcionan madera, carbón, resina, pulpa, frutas, tanino, látex y muchos otros productos de uso artesanal, industrial, medicinal y doméstico.

Los bosques se destruyen por la eliminación de árboles, utilización de árboles para leña y la industria, avance de la frontera agrícola, incendios forestales que se pueden originar por la acción solar y del hombre.

> "Los bosques son refugio de muchas especies de animales y plantas, limpian el aire, son las mayores fábricas de oxígeno del planeta, ya que los árboles consumen dióxido de carbono que es un gas contaminante para los animales, pero las plantas lo consumen y liberan oxígeno, que es el gas que los animales necesitamos para sobrevivir" (UNESCO-FAO 2013, p. 13)

Algunos de los recursos que extraemos son: alimentos, medicinas, fibras textiles, madera, aceites, lubricantes, perfumes, tintes, papel, ceras, caucho, látex, resinas, venenos, corcho, lana, seda, piel, cuero, lubricante, ceras y fuentes de energía. Son parte de nuestro patrimonio y atraen el turismo.

El tráfico ilegal de especies silvestres ocasiona daño al equilibrio ecológico al provocar el aumento de plagas, disminuir depredadores y la biodiversidad y contaminación, alteración, destrucción y fragmentación del hábitat.

En consideración a que el problema ambiental es estructural y de todo el planeta, es procedente adelantar acciones conjuntas de todos los pueblos y países del mundo en su defensa y protección comenzando con decisiones constitucionales para que tengan fuerza de cumplimiento como lo han hecho gobiernos como el de la República del Ecuador que ha incluido en la Constitución Política el reconocimiento de los Derechos de la naturaleza. En ella se establece que:

> "La Naturaleza tiene derecho a que se respete integralmente su existencia y el mantenimiento y regeneración de sus ciclos vitales, estructura, funciones y procesos evolutivos. Toda persona, comunidad, pueblo o nacionalidad podrá exigir a la autoridad pública el cumplimiento de los derechos de la naturaleza. El Estado incentivará a las personas naturales y jurídicas, y a los colectivos, para que protejan la naturaleza, y promoverá el respeto a todos los elementos que forman un ecosistema.
>
> La Naturaleza, tiene derecho a la restauración y que esta restauración será independiente de la obligación que tienen el Estado y las personas naturales o jurídicas de indemnizar a los individuos y colectivos que dependan de los sistemas naturales afectados. En los casos de impacto ambiental grave o permanente, in-

cluidos los ocasionados por la explotación de los recursos naturales no renovables, el Estado establecerá los mecanismos más eficaces para alcanzar la restauración, y adoptará las medidas adecuadas para eliminar o mitigar las consecuencias ambientales nocivas.

El Estado aplicará medidas de precaución y restricción para las actividades que puedan conducir a la extinción de especies, la destrucción de ecosistemas o la alteración permanente de los ciclos naturales. Se prohíbe la introducción de organismos y material orgánico e inorgánico que puedan alterar de manera definitiva el patrimonio genético nacional.

Las personas, comunidades, pueblos y nacionalidades tendrán derecho a beneficiarse del ambiente y de las riquezas naturales que les permitan el buen vivir. Los servicios ambientales no serán susceptibles de apropiación; su producción, prestación, uso y aprovechamiento serán regulados por el Estado". (Constitución de la República del Ecuador 2008)

Como estrategia de divulgación y reflexión de la problemática ambiental hacemos conocer algunas fechas ambientalistas que se celebran en algunos países del mundo:

Cuadro 3. Fechas ambientalistas que se celebran en algunos países del mundo

MES	DÍA	CELEBRACIONES
Enero	28	Día mundial por la reducción de las emisiones de CO_2.
Febrero	2	Día internacional de los Humedales.
Marzo	5	Día mundial de la eficiencia energética.
	14	Día internacional contra las represas.
	21	Día forestal mundial.
	22	Día mundial del agua.
	23	Día meteorológico mundial.
Abril	22	Día de la Tierra.
	27	Día del Sol.
Mayo	4	Día internacional del combatiente de incendios forestales.
	9	Día internacional de las aves.
	17	Día mundial del reciclaje.
	22	Día mundial de la diversidad biológica.
Junio	5	Día mundial del medio ambiente.
	8	Día mundial de los océanos.
	15	Día del viento
	17	Día mundial de la lucha contra la desertificación y la sequía.
Julio	7	Día de la conservación del suelo.
Septiembre	11	Día del árbol.
	16	Día mundial para la conservación de la capa de ozono.
Octubre	6	Día mundial del hábitat.
	16	Día mundial de la alimentación.
	17	Día internacional para la erradicación de la pobreza
	18	Día de la protección de la Naturaleza.
	21	Día mundial del ahorro de energía.
	24	Día internacional contra el cambio climático.
Noviembre	26	Día mundial contra el uso indiscriminado de agroquímicos.
Diciembre	5	Día mundial del suelo.
	12	Día de acción global contra el cambio climático.

La ciudadanía también debe ser entendida y definida en un contexto ecológico, no es una cuestión jurídica, abstracta solamente, sino que la ciudadanía se da y manifiesta en territorios.

Los tratados de libre comercio TLC facilitan el ingreso de las tecnologías obsoletas al comprar armas, aviones y máquinas de guerra.

Esta situación obliga a defender los derechos de la naturaleza, a rediseñar las ideas de justicia social y justicia ecológica para atender el daño ambiental y la protección a la naturaleza.

9.2.2 Los tratados de libre comercio TLC. De acuerdo con la Asociación Colombiana de Ingenieros Agrónomos, desde 1990 EE.UU, el FMI y demás instituciones financieras internacionales, impusieron la apertura neoliberal, en consecuencia los gobiernos colombianos han venido marchitando nuestra producción rural al eliminar o debilitar programas de apoyo o estímulos a la producción agropecuaria miemtras se aumentan las importaciones de alimentos, los precios de los insumos agrícolas, los tributos, los intereses. Se acabó con el crédito de fomento, con la asistencia técnica, con la investigación, con el apoyo al mercadeo. Mediante decreto 501 de 1989 en la presidencia de Virgilio Barco, fueron cerrados el IDEMA, Caja Agraria, INDERENA, DRI, INCORA, INAT, entre otros. Se acabaron prácticamente los cultivos de trigo, cebada, algodón, sorgo, ajonjolí, la producción del maíz ha disminuido; el café ha sido golpeado, etc.

Colombia abrió su economía a las multinacionales, desprotegiendo el mercado interno, quitando aranceles y limitaciones a las importaciones; finalmente, consagrando la nueva política económico-comercial en varios Tratados de Libre Comercio (TLC), entre los cuales: el tratado con Canadá, con los países del EFTA European Free Trade Association, con los Estados Unidos y con la Unión Europea.

En los últimos gobiernos, con los TLC se ha intensificado la entrega de nuestro mercado interno, con ello la negación de cualquier posibilidad de construir una economía propia, han sido más numerosas las importaciones de los productos básicos, vegetales y animales, y lo mismo sucede con la producción industrial.

Esto trae como consecuencia desempleo, hambre, pobreza, cinturones de miseria en las ciudades, descomposición e inseguridad social se multiplican; a la par que las grandes riquezas de nuestra nación (carbón, oro, petróleo, coltán, recursos naturales, entre otros), explotación de los servicios públicos caen en manos de las multinacionales.

Por ejemplo el TLC con EEUU, que tiene 23 capítulos y 1.300 páginas, reglamenta en detalle la economía colombiana: exportaciones e importaciones, agro industria y servicios, inversiones extranjeras, sector financiero, telecomunicaciones, propiedad intelectual, compras públicas, asuntos culturales, laborales, ambientales y sanitarios. Algunos dirigentes sociales y políticos lo llaman la Constitución Económica de Colombia. Para otros, los TLC son Actas de sometimiento.

Hoy se necesita rechazar los Tratados de Libre Comercio para proteger la producción nacional. Exigir al Estado la eliminación de las importaciones agropecuarias. Rechazar las privatizaciones. Proteger los recursos naturales renovables y no renovables frente a la voracidad de las multinacionales y los megaproyectos. Alejandro Stévez, gerente de Fedepapa, afirma que las importaciones sí afectan el mercado nacional. Por ejemplo, destaca que hoy se compran en el exterior 20 mil toneladas de papa congelada al año, "eso significa que desplazan 50 mil toneladas de papa fresca del mercado nacional".

9.3 Desarrollo urbano

Colombia hacia la década de los años 30 del siglo XX, pasa de ser predominantemente rural a un proceso masivo de urbanización en el que los polos de desarrollo del país crecieron alrededor de las ciudades de Barranquilla, Bogotá, Medellín, Cali, Bucaramanga. Estas y otras ciudades se convirtieron en referentes de migración para las personas que buscan mejores condiciones de vida.

La migración se da por un crecimiento demográfico y al mismo tiempo por el surgimiento de obras de infraestructura urbanas en los puertos, los ferrocarriles, explotaciones petroleras, por la concentración de la propiedad rural en muy pocos, las ventajas comparativas sociales y económicas entre el campo y la ciudad, por la fragmentación de los predios pequeños y al aumento de las importaciones. Los campesinos deben competir con productos altamente subsidiados y, de acuerdo con los resultados de las últimas encuestas agrarias, mientras la agricultura pierde espacio, la ganadería sigue ganando peso.

En las últimas dos décadas del siglo xx continúa presentándose el desplazamiento con nuevos actores: el paramilitarismo y la influencia económica del narcotráfico como un agente dinamizador del conflicto armado, el cual crece a niveles que originan desplazamientos masivos hacia las cabeceras municipales. El desplazamiento ha afectado a regiones enteras del país, donde la población huye hacia las capitales departamentales como medida desesperada para salvar sus vidas, las ciudades intermedias, de esta manera, conocen un aumento significativo de su número de habitantes.

La vida urbana trae consigo problemas económicos, de inclusión social, de seguridad, de equidad, de movilidad, medioambientales, servicios públicos domiciliarios y de empleo, entre otros.

El surgimiento de grandes ciudades implica problemas de hacinamiento, contaminación ambiental, desarrollo urbanístico incontrolado, surgimiento de barrios marginales que no cuentan con servicios básicos, congestión del tráfico vehicular, contaminación de aguas y de suelos, manejo inadecuado de basuras, escasez de agua, se observa miseria de amplios sectores de la población, escasez de viviendas y problemas de violencia generalizada.

El riesgo ecológico se expresa en el agua porque las cuencas hidrográficas están seriamente amenazadas por la deforestación, lo cual hace que la disponibilidad del líquido para algunas ciudades empiece a ser insuficiente. A las basuras no se le está dando un tratamiento adecuado con el reciclaje, rellenos sanitarios o la industrialización. El problema de la contaminación del aire requiere la iniciación pronta de políticas que disminuyan la emisión de gases. Se hace necesaria la aplicación de un nuevo concepto de desarrollo urbano, el cual implicaría la construcción de ciudades menos extensas, en las cuales los lugares de trabajo, recreación, estudio, etc. se ubicarían más cerca de los lugares de residencia.

9.4. Historia política del siglo XX y XXI

Para esbozar la historia política de los siglos XX y XXI en Colombia nos orientamos en algunos aspectos por la información suministrada en el blog de lormaster respecto a las obras de gobierno desarrolladas por los mandatarios del país y lo considerado por Giraldo Javier, en artículo: Expectativas, logros y dificultades de un proceso de paz; en los hechos de represión y dominación presentados en Colombia.

La primera década se inicia con la guerra de los Mil Días, conflicto armado (1899-1902), que enfrentó al partido conservador, en el poder, contra el liberalismo, en la oposición. En esta guerra se luchó, prioritariamente, por conseguir una reforma política: mayor participación en el Parlamento, más no por las reformas que necesitaba el país en la tierra, en el campo, en la economía y en la vida social del país.

Además de la guerra civil, sucede en el país un hecho trascendental en su vida económica, política y territorial, como ya se explicó en capítulo anterior, la separación del istmo de Panamá,

> "...impulsada por los círculos de Norteamérica interesados en construir un canal interoceánico... EE.UU, apoyó la separación del antiguo departamento de Panamá el 3 de noviembre de 1903. La nueva república panameña, cedió a EE.UU. la zona del canal hasta 1998... Los norteamericanos necesitaban ex-

pandir y consolidar su imperio con el dominio comercial, y político en el continente. En los años siguientes y después de varios enfrentamientos políticos, se sucede la venta oficial del Istmo: En el año de 1921 el Presidente Harding presentó al Congreso norteamericano el tratado de 1914 y éste lo aprobó fijando una indemnización de US 25.000.000 Desde luego, este tratado también fue aprobado por el Congreso colombiano" (Navarro, Roberto. La otra patria boba. 2001, p. 1)

Según la memoria histórica del quinquenio de Rafael Reyes, se caracterizó este periodo por importar los primeros automóviles, impulsar el proteccionismo económico estimulando la industria nacional, facilitar la creación de nuevas industrias, algunas de las cuales fueron subvencionadas para su mejor desarrollo, impulsar la construcción de ferrocarriles y carreteras en varias regiones del país, dar garantías a las inversiones, fomentar la producción bananera, dar importancia a la instrucción pública, a las Escuelas Normales, a escuelas nocturnas para los artesanos, se organizó la Escuela Militar para la formación de la oficialidad del Ejército y la Escuela Naval.

En la segunda década del siglo XX se presenta el levantamiento en armas del movimiento indígena liderado por Quintín Lame en 1914, por la recuperación de las tierras de los resguardos de Tierradentro (Cauca) invadidas por los colonos blancos; dirigió grandes movilizaciones y levantamientos por la restitución de resguardos en los departamentos del Cauca, Tolima y Huila. Esta resistencia obligó al Estado al cumplimiento de las justas leyes y mantener los resguardos indígenas con su propia autonomía territorial y cultural.

Se desarrolla la primera guerra mundial 1914 - 1918, que trajo para Colombia graves consecuencias políticas, fiscales y económicas, al verse disminuido el comercio internacional, viéndose obligado a suspender las pocas obras públicas que daban empleo.

Se produce el asesinato del general Rafael Uribe Uribe, en las gradas del Capitolio Nacional, cuando se dirigía al Congreso, el 16 de octubre de 1914.

La década del 20, se inicia en el gobierno de Marco Fidel Suárez, quien gobernó al país entre 1918 y 1921, político conservador, que dictó una legislación petrolera en todo favorable a los intereses norteamericanos, fomentó las comunicaciones, estableció el servicio de aviación comercial, siendo SCADTA (Sociedad colombo alemana de transporte aéreo) la primera compañía aérea en Colombia actualmente Avianca, creó la F.A.C (Fuerza aérea colombiana).

Pedro Nel Ospina (1922 - 1926), contrató a un grupo de expertos presidido por Kemmerer, la primera actividad de esta Misión fue el estudio de la realidad económica del país y hacer recomendaciones jurídicales y financieras como la organización del Banco de la República. Trajo una misión pedagógica alemana para reformar la instrucción pública en 1924, pero la reforma no llegó a efectuarse a cabalidad por la oposición de que fue objeto, entre otras por el clero.

Miguel Abadía Méndez (1926 - 1930), en 1927 llegó al país una misión italiana para cambiar el régimen de prisiones y controlar el delito, pero fracasó en el logro de sus objetivos, se ratificó la soberanía colombiana sobre el Archipiélago de San Andrés, Providencia y Santa Catalina. El orden público se vio gravemente afectado al ser perseguidas las actividades sindicales. Dentro de este marco se presentó en diciembre de 1928 la masacre de las bananeras, triste solución militar al conflicto laboral entre la United Fruit Company y sus trabajadores.

En esta década, Colombia recibió la indemnización de Panamá (25 millones de dólares); las exportaciones de café y los créditos de la banca estadounidense, posibilitó al país un proceso de modernización y endeudamiento expresado en situaciones concretas como:

1. La expansión de obras públicas: construcción de vías férreas, puertos y carreteras.

2. La actualización del Estado debido a la asesoría de la Misión Kemmerer que organiza ministerios, crea del Banco de la República, la Superintendencia bancaria, la Contraloría.

3. Impulso de la industria productora de alimentos, textiles y bebidas en Medellín, Barranquilla y Bogotá, lo que impulsó el crecimiento urbano y el surgimiento de la clase obrera.

4. Agudización de las luchas sociales, en especial la obrera cuyas huelgas contra el Estado y empresas extranjeras (petroleras, bananeras) marcaron la década; el gobierno utilizó la fuerza para someter a los obreros.

5. Se favorece la inversión de capitales extranjeros sobre todo el norteamericano.

En esta década de los años 20, la clase obrera colombiana libró múltiples batallas en defensa de sus derechos y reivindicaciones; fueron luchas antimperialistas como la de los trabajadores de la Tropical Oil Company en 1924, la del Ferrocarril del Pacifico en 1926 ; en 1927 sobresalen como dirigentes Raúl Eduardo Mahecha, María Cano e Ignacio Torres Giraldo; en noviembre de 1928 estalló la huelga de los trabajadores de la Zona Bananera del Magdalena, porque, fuera de saquear nuestros recursos naturales, grandes extensiones de tierra, la United Fruit Company funcionaba como una República independiente al tener bajo su dominio y para uso privado ferrocarriles, puerto marítimo, ciudadelas y campamentos, a los trabajadores se les pagaba con bonos que emitía la misma compañía y que solo tenían valor en los comisariatos de la misma empresa, que además controlaban los precios de los artículos. Esta situación obligó a los trabajadores irse a la huelga, quienes se reagruparon bajo las consignas *"¡Abajo el imperialismo yanky !" y "¡Viva Colombia Libre !".*

Masacre de las Bananeras. El hecho histórico de carácter represivo se dio el 5 de diciembre de 1928 en la Zona Bananera de Ciénaga y Santa Marta (Magdalena), los huelguistas luchaban por sus derechos en una forma pacífica, pero por órdenes superiores, los soldados del Ejército Nacional, dispararon ráfagas de fuego, matando miles de trabajadores y familiares que les acompañaban. A pesar de que el gobierno trató de ocultar estos hechos, Jorge Eliecer Gaitán en su discurso ante el Congreso de la república dijo: "Dolorosamente sabemos que en este país el gobierno colombiano tiene la metralla homicida para el pueblo y la rodilla puesta en tierra ante el oro americano"; Gabriel García Márquez en su obra Cien años de soledad, expresa a través del personaje José Arcadio Segundo: Debían ser como tres mil los asesinados.

En la década del 30 se instaura la República Liberal; Enrique Holaya Herrera (1930 - 1934), el primer presidente liberal, elegido después de 45 años de dominio conservador; se entregaron nuevas concesiones a compañías norteamericanas para la explotación de petróleo; en 1931 producto de la lucha obrera expidió la ley 83 por la cual se legalizaron los sindicatos, estableció la jornada laboral de ocho horas, dictó leyes encaminadas a la protección y estímulo de la industria nacional. En 1932, ante la invasión de peruanos por la fiebre del caucho de Leticia enfrentó el conflicto con el Perú que fue solucionado en 1934, sobresalen los héroes nariñenses Juan Solarte Obando y José María Hérnandez; creó la Caja de crédito agrario, industrial y minero, y la Federación nacional de cafeteros.

En el gobierno de Alfonso López Pumarejo (1934 - 1938), con su Revolución en Marcha y la Reforma constitucional de 1936, da un cambio a la concepción del Estado, decretó la extinción del dominio a los 10 años, es decir, que si una propiedad no estaba debidamente explotada a los 10 años a partir de la expedición de la ley, podía ser expropiada por el Estado y entregada a campesinos sin tierra. A esta reforma se opusieron los terratenientes que se organizaron en un movimiento político llamado APEN (Asociación Patriótica Económica Nacional). Decretó la educación primaria obligatoria y gratuita para todos los ciudadanos, destinó un 10% del presupuesto nacional a la educación, otorgó autonomía a la Universidad Nacional, concedió la ciudadanía a la mujer, para que pudiera desempeñar empleos, pero no le otorgó el derecho de votar ni de ser elegida, se creó la Confederación de Trabajadores de Colombia (CTC). Se garantizó la libertad de cultos, libertad de enseñanza y el derecho de huelga.

Durante este gobierno se da el nacimiento de APEN, la Unión Nacional Izquierdista Revolucionaria UNIR, del dirigente liberal Jorge Eliécer Gaitán.

Eduardo Santos Montejo (1938 - 1942), estableció el descanso remunerado de domingo y feriados, creó el Instituto de Crédito Territorial, después se llamaría Inurbe, el Instituto de Fomento Industrial y Municipal, fundó la Radio difusora Nacional de Colombia y la Escuela de Cadetes de Policía General Santander; en 1939, a raíz del comienzo de la segunda guerra mundial se comprometería con el bloque de los aliados contra la Alemania hitleriana.

En la década de los 40 la violencia ha sido uno de los aspectos presentes en la vida diaria del pueblo colombiano; y el problema de la tierra, la ausencia, en algunos casos, y la débil presencia en otros, del Estado en las zonas rurales, las desigualdades entre el campo y la ciudad y el aislamiento del campesinado son parte de este proceso:

> "Entre mediados de los años cuarenta y finales de la década del cincuenta, vastas zonas rurales del país estuvieron sumidas en la guerra y sus habitantes sometidos a persecuciones por parte del ejército, de organizaciones paramilitares de filiación partidista y de las guerrillas de una y otra denominación política. A los innumerables muertos que dejó este proceso hay que agregarle el despojo de tierras y bienes, apoyado en el asesinato de los dueños o en la amenaza para forzarlos a vender sus propiedades, la apropiación de las cosechas, el abigeato y el incendio de casas, beneficiaderos y sementeras, que obligaban a los campesinos a migrar a las ciudades, a des-

plazarse hacia otras zonas de la misma filiación partidista y hacia zonas de colonización, o a enrolarse en grupos armados. La violencia generó, obviamente, un profundo reordenamiento de la estructura social y de las relaciones de poder en cada región" (Ocampo José Antonio, Historia Económica de Colombia. Editorial. Siglo XXI.1987 p. 291-292)

En 1946, triunfa Mariano Ospina Pérez (1946 - 1950), creó la Flota Mercante Grancolombiana, el Instituto de Seguros Sociales-I.S.S. y la empresa Telecom en 1947. La represión se extendió y se agudizó en su gobierno con la aplicación de la doctrina TRUMAN, presidente de Estados Unidos, quien hizo la siguiente afirmación ante el Congreso el 12 de marzo de 1947: "Creo que la política de los EE.UU, debe ser apoyar a los pueblos libres que están resistiendo intentos de agresión de minorías armadas o presión exterior".

De las obras literarias: Viento seco, Cóndores no entieran todos los días, Cien años de soledad, En la tormenta, La mala hora, El nueve de abril, se pueden hacer las siguientes consideraciones acerca de la violencia:

Se implementó un plan de exterminio y terrorismo en los campos y ciudades para impedir el triunfo electoral de Jorge Eliécer Gaitán y desmovilizar a las masas campesinas. Comenzaron los asesinatos por parte de la policía Chulavita, grupo armado paramilitar fundado en la vereda Chulavita del municipio de Boavita, Boyacá, encargadas de quitarle la cédula de identidad a cada campesino liberal, por la razón o la fuerza, se trataba de impedir la votación del campesinado gaitanista; se presentaron mutilaciones, decapitaciones masivas, descuartizamientos, abusos, torturas, detenciones ilegales, asesinatos selectivos y colectivos, quema de poblaciones de vocación liberal, acciones realizadas por parte de la policía nacional, simpatizante del Partido Conservador Colombiano y grupos paramilitares conservadores conocidos como los "Pájaros". También hubo desplazamientos masivos de población, bandolerismo social y político, intervención de obispos y sacerdotes en política, tomando partido por uno de los sectores que se enfrentaban enconadamente. De ahí que, estudiosos de la violencia, como el profesor Gerardo Molina, aseguran que fue "un caso de legítima defensa", la respuesta armada de los liberales.

Con el asesinato de Jorge Eliécer Gaitán, 9 de abril de 1948, se agudizó el odio entre liberales y conservadores, la violencia llegó a varias partes del país, en particular al Llano, que era la región más liberal del país, se unió el pueblo contra las fuerzas del régimen como reacción contra los atropellos de los conservadores contra la población civil, surgieron líderes, entre ellos Guadalupe Salcedo en los territorios de Arauca, Casanre y Meta, quien empuñó las armas en 1949 y organizó la guerrilla liberal del Llano, que se fue reuniendo alrededor de su figura, siendo elegido comandante supremo de las fuerzas liberales

Esta guerrila redactó 2 leyes, una (11 de septiembre de 1952), un documento que refleja los sentimientos del pueblo alzado en armas y cansado de tantas ignominias y oprobios; la otra el 13 de junio de 1953 de 224 artículos, bajo el título de "Ley que organiza la Revolución en los Llanos Orientales de Colombia"; asumía que la región había sido liberada y que se trataba de un Estado independiente.

En ese contexto las élites económicas y políticas (partidos liberal y conservador) acordaron un régimen militar en cabeza del general Gustavo Rojas Pinilla el 13 de junio de 1953, con el fin de restaurar el orden en la nación, ordenar un cese al fuego unilateral a las fuerzas armadas y ofrecer paz a los grupos alzados en armas.

Guadalupe Salcedo, se presentó en un puesto del ejército ubicado en Monterrey, Casanare con 300 hombres con un pliego de peticiones de 24 puntos. El 15 de septiembre firmó la paz con el gobierno nacional, acción por la cual fue duramente criticado por los comandantes guerrilleros, quienes le declararon traidor a la causa guerrillera por haberse desmovilizado sin haber recibido garantías claras y concretas de no agresión por parte del Gobierno Nacional, sin requerirse acciones de reparación dirigidas a las familias afectadas por el conflicto. En el acta de entrega se exigía amnistía, libertad a los presos, escuelas, hospitales y becas en estudios relacionados con el agro a los llaneros, para que pudieran quedarse y trabajar por la región.

En varios documentos se menciona que la entrega obedeció a una encerrona de los militares, a las promesas que recibieron del gobierno, las amenazas de ser arrasados si seguían combatiendo, el bloqueo que afrontaban, la limitación de armas, drogas y vestuario en que se encontraban a mediados de 1953, dificultad en coordinarse, de los diferentes frentes y al abandono al que llegaron por parte de los directorios políticos liberales.

El 13 de junio de 1954, se promulga el Decreto 1823 mediante el cual se declara la amnistía para todos los delitos políticos cometidos antes del 1 de enero de 1954 con motivo de la violencia partidista, y se indultó a todas aquellas personas procesadas o condenadas por esos punibles. Una vez que entregaron sus armas los líderes fueron posteriormente asesinados o desaparecidos. Los campesinos que regresaron a las tierras que ocuparon antaño, confiados en las promesas de Bogotá, las encontraban en manos de conservadores que, lejos de restituírselas, los expulsaban de nuevo en medio de amenazas. O sea que los reinsertados liberales no hallaron la prometida paz. Muchos de los acuerdos que el gobierno se había comprometido a realizar se habían quedado en nada más que promesas.

Años más tade, ante los incumplimientos de lo firmado, Guadalupe tomó la decisión de participar de la conspiración que organizaba Juan Lozano y Lozano quien, asociado con antiguos comandantes, buscaba una insurrección guerrillera a escala nacional y cuyo centro de operaciones iba a ser Vichada. Viajó entonces a la capital del país a reunirse con Lozano y Lozano, el 6 de junio de 1957, día que fue muerto en Bogotá por la policía al requirlo con los brazos en alto, varios disparos a quemarropa acabaron con su vida y la de sus acompañantes.

Ospina enfrentó la insurrección popular derivada del asesinato del caudillo liberal Jorge Eliécer Gaitán, el 9 de abril de 1948, quien fue uno de los más avanzados pensadores políticos y líderes populares. Su asesinato físico lo hizo Juan Roa Sierra pero los actores intelectuales según muchos investigadores sobre el tema señalan a la oligarquía, a la clase dominante orientada por la Agencia Central de Inteleginencia Norteamericana (CIA).

Ospina entrega el poder en 1950 al jefe conservador Laureano Gómez (1950 - 1954), quien politizó al ejército y la policía, concentró el poder en la persona del presidente quien terminó por sustituir a los organismos legislativos y judiciales.

El 13 de junio de 1953, se presenta el golpe de Estado por el General Gustavo Rojas Pinilla. Este gobierno construyó la siderúrgica de Paz del Río, una red de hospitales en todo al país, numerosos aeropuertos y obras de infraestructura.

El 8 de junio de 1954 los estudiantes se movilizaban para conmemorar la masacre de las bananeras y contra las injusticias, al día siguiente el estudiante Uriel Gutiérrez fue asesinado por militares a las puertas de la U. Nacional, lo que causó una gigantesca protesta estudiantil en la que otros nueve universitarios fueron baleados.

En 1954 reconoció el derecho al voto a las mujeres. El 3 de agosto de 1955, cerró EL TIEMPO, El Espectador y El Siglo. Construyó el aeropuerto El Dorado, el Hospital Militar Central de Bogotá, la calle 26 y el Centro Administrativo Nacional (CAN).

Rojas dejó el poder por presión de la clase dominante a una Junta militar conformada por Gabriel París, Deogracias Fonseca, Luis Ordóñez, Rubén Piedrahita y Rafael Navas Pardo; esta junta convocó el 1 de diciembre de 1957 a un plebiscito con el fin de crear al Frente Nacional que fue resultado de una negociación de los dos partidos tradicionales para repartirse el poder durante los 16 años siguientes en forma alternada.

Los creadores del Frente Nacional fueron: Darío Echandía, Eduardo santos, Laureano Gómez, Alberto Lleras Camargo, Alfonso López Pumarejo, Mariano Ospina y Roberto Urdaneta.

El Frente Nacional se inicia con Alberto Lleras Camargo (1958 - 1962), estableció el programa para la inserción de los guerrilleros que habían firmado la paz, impulsó la aprobación de la Ley de Reforma Agraria de 1959 que resultó irrealizable, creó el Instituto Colombiano de Reforma Agraria (INCORA). Impulsó la alianza para el progreso, programa de ayuda económica, política y social de EE.UU para América Latina efectuado entre 1961 y 1970, propuesta del presidente John F. Kennedy con medidas en educación, sanidad, vivienda y reforma agraria con el fin de contrarrestar la influencia de la revolución cubana; posterioremente se limitó a una cooperación militar y represiva; su gobierno rompió relaciones diplomáticas con Cuba y alineó a Colombia con la política internacional de los Estados Unidos.

En los primeros años del Frente Nacional, la violencia se agudiza, en razón a la existencia de guerrillas de base campesina que no se habían desmovilizado con influencia de los ideales comunistas, presentándose un incremento de los conflictos en la sociedad rural. Así mismo, surgen movimientos políticos de oposición como: la Alianza Nacional Popular (ANAPO) y el Movimiento Revolucionario Liberal (MRL).

En el gobierno de Guillermo León Valencia (1962 - 1966), se realizó la Operación Marquetalia, un bombardeo al sur de Tolima en las regiones de Pato, Guayabero y Riochiquito, contra los campesinos alzados en armas. Según varias fuentes consultadas se asesinaron 545 'alzados en armas' y se dio captura a 513 personas. Salió ileso el líder de las guerrillas y fundador de las Farc, Manuel Marulanda Vélez. En este gobierno

"... se masacró a los trabajadores de las ce-
menteras (1963) con la más escalofriante
frialdad. Se envió cerca de 15.000 efectivos
militares a la Escuela de las Américas (USA)
y entre los allí graduados seleccionó a sus
más altas jerarquías castrenses. Redactó manuales de contra-insurgencia que recopilaron
los más sucios procedimientos represivos,
con asesoría de expertos estadounidenses,
argelinos, israelíes, ingleses y australianos"
(Giraldo, J. Expectativas, logros y dificultades de un proceso de paz. p.5).

En esta década surgen movimientos guerrilleros como: ELN,
FARC, EPL.

**Finaliza la década de los 60 con el gobierno de Carlos Lle-
ras Restrepo (1966 - 1970)**, el gobierno de la "transformación
nacional", creó instituciones como el Icbf, el Icfes, el Inderena
(Minambiente a partir de 1993), Colciencias, Coldeportes y Col-
cultura (desde 1997 Mincultura). El Instituto de Fomento Municipal (Insfopal), desapareció por el clientelismo.

Lleras creó los auxilios parlamentarios, que se volvieron un
foco de corrupción. Impulsó la creación de la Asociación Nacional de Usuarios Campesinos-ANUC, para avanzar en la reforma
agraria, se empezó a invadir tierras. Finalmente no fue garante
de la transparencia en las elecciones de 1970 al prohibir la información que daba como ganador a Rojas Pinilla y al día siguiente
se dio como triunfante a Pastrana, las tropas rodearon la casa de
Gustavo Rojas Pinilla para incomunicarlo.

**Finaliza el Frente Nacional con Misael Pastrana Borrero
(1970 - 1974),** nacieron las UPAC (unidades de poder adquisiti-
vo constante), un negociado y enriquecimiento para los bancos y
constructoras de vivienda, tuvo que afrontar las protestas univer-
sitarias, las invasiones de tierra en 316 fincas según el periódico

El Tiempo, los paros de maestros, una huelga nacional, gobernó con la declaratoria del estado de sitio; en su gobierno surge el grupo guerrillero 19 de abril o M-19, que se dio a conocer con el célebre robo de la Espada de Bolívar en la Quinta de Bolívar de Bogotá, se clausuraron 18 universidades en todo el país por protestas y disturbios. El M19 surge por considerar que en las elecciones de 1970 hubo fraude y que las oligarquías no cederían el poder por las buenas y que tocaría por la lucha armada arrebatárselo.

Los años setenta fueron de agitación política y de movilizaciones campesinas a lo largo y ancho del territorio nacional dado el incumplimiento, por parte del gobierno, en los cambios y soluciones ofrecidas a los campesinos con la reforma agraria: invasiones de tierras, movilizaciones en el sector rural y en las ciudades y la toma de las oficinas del INCORA en Bogotá, lideradas por la ANUC. Se ve el resurgir del movimiento campesino, pero también el asesinato de muchos de sus líderes. En ésta década toma fuerza el

> "... auge del cultivo ilícito de la marihuana, que trae consigo el inicio de un ciclo de muerte, de viudas, huérfanos, desplazados y consecuentemente, la conformación de los grupos del narcotráfico o marimberos, con las consecuencias vividas en el largo plazo; todo lo anterior contribuyó con el recrudecimiento de la violencia en el país. Este auge de los cultivos ilícitos agrega dos fenómenos más de violencia al país; el primero, lo constituye la facilidad de financiación a los grupos armados y al margen de la Ley; el segundo, es la conformación de grupos de seguridad privada, hoy en día conocidos como grupos de paramilitares. Ambas formas de organización, de alguna manera, alimentan la violencia" (Navarro, p.3)

El primer presidente posterior al frente nacional fue Alfonso López Michelsen (1974 - 1978), gobernante del "Mandato claro". Según la memoria histórica en su gobierno se concedió personería jurídica a la Confederación Sindical de Trabajadores de Colombia-CSTC y a la Confederación General del trabajo-CGT, se aprobaron leyes que obligaron a las empresas a pagar interés sobre las cesantías consolidadas y se reajustaron los montos pensionales de manera anual y en la misma proporción que al salario mínimo, el instituto colombiano de reforma agraria recibió los distritos de riego, otorgó 986 títulos y firmó 4.700 contratos de asignación de tierras, se creó el instituto colombiano de hidrología, meteorología y adecuación de tierras-Himat, se firmaron tratados de limitación de áreas marinas y submarinas con Ecuador, Panamá, Costa Rica, República Dominicana y Haití, estableció el impuesto de ganancia ocasional y restableció en marzo de 1975 las relaciones diplomáticas con Cuba.

Tuvo que enfrentar el paro cívico nacional del 14 de septiembre de 1977, el cual llevó a una alteración del orden público, hubo represión armada que cobró varios muertos, acudió al estado de sitio. En este periodo se dio la 'bonanza de la marihuana"; surgieron los carteles de la Droga de Cali y Medellín que industrializaron el procesamiento de la hoja de coca para la obtención de la cocaína y establecieron rutas de 'exportación' a través de aviones, avionetas y vía marítima.

En el gobierno de Julio César Turbay Ayala (1978 - 1982), se introdujo la televisión a color, y bajo el nombre de Simón Bolívar, adelantó una campaña de alfabetización. En el campo internacional, se aprobó el tratado que aseguró los derechos de Colombia sobre el uso del Canal de Panamá y del ferrocarril del istmo; el tratado Vázquez-Saccio para la posesión de los derechos sobre los islotes de Roncador, Quitasueño y Serrana. Se emitió un Estatuto de Seguridad (1978) que sirvió para torturar a muchos colombianos. Según la Comisión de la Verdad, permitió numerosos allanamientos ilegales, torturas y desapariciones a nombre de la lucha contra la insurgencia.

El 23 de marzo de 1981 se rompió relaciones con Cuba. Tuvo que enfrentar el robo de más de cinco mil armas del Cantón Norte de Bogotá por parte del M19 y la toma de la embajada de la República Dominicana en Bogotá durante 61 días, por parte del mismo grupo guerrillero; se recrudeció el secuestro y la extorsión y surgió la agrupación armada Muerte a Secuestradores - MAS. En marzo de 1981 se firmó la "ley de amnistía", orientada a facilitar la entrega de ciudadanos levantados en armas, pero no tuvo gran acogida. En este tiempo creció la economía "subterránea", fundamentada en actividades de narcotraficantes y contrabandistas.

En la década de los ochenta la violencia continúa: narcotraficantes, militares, paramilitares, sicarios y bandas de delincuencia común, se enfrentan a la guerrilla por el poder del Estado. Los diferentes enfrentamientos entre la gama de grupos conformados, no apaciguan el clima de zozobra vivido en el país, por el contrario, alteran los ánimos y se reafirma la guerra civil no declarada.

En el gobierno de Belisario Betancur (1982 - 1986), se aprobó la ley sobre elección popular de alcaldes, comenzó la exploración y exportación de carbón de El Cerrejón Norte, y la emisión de los canales regionales de televisión como Teleantioquia y Telecaribe. Fue el primer presidente en reconocer que el conflicto armado tenía un carácter político y social, busca acuerdos con todos los grupos guerrilleros pero no se llegan a concretar por desconfianza entre las partes.

Surge la Unión Patriótica como una confluencia de fuerzas políticas tras el proceso de negociación a mediados de la década de 1980 entre el gobierno del Presidente Belisario Betancur y el estado mayor de las FARC.

Se dio inicio a las desapariciones forzadas y el auge del paramilitarismo. En su gobierno se produjo la toma del Palacio de Justicia el 6 de noviembre de 1985; la principal sede del poder judicial quedó a merced de dos fuegos, más de 30 hombres del

M-19 se tomaron el Palacio de justicia con más de 400 rehenes con el fin de enjuiciar al presidente de la República.

La Revista Semana dice que "el Estado respondió con todo lo que tenía: 24 tanques blindados, 18 cascabeles, 6 urutús, helicópteros y más de mil hombres; el resultado fue 100 personas fallecidas, entre ellos 11 magistrados, 11 miembros de la fuerza pública, la totalidad de los guerrilleros, abogados, visitantes ocasionales, personal de servicio y una lista de más de 10 personas de las que hoy no se sabe dónde están"

En el gobierno de Betancur se produjo la tragedia de Armero, el 13 de noviembre de 1985, cuando el nevado del Ruiz hizo erupción y la avalancha sepultó a Armero. Murieron alrededor de 25.000 personas y se puso en evidencia la negligencia del Estado al no evacuar antes el pequeño pueblo lo que hubiese salvado a las víctimas humanas.

En el gobierno de Virgilio Barco (1986 - 1990), inició la apertura económica, logró que el M-19 firmara el 10 de enero de 1989 la primera declaración conjunta, que posteriormente se convirtió en un acuerdo de tregua. Rafael Pardo Rueda adelantó la negoción con Carlos Pizarro en las montañas del Cauca. Sentó la base para una salida negociada del conflicto, pero, por otro lado, se dio el genocidio de la Unión Patriótica. Además se asesinó a tres candidatos presidenciales: Bernardo Jaramillo, Carlos Pizarro y Luis Carlos Galán; configuró la Asamblea Nacional Constituyente que crearía el ordenamiento legal de la Constitución del 1991.

El 15 de noviembre de 1886, 1.800 delegados en representación de 45 federaciones y cerca de 600 sindicatos, dan nacimiento a la CUT, la confederación sindical mayoritaria de los trabajadores colombianos. La CUT se encargó de unir cerca del 80% de los sindicatos que estaban divididos en Colombia desde 1946.

En la última década del siglo XX, se observa la agudización del conflicto armado, se manifiesta claramente en el incremento del secuestro; las masacres a la población campesina y civil; los combates entre el ejército, la guerrilla y los paramilitares; deterioro de la economía y con ello, la disminución en la capacidad productiva del país y el deterioro del nivel de vida de la población marginal, producto de las luchas políticas partidistas.

El gobierno de César Gaviria (1990 - 1994), que heredó por el asesinato de Luis Carlos Galán, abre paso a la apertura económica, convocó la Asamblea Constituyente; el mismo día del inicio de la Constituyente ordenó bombardear la sede del Secretariado de las FARC. En 1993 restableció las relaciones diplomáticas y comerciales con Cuba. En este gobierno se reforma la Constitución de 1886, que se dio como resultado de lo acordado con el M19 para desmovilizarse, y el movimiento estudiantil de la Séptima Papeleta; se concluye exitosamente con la promulgación de la nueva *Constitución de 1991.*

Esta Constitución establece que Colombia es un Estado Social de Derecho, su carácter democrático, participativo, pluralista, de prevalencia del interés general sobre el particular, la convivencia pacífica y la vigencia de un orden justo. Establece derechos como la defensa de la vida y la prohibición de la pena de muerte, lo mismo que derechos sociales, económicos, culturales, colectivos y del ambiente.

Se crea la *tutela* y la acción popular, se prohibe el Estado de sitio, el sistema judicial es una rama autónoma del poder público. Se creó la Fiscalía General, votación popular de gobernadores y la participación de los territorios en el presupuesto nacional. Reconocimiento de la multiculturalidad. Tratamiento especial y de mayoría de edad a los indígenas. Se establecieron mecanismos de democracia participativa, como el plebiscito, el referendo y la consulta popular. Se estableció un Estado laico y se dio reconocimiento a religiones distintas a la católica. Se creó la Corte Constitucional.

Ernesto Samper (1994 - 1998), legaliza en septiembre de 1994 las Asociaciones Comunitarias de Vigilancia Rural (Convivir), con la finalidad de crear un nuevo instrumento de participación comunitaria enfocado hacia el logro de la paz y la seguridad en el campo; estas asociaciones tienen relación con el paramilitarismo; su plan de desarrollo se llamó, el 'Salto Social'. Una evaluación hecha por César Jaramillo Londoño, en su artículo El fracaso de la Política Social de Samper, muestra que "hubo crisis de la vivienda de interés social, se esforzó por concretar la política de apertura económica que desplazó a la industria y a la agricultura por la competencia extranjera para lo cual no estaba preparada Colombia. Se acentuó el desplazamiento humano como resultado de protegerse de la guerra a muerte que libran guerrillas, paramilitares, autodefensas y fuerzas militares por el control del territorio".

Se menciona también en el mismo artículo, la denuncia que hacen los obispos en el año de 1997, en la cual expresan que el empobrecimiento del país se caracteriza por el aumento de los desplazados, la escandalosa impunidad, el avance del fenómeno de la corrupción, el crecimiento del desempleo, la crisis de los sectores industrial, agropecuario y comercial. Concluyen que hay empobrecimiento no solo económco sino cultural, moral, ambiental y de respeto por la dignidad humana. Que no se están resolviendo las causas estructurales de la pobreza.

Andrés Pastrana (1998 - 2002), ganó las elecciones convocando de nuevo a la paz a una sociedad influenciada por la guerra, despejó un área desmilitarizada de 42 000 km² y firmó una agenda a la cual no le dio seguimiento alguno, negoció el "Plan Colombia", "Plan por la Paz, la prosperidad y el fortalecimiento del Estado", es un acuerdo bilateral que fue suscrito entre los gobiernos de Colombia y Estados Unidos en 1999 durante las administraciones de Pastrana y Bill Clinton con tres objetivos específicos: generar una revitalización social y económica, terminar el conflicto armado en Colombia y crear una estrategia de antinarcóticos.

Este Plan no se consultó al Congreso de la República; despertó desconfianza desde el comienzo. La plata procede de créditos y donaciones de países de la comunidad internacional.

La ayuda de los EE.UU se da por la ubicación geopolítica estratégica de Colombia en el hemisferio occidental como punto de referencia para el control de otros países para la consolidación del nuevo orden mundial de la globalización. Estas ayudas se dirigen prioritariamente a la lucha contra la insurgencia y el narcotráfico y mínimamente a programas de recuperación y desarrollo humanitario. Se sataniza al narcotráfico y a la guerrilla a través de los medios masivos de comunicación. Este plan amenazó la soberanía nacional y el derecho a la autodeterminación de cada pueblo de resolver de manera autónoma sus conflictos internos. Debilitó la conservación de la riqueza biológica existente en la cuenca de la Amazonía y de todo el territorio nacional tanto en la plataforma marítima como terrestre. Con la fumigación hubo contaminación ambiental y afectación de la salud y la economía de los colombianos. Las fumigaciones han causado evidentes daños en la flora y fauna, en cultivos de pancoger y en el ganado. Hubo ausencia de programas de salud para atender los efectos de las fumigaciones.

Se atacó el problema de las drogas solamente en la oferta (producción, tráfico y comercialización) dejando de lado a la demanda.

Los economistas señalan que la inversión alcanzó 9.600 millones de dólares. De cada 10 dólares, 7 se invirtieron en el componente militar y los restantes fueron destinados al desarrollo económico y social.

La prioridad que se le otorgó a la modernización del Ejército colombiano con el pretexto del combate a las drogas muestra su inconsistencia con el aumento de efectivos civiles y militares estadounidenses, además de siete bases militares gringas en territorio colombiano quienes participan cada vez más en el combate a la insurgencia. Se considera que el Plan Colombia fue un "fracaso" porque ni logró su "objetivo público" de erradicar el narcotráfico ni su "objetivo no público y verdadera esencia" de aniquilar a los movimientos insurgentes de Colombia.

Entre 2002 y 2010 gobernó Alvaro Uribe Vélez, en este mandato se tramitaron licencias de exploración y explotación de oro, carbón y madera, afectando el medio ambiente. En concurso con la Inteligencia Militar persiguió periodistas, magistrados, sindicalistas, y libre pensadores, críticos de su pasado y de su gestión como Presidente. Aumentó la inversión extranjera, pero también el desempleo; el país sigue siendo uno de los más desiguales del mundo.

Modificó artículos de la Carta magna, aprobados por el Congreso sin obstáculos; permite los allanamientos y registro sin orden judicial, la creación de 'Zonas de Rehabilitación', la limitación al derecho de circulación dentro del país. Impulsó las fuerzas armadas, proporcionalmente a su población, las más grandes de América Latina. Según la enciclopedia libre Wikipedia, para fingir triunfos militares inexistentes se inventó el método de los *"falsos positivos"*, presentando como "muertos en combate" a jóvenes indefensos y a indigentes engañados con falsas promesas de empleo, vistiendo sus cadáveres con uniformes de combate; todas las brigadas del ejército se involucraron en este método atroz motivadas por recompensas .

Según Giraldo, fue permisivo con el paramilitarismo y la corrupción, puso en práctica el programa de fumigación de cultivos ilícitos sin contemplar los principios legales de Colombia y contra la voluntad de las autoridades electas locales y regionales.

Según Alberto Rojas Andrade, Uribe ha intensificado la privatización de empresas estatales iniciada en los años noventa, destacándose las ventas de Telecom, Ecogas, Banco Granahorrar, BanCafé, Paz del Río, varios aeropuertos, carreteras (los peajes en Colombia hacen a muchos dudar el uso del transporte terrestre), refinerías; más las liquidaciones de Telecom (para luego venderla sin pasivos pensionales), ISS (seguro social) y otras empresas de salud pública permitiendo el cierre y privatización de hospitales regionales con el falaz argumento de que "no eran rentables". La venta más diciente de carácter antinacionalista del gobierno en el aspecto monetario, ha sido el inicio de la privatización de la empresa más rentable del patrimonio del Estado colombiano, Ecopetrol, contraviniendo expresos acuerdos convenidos con el sindicato petrolero. Dentro de los compradores es notable la presencia de empresas españolas, quienes han adquirido también compañías del sector privado saliendo favorecidos Endesa, Unión Fenosa, Repsol, el Grupo Prisa, Planeta y Aguas de Barcelona.

Se desarrolló la Operación jaque el 2 de julio de 2008; el Ejército rescató a 15 secuestrados por las FARC, entre ellos Íngrid Betancourt, contratistas estadounidenses Thomas Howes, Marc Gonsalves y Keith Stansell y once soldados y policías, algunos de los cuales llevaban más de 10 años en manos de las FARC. Sobre el rescate existen dos hipótesis:

1.Versión del gobierno y de los militares de Colombia, quienes sostienen que fue un operativo militar, que sin disparar un tiro liberaron a los secuestrados, recurriendo a la "ingenuidad" de los guerrilleros, utilizando un helicóptero disfrazado de transporte de un organismo de socorro, convencidos de que se dirigían a un punto donde habría un intercambio humanitario coordinado entre el Gobierno y el Mono Jojoy, calificada por el Gobierno y las Fuerzas Militares como una intervención militar perfecta, sin ningún tipo de intervención extranjera.

2. El periodista Gonzalo Gillén sostiene en el documental titulado 'Operación Jaque, una jugada no tan maestra' que se habrían pagado 100 millones de dólares a mandos medios de las Farc, Gerardo Aguilar, alias César, y Alexánder Farfán, alias Enrique Gafas, responsables de los secuestrados. Los testimonios del documental señalan también que hubo presión de los gobiernos de Francia y Estados Unidos, participación de la DEA y el FBI, presencia de alta tecnología y, que no fue un operativo militar,

sino una entrega voluntaria.

Según Alfredo Molano, en artículo de El Espectador y teniendo como referencia el Centro de Memoria Histórica en el período de gobierno de Álvaro Uribe Vélez (2002-2010) hubo 26 grandes masacres, casi todas de más de diez muertos; nueve perpetradas por grupos paramilitares; nueve, por la guerrilla; cuatro, por grupos no identificados; dos, por agentes del Estado, y dos por "paracos" desmovilizados. (Molano, p.1)

Un ejemplo de ellas, es lo sucedido el 28 de marzo del 2010 en Policarpa, departamento de Nariño, un grupo desmovilizado de los paramilitares desmembró los cuerpos de al menos diez campesinos, cuyos restos humanos fueron esparcidos por diferentes parajes de la región; la sevicia del acto contó con acciones de decapitación, mutilación de extremidades, extracción de intestinos que eran puestos en las manos de las víctimas.

La administración de Juan Manuel Santos (2010 - 2018), el primer plan de gobierno de Santos apuntó a cinco 'locomotoras' para el crecimiento y la productividad: innovación, agro, vivienda, infraestructura y minería. En el 2014, el plan del segundo mandato planteó una estrategia nacional de competitividad e infraestructura cuyo fin también era aumentar supuestamente la productividad.

En este gobierno se aprueba la Ley de Víctimas y de Restitución de Tierras, generándose un lento proceso de reparación de las víctimas y de retorno de los desplazados a sus parcelas, se penalizó la discriminación por razones de raza, etnia, religión, nacionalidad, ideología política o filosófica, sexo u orientación sexual, o discapacidad. Implementó el índice de pobreza multidimensional, creado por el premio nobel de economía Amartya Sen y su Instituto de Desarrollo Humano en la Universidad de Oxford, como una forma no solo de medir, sino de construir y focalizar políticas públicas para reducir sobre todo la pobreza extrema. Se decretó la educación gratuita en los colegios públicos para todos los niños y niñas del grado 0 al grado 11.

Adelantó negociaciones con las FARC; el 16 de octubre de 2016 se firman los Acuerdos, inicia negociaciones con el ELN; el acceso del país a la Ocde, ser socio de la OTAN, el programa "ser pilo paga" con el el cual desfinanció la Educación Superior Pública.

La Organización para la Cooperación y el Desarrollo Económico-OCDE, fundada en 1961, agrupa a 36 países miembros incluida Colombia; si bien su misión es promover políticas que mejoren el bienestar económico y social de las personas alrededor del mundo, en la primera década de este siglo, los gobiernos de la Organización han sido incapaces de proteger a los trabajadores, las comunidades y el medio ambiente de los daños causados por las corporaciones multinacionales. Esta es la conclusión del último informe de OCDE Watch que fue presentado el 30 de junio de 2010 en conferencia de prensa en París.

Organización del Tratado del Atlántico Norte (OTAN). El ingreso de Colombia a la OTAN se concretó el 31 de mayo de 2018 y tiene por objetivo controlar la región. Desde el punto de vista geopolítico es la puerta de ingreso de EEUU en Sudamérica para desestabilizar Venezuela, pero también para, "disciplinar" a los movimientos populares.

Es el único país de América Latina que asume el papel de "socio global" de la Alianza Atlántica colocándolo como aliado privilegiado de los países del Norte junto a Afganistán, Australia, Irak, Japón, República de Corea, Mongolia, Nueva Zelanda y Pakistán. Desde el punto de vista geográfico, Colombia ocupa un lugar privilegiado por tener costas en el océano Pacífico y en el Caribe. Tiene fronteras porosas con Venezuela, además de lindar con Perú, Ecuador y Brasil.

Esta es una de las razones por las cuales los países más ricos del mundo decidieron que Colombia debe ingresar tanto en la OTAN como en la OCDE, y hacerlo de modo simultáneo. La segunda razón es de carácter militar, las Fuerzas Armadas de Colombia son objeto de una importante asistencia militar de los Estados Unidos para el combate al narcotráfico, con énfasis en la inteligencia, modernización y profesionalización de sus Fuerzas Armadas. La larga guerra contra las guerrillas, en particular con las FARC, les ha proporcionado una amplia experiencia y capacidad de combate en la acción directa. La tercera cuestión se relaciona con su larga experiencia en el control de los movimientos populares por una hábil combinación de represión, infiltración y coptación.

Juan Manual Santos, siendo Ministro de Defensa de Álvaro Uribe, violó el territorio ecuatoriano para asesinar a Raúl Reyes, vocero internacional de las FARC, en compañía de jóvenes de varios países que lo entrevistaban (1º de marzo de 2008). Ya como Presidente, persiguió a Jorge Briceño, jefe militar de las FARC (22 de septiembre de 2010) y luego ordenó el asesinato fuera de combate de Alfonso Cano, Comandante General de las FARC (4 de noviembre de 2011.

Las primeras décadas del siglo XXI se han caracterizado por un hecho,

> "... los medios de comunicación han intensificado sus campañas de estigmatización y demonización de las insurgencias, atribuyéndoles falsamente todos los crímenes horrendos imaginables, posesiones de riquezas fabulosas, relaciones con las mafias más repugnantes del planeta y negando y ocultando todos los objetivos de su lucha... silencian y niegan los crímenes de Estado o los juzgan como acciones excepcionales de individuos aislados y desviados ("manzanas podridas") ajenas a toda sistematicidad o complacencia estatal" (Giraldo, J. p.5).

Esto está produciendo en la población una conciencia enajenada de la problemática nacional.

9.5 Procesos de Paz

Los procesos de paz del siglo XX, sin incluir la guerra de los mil días y el de las guerrillas liberales, son de clases sociales, dado que las causas que originan los conflictos se encuentran en las condiciones materiales de la sociedad, en las contradicciones existentes en los grupos sociales, en la carencia de recursos y medios de producción de la mayoría de la población, la dependencia en lo económico y en lo militar de EE.UU, la sumisión ante el Imperio y el dominio ideológico-militar extranjero, el problema de la tierra que ha sido acaparada por unos pocos a través de la fuerza y el despojo, el reparto del poder para beneficios individuales. Otros factores que inciden en el descontento del pueblo son las políticas en el sector rural que someten al campesinado a una competencia desleal que lo mantiene en unas condiciones de vida desastrosas, precios altos de insumos agropecuarios: abonos, los fertilizantes y los fungicidas; la falta de control a las importaciones y el contrabando, necesidad de la revisión de los tratados de libre comercio; lo cual ha obligado a un sector de los habitantes a cultivos de uso ilícito.

Y a estos factores hay que agregar, además, la crisis socio ambiental en cuanto al orden social, la crisis del patrón energético, crisis alimentaria, crisis socio-cultural y la crisis social.

Las Iglesias Católicas y otras han contribuido históricamente a difundir ideas en la opinión pública de que las tendencias progresistas se identifiquen como lo malo, lo peligroso, lo que traerá el caos para la sociedad.

Últimamente se ha empleado a grupos civiles armados (paramilitarismo) para eliminar a líderes campesinos y luchadores populares.

Fabián Alfredo Plazas Díaz, en el artículo Historia reciente y enseñanza del conflicto armado, hace la siguiente reseña retomando estudios de Molano, Umaña, y otros investigadores sociales:

"El ELN (ejército de liberación nacional) fue creado por estudiantes e intelectuales, actores del movimiento sindical del país y antiguos guerrilleros liberales, teniendo como antecedentes el viaje a Cuba en 1962 de 22 estudiantes becados, siete de ellos solicitaron obtener conocimiento y entrenamiento militar; a su regreso, organizaron la brigada guerrillera José Antonio Galán y estructuras guerrilleras en los departamentos de Santander, Antioquia y Bolívar... Su líder Fabio Vásquez Castaño, fundó el 4 de julio de 1964; a este grupo se incorporaron los sacerdotes Camilo Torres (1929-1966) y Manuel Pérez (1943-1998).

Las FARC tienen como antecedentes la violencia: "entre 1948 y 1957. Hacia 1950 llegó Pedro Antonio Marín con 19 hombres armados, casi todos familiares, organizó su propio comando... El presidente Guillermo León Valencia (1962-1966) dio inicio a la Operación Soberanía, la cual tenía la finalidad de bombardear y acabar con los focos de resistencia campesina y comunista en la denominada "Repúblicas Independientes" de Marquetalia y Riochiquito...el "movimiento de autodefensa" se consolidó como una guerrilla móvil de carácter nacional" (Plazas, p.3)

Desde el comienzo buscaban una auténtica reforma agraria para que sean beneficiados los campesinos.

En 1965 se organiza el Ejército Popular de Liberación (EPL), concentró sus acciones en el Magdalena Medio, Valle del Cauca, Chocó, el alto Sinú y río San Jorge en Córdoba; inició acciones militares en 1968, se ubicaron en zonas cercanas a propiedades de grandes terratenientes (Córdoba), agroindustriales y explotaciones petroleras.

El EPL se concentró en áreas de desarrollo agro-industrial

como El Urabá, región bananera y donde proliferaban las multinacionales. Empezaron a incursionar en regiones donde había concentraciones de campesinos y en zonas aledañas a propiedades de grandes terratenientes, como la región de El Urabá, el departamento de Córdoba y en la región de la zona cafetera. En los departamentos de Antioquia, Putumayo y Norte de Santander, el EPL, penetró para tratar de influenciar sobre las explotaciones petroleras. En marzo 1 de 1991, 2.200 integrantes de la guerrilla se desmovilizaron y fundaron el partido Esperanza, Paz y Libertad, otras estructuras siguen en disidencia.

Para 1973,

> "... surge el Movimiento 19 de Abril, M-19, de carácter más urbano, que se presentaba como reacción ante el fraude electoral que había impedido al General Rojas Pinilla llegar al poder en 1970. Entre sus acciones se pueden mencionar el robo de la espada de Bolívar y de armas del Cantón Norte de Bogotá, en 1978; la toma armada de la Embajada de la República Dominicana, en 1980, la toma del Palacio de Justicia (el 6 y 7 de noviembre de 1985) que dejó muertos y desaparecidos. Su consigna de combate "Con el pueblo, con las armas, al poder". Su líder fue Jaime Bateman, su último comandante fue Carlos Pizarro Leongómez, quien el 8 de marzo de 1990 se desmovilizó con cerca de 900 hombres y mujeres y el 16 de abril fue asesinado de 13 proyectiles en un vuelo aéreo Bogotá-Barranquilla. Antonio Navarro Wolf, participó en la constituyente de 1991 y sucedió a Pizarro como candidato a la presindencia.
>
> En la década de 1980, se produjo un importante escalamiento de la violencia armada con la aparición y el accionar de los grupos paramilitares y los carteles del narcotráfico. La desmovilización del paramilitarismo es abordado por el gobierno de Álvaro Uribe Vélez.

Dentro de la historia del conflicto armado reciente y actual de Colombia, se destacan los intentos de paz llevados a cabo por los distintos gobiernos. "Bajo el gobierno de Belisario Betancur (1982-1986), se firmaron diferentes acuerdos con las FARC, el EPL, el M-19 y la Autodefensa Obrera… Bajo el gobierno de Virgilio Barco (1986-1990) también se desarrollaron negociaciones y acuerdos con el M-19, el EPL, el Movimiento Armado Quintín Lame, Comandos Ernesto Rojas, Milicias Populares de Medellín, Frente Francisco Garnica, Corriente de Renovación Socialista, entre otros. Durante este período se desmovilizaron más de 6000 guerrilleros que se reincorporaron a la sociedad civil.

Durante el gobierno de Andrés Pastrana (1998-2002), se presentaron diálogos de paz con las FARC, para ello se despejó de presencia militar una zona de 42.000 Kilómetros cuadrados con la finalidad de cursar una agenda común por el cambio de una nueva Colombia. La zona desmilitarizada por el gobierno comprendía los municipios de Mesetas, La Uribe, La Macarena, Villahermosa y San Vicente del Caguán…Se realizaron audiencias públicas, transmitidas por televisión, en las que participaron más de 25.000 delegados y en las que se presentaban propuestas de distintos grupos y sectores sociales… La ruptura definitiva de este proceso se produjo el 20 de febrero de 2002, cuando la columna móvil de las FARC Teófilo Forero, desvió un avión de una aerolínea comercial y lo obligó a aterrizar en plena carretera nacional para secuestrar al senador Jorge Gechem, quien iba como pasajero… En el período presidencial de Álvaro Uribe Vélez (2002-2010), se presentó la desmovilización de algunas estructuras paramilitares de las AUC; en el gobierno de Juan Manuel Santos (2010-2018), se dio

inicio a los diálogos preliminares y confidenciales con las FARC, los cuales terminan en la instauración de la Mesa de Diálogos para la Paz en La Habana, Cuba. El gobierno de Santos también dialogó con el ELN."
(Plazas, p.9 y 10)

9.6 El Paramilitarismo

Del documento Colombia: Un país formal y otro real, escrito por La Fundación CEPS (Centro de Estudios Políticos y Sociales), se puede hacer las siguientes inferencias:

1. El paramilitarismo tiene como antecedentes ideológicos las orientaciones de John F. Kennedy presidente de Estados Unidos, quien desarrolló en 1962 el concepto de doctrina de Seguridad Nacional, que trató de imponer en toda Latinoamérica para contrarrestar la influencia de la Revolución Cubana y cuyo objetivo no fue sólo atacar, sin importar los medios, al "enemigo interno" alzado en armas sino a todos los simpatizantes del comunismo y a cualquiera que cuestionara el sistema.

2. Los militares colombianos fueron objeto de un adoctrinamiento por parte de EE.UU. en medidas militares, paramilitares, políticas, económicas, psicológicas y cívicas adoptadas para derrotar una insurrección subversiva.

3. El presidente Guillermo León Valencia expidió el día de Nochebuena de 1965 el decreto 3398, por el cual se organiza la defensa nacional, que legalizó los grupos de autodefensa, embrión de los paramilitares.

4. En los reglamentos militares se impone la creación de "juntas de autodefensa" con personal civil para desarrollar acciones contra la

guerrilla.

5. Desde 1964, el poder militar y el económico unen esfuerzos con un objetivo común: crear las autodefensas. Ese año, la Sociedad de Agricultores de Colombia (SAC, organización que aglutina a los grandes latifundistas) pidió al Gobierno que autorizara la constitución de grupos de autodefensas para protegerse de los secuestros.

6. En 1982, en el Manual de combate contra guerrilleros (Manual EJC-3-101) se hace hincapié, en la organización de juntas de autodefensa a las que se les debe retribuir su "colaboración y esfuerzos" con "munición para revólver y escopeta, dinamita, salvoconductos, patrullaje militar esporádico en sus regiones, drogas (medicinas), un mejor trato y aceptación a sus iniciativas.

7. Entre las estrategias y tácticas militares se utilizaron el terrorismo como arma psicológica, organizar agentes clandestinos de civil que cumplan y simulen acciones de bandoleros y otro tipo de actividades como "el boleteo (amenaza) al personal de lista gris (población no definida) o negra (población que apoya a la subversión) que no quiera colaborar con la tropa, para obligarlos a que se descubran; atemorizarlos haciéndoles creer que están comprometidos y que deben abandonar la región". "la eliminación de los bandoleros y de las personas llevando uniforme antes de que puedan rendirse o huir".

8. En 1983 el Procurador General de la Nación, acusó a 59 miembros activos del Ejército de pertenecer al escuadrón paramilitar Muerte a Secuestradores (MAS), cuya aparición en la región del Magdalena Medio sig-

nificó el recrudecimiento de la guerra sucia en el país.

9. Se organizan los escuadrones de la muerte con una nueva apariencia legal: las Cooperativas de Vigilancia y Seguridad Privada, conocidas como Convivir, creadas en 1994.

10. En 1997 Carlos Castaño Gil, junto a sus hermanos creó los primeros grupos paramilitares asociados al narcotráfico, las Autodefensas Unidas de Colombia (AUC); durante los cinco años siguientes, que corresponden a la época de consolidación del paramilitarismo en el país, aumentó dramáticamente el número de personas muertas o desaparecidas a manos de estos grupos: 1.474 personas en 1997, 1.348 personas en 1998, 1.587 personas en 1999, 2.464 personas en 2000 y 2.148 personas en 2001, según las estadísticas de la Comisión Colombiana de Juristas.

11. Los principales medios de comunicación de Colombia difundieron en septiembre de 2004 una serie de artículos sobre el férreo poder de los paramilitares en amplias zonas del país y las fases en que se ha implantado. Primero se ejecuta la etapa del terror con grandes masacres, desapariciones y desplazamientos masivos con el objeto de demostrar las consecuencias que le esperan a quien no se someta. Luego vienen los asesinatos selectivos para eliminar a los que todavía se resisten y se inicia la penetración en las estructuras sociales, políticas y económicas a través de amenazas y extorsiones. La tercera fase es la de organización y consolidación del nuevo poder: comienzan a manejar instituciones locales y departamentales y crean sus propias fundaciones y cooperativas para controlar a la población. La cuarta etapa es la culmina-

ción del proceso con la implantación de un modelo económico y político paramilitar.

12. Las vías de financiación de los grupos paramilitares lo hacen a través de recursos públicos y se ha denunciado el desvío a sus arcas de dinero que el Estado gira a las empresas encargadas de prestar servicios de salud a los más pobres, el manejo de las contratas públicas, el impuesto a los comerciantes. A todo este enriquecimiento ilícito derivado del narcotráfico, la extorsión y del desvío -voluntario o forzado- de fondos públicos, se añade la usurpación de la tierra.

13. Proselitismo armado y paramilitar en campaña.

14. Convivencia entre las fuerzas militares y paramilitares a lo largo de la historia de Colombia.

15. Organización del Programa de red de cooperativas e informantes y de soldados campesinos.

16. Desplazamiento y despojo de tierras

17. Proceso de paz con las AUC y la impunidad del país al legalizar el paramilitarismo. La propuesta de paz formulada en diciembre de 2002 por las Autodefensas Unidas de Colombia (en 2003 contaban con 13.500 hombres, según el Ministerio de Defensa) sólo pretendía, en opinión de organizaciones como Human Rights Watch (HRW) 65, evitar la extradición a Estados Unidos por narcotráfico, eludir la cárcel o, al menos, cumplir penas mínimas en Colombia, y conservar la mayor parte posible de la riqueza obtenida ilegalmente. El Gobierno autorizó una "zona

de ubicación" para los jefes paramilitares y sus escoltas en Santa Fe de Ralito (departamento de Córdoba) y suspendió las órdenes de captura que, realmente, permanecían sin efecto desde el inicio de las conversaciones. De este modo, comenzaba lo que muchos calificaron como "un encuentro entre amigos. La ley ofrece muy generosos beneficios judiciales, como la fuerte reducción de penas de privación de libertad y amplias posibilidades de libertad condicional, a quienes hayan cometido graves crímenes, sin una contribución efectiva al esclarecimiento de la verdad y a la reparación. Por estas razones, podría abrir paso a que haya impunidad".

18. Presencia de los llamados falsos positivos o asesinatos de civiles para recibir recompensas.

19. La puesta en práctica de la Política de Seguridad Democrática del Gobierno de Uribe Vélez ha hecho resurgir con fuerza en el país la doctrina de Seguridad Nacional exportada por Estados Unidos en la década de los años sesenta, que implica que todos los ciudadanos son combatientes y quienes no colaboren con la Fuerza Pública en la lucha contra el "enemigo interno" son sospechosos de terrorismo.

20. Presencia de una nueva generación de paramilitares: grupos Águilas Negras, Bacrím, Agrupaciones Nuevas.

21. Los asesinatos y amenizas a líderes, dirigentes sociales continúan en el país.

22. Una seguridad contraria al Estado de Derecho.
23. Corrupción y guerra sucia en la fuerza

pública.

9.7 Acuerdos de paz en el gobierno de Juan Manuel Santos

Para hablar de los Acuerdos de Paz, se retoma para este libro lo considerado en la cartilla, "Conozcamos el Acuerdo de Paz para la Construcción de la Escuela como Territorio de Paz" (Fundacion Mayéutica y CEID Simana), en la cual se plantea que las propuestas de las FARC se inspiraron en numerosas sugerencias que llegaron de los movimientos sociales, recogidas en foros públicos organizados por la ONU y la Universidad Nacional o enviadas a la Página Web que se abrió para ello. La población se llenó de optimismo por el discurso de Iván Márquez, jefe de la delegación negociadora de las FARC, en Oslo (Noruega), el 18 de octubre de 2012, al manifestar:

> "Una paz que no aborde la solución de los problemas económicos, políticos y sociales generadores del conflicto, es una veleidad y equivaldría a sembrar de quimeras el suelo de Colombia... venimos a la mesa con propuestas y proyectos para alcanzar la paz definitiva, una paz que implique una profunda desmilitarización del Estado y reformas socioeconómicas radicales que funden la democracia, la justicia y la libertad verdaderas"
> (Giraldo, p.9)

Pero la clase dominante representada por el Presidente Juan Manuel Santos, trazó unas líneas rojas para los diálogos en la Habana al señalar que en los diálogos no se discute el sistema democrático, ni el modelo económico, ni la propiedad privada, ni el tamaño ni el futuro de las Fuerzas Armadas. Por lo tanto, en los diálogos se presentaron una contradicción porque el conflicto armado sí tiene sus raíces en el modelo económico, político, de tierra y de propiedad privada. No se logró cambiar la política neoliberal, ni re-negociar los TLCs. El reclamo de los campesinos de titulación de tierras, programas de sustitución de cultivos, apoyo crediticio, asistencia técnica, inversión social en infraestructura y mercadeo agropecuario, busca integrar las economías campesinas al mercado capitalista.

A continuación se hace una breve descripción de lo pactado:

9.7.1 Participación política.

"Apertura democrática para construir la Paz, radica en tres puntos esenciales: Derechos y garantías para el ejercicio de la oposición, mecanismos de participación para las organizaciones y movimientos sociales y medidas para promocionar e incentivar la participación política por parte del grueso de la ciudadanía.

Además, se pretende crear las circunscripciones especiales de paz (pacto que, por ahora, no se contempla del acuerdo), para que los habitantes de las regiones más golpeadas por el conflicto puedan elegir temporalmente representantes a la cámara, adicionales a los existentes. Se fortalecerá la participación y el liderazgo de la mujer en los espacios públicos; revisar y modernizar el régimen electoral colombiano para propiciar mayores niveles de participación de la ciudadanía, garantizar la participación ciudadana en instancias de planeación territorial y construcción de políticas públicas.

Para la construcción de un nuevo país, los Acuerdos proponen: una mayor participación de los ciudadanos en los asuntos públicos, la creación de los consejos para la reconciliación y la convivencia, fortalecimiento de las organizaciones sociales, garantías para la movilización y la protesta, veedurías ciudadanas, rendición de cuentas, promover la planeación participativa para asegurar que la ciudadanía incida en las decisiones que involucran a sus comunidades, fortalecimiento de los medios de comunicación comunitarios, desarrollo de garantías de seguridad para líderes de organizaciones y movimientos sociales y defensores de derechos humanos en situación de riesgo y el establecimiento de garantías para el ejercicio de la política.

Con la Apertura Democrática para Construir la Paz, se da el tránsito de una organización armada a un nuevo partido o movimiento político: Fuerza Alternativa Revolucionaria del Común (FARC), fundado en agosto de 2017 por los ex-combatientes de la guerrilla, tras la firma de los Acuerdos de paz; con representación en el congreso con 5 senadores y 5 representantes durante 2 periodos electorales y se abre la posibilidad en el marco de lo socioeconómico para que los excombatientes diseñen, elaboren e implementen proyectos productivos individuales y asociativos con el propósito de que se les proporcione apoyo económico transitorio con el acompañamiento psicosocial y educativo.

Los puntos no aceptados por el Gobierno pero sustentados por las FARC son: la reforma del sistema electoral; la revisión de los mecanismos de participación ciudadana; la proscripción de tratamiento militar a la protesta social y desmantelamiento del ESMAD; la elección popular de organismos de control; la participación ciudadana en asuntos de interés nacional; la democratización de la información y comunicación; el ordenamiento territorial; el control social y popular de la política económica; la participación social en el CONPES; y otros organismos; la democratización de la justicia social urbana; derechos políticos y garantías de participación a comunidades étnicas mediante consulta previa; participación popular en integración latinoamericana y veeduría ciudadana a tratados y convenios con otros países.

9.7.2 Fin del conflicto.

Es el proceso que contempla esencialmente: la terminación de hostilidades, el cese del fuego bilateral y definitivo, dejación de armas por parte de las FARC – EP. Mecanismo de monitoreo y verificación a la dejación de armas, zonas veredales transitorias de normalización, zonas campamentarias y zonas de seguridad; y las garantías de seguridad: construcción de un Pacto Político Nacional, Comisión Nacional de Garantías de Seguridad para las comunidades, los territorios, las organizaciones sociales y políticas especialmente aquellas que ejercen oposición política y las que se conformen a partir del tránsito de las FARC -EP a la acción política legal; Unidad Especial de investigación para el desmantelamiento de organizaciones criminales y sucesoras del paramilitarismo, Sistema Integral de Seguridad para el Ejercicio de la Política – SISEP, Medidas de prevención y lucha contra la corrupción.

9.7.3 Solución al problema de las drogas ilícitas.

Se parte del criterio de que el problema de las drogas ilícitas es problema estructural y no se reduce únicamente a la guerrilla, por lo tanto, en el Acuerdo se busca promover la sustitución voluntaria de los cultivos de uso ilícito mediante la transformación de las condiciones territoriales de las zonas afectadas y la generación de condiciones de bienestar para las comunidades que habitan zonas afectadas, en particular de aquellas que derivan su subsistencia de esos cultivos.

En consecuencia, se contempla: Sustitución de cultivos de uso ilícito, desarrollo de proyectos productivos y construcción de una política de salud pública para el tratamiento del consumo: Enfoque de derechos y de salud pública para la intervención integral frente al consumo de drogas, planes de acción participativos frente al consumo, con enfoque territorial y poblacional, sistema de evaluación y seguimiento a la política en salud y prevención del consumo de drogas y, medidas requeridas para atacar el fenómeno del narcotráfico y sus redes de funcionamiento (Judicialización efectiva, estrategia política criminal contra carteles del narcotráfico, redes de apoyo y lavado de activos, estrategia integral de lucha contra la corrupción, control sobre la producción, importación y comercialización de insumos, Conferencia Internacional y espacios de diálogo regional para la evaluación de la política antidrogas.

Por lo anterior, se reconoce que el consumo de drogas ilícitas es una cuestión de salud pública que requiere un trabajo conjunto entre autoridades y comunidades. Se creará un Programa de Prevención del Consumo en niños, niñas y adolescentes. Se atenderá al consumidor de drogas ilícitas con acciones de rehabilitación e inserción social, priorizando poblaciones más vulnerables como habitantes de la calle, mujeres y población carcelaria.

Los puntos no aceptados por el Gobierno pero sustentados por las FARC son: el diseño de una nueva política criminal que englobe una nueva política anti-drogas; la suspensión inmediata de las aspersiones aéreas junto con la identificación de las víctimas de esas aspersiones y su reparación; la reestructuración del sistema de salud pública y la realización de una conferencia nacional sobre la política de lucha contra las drogas.

9.7.4 Acuerdo sobre las victimas del conflicto.

Los derechos de las víctimas son el centro del proceso de paz entre el Gobierno Nacional y las FARC – EP. Para la implementación de este acuerdo se declaran 10 principios: el reconocimiento de las víctimas, reconocimiento de responsabilidad respecto de las víctimas del conflicto, satisfacción de los derechos, participación, esclarecimiento de la verdad, medidas de reparación, garantías de protección y seguridad de las víctimas, garantía de no repetición, principio de reconciliación, enfoque de derechos.

El Sistema Integral de Verdad, Justicia, Reparación y No Repetición, está compuesto por diferentes mecanismos judiciales y extrajudiciales que se pondrán en marcha de manera coordinada con el fin de lograr la mayor satisfacción posible de los derechos de las víctimas, rendir cuentas de lo ocurrido, garantizar la seguridad jurídica de quienes participen en él, y contribuir a alcanzar la convivencia, la reconciliación, la no repetición para construir hechos de paz.

9.7.5 Comisión para el esclarecimiento de la verdad, la convivencia y la no repetición.

Se busca el esclarecimiento de lo ocurrido; promover el reconocimiento de las víctimas, de las responsabilidades individuales y colectivas de quienes participaron en el conflicto armado y la convivencia en los territorios mediante un ambiente transformador que permita la resolución pacífica de los conflictos y la construcción de una cultura del respeto y la tolerancia en la democracia.

9.7.6 Unidad de búsqueda de personas dadas por desaparecidas en el contexto y en razón del conflicto armado.

El propósito es conocer qué ha pasado con las personas dadas por desaparecidas como resultado de acciones de Agentes del Estado, de integrantes de las FARC – EP o de cualquier tipo de organización que haya participado en el conflicto, con el fin de satisfacer los derechos de las víctimas a la verdad y la reparación. MEDIDAS DE REPARACIÓN. Implica reconocimiento de responsabilidades, pedir perdón y comprometerse a repararlos.

Jurisdicción Especial para la Paz - JEP. Conjunto de órganos de administración de justicia especial que ejercerán funciones judiciales y cumplirán con el deber del Estado de investigar, juzgar y sancionar los delitos cometidos en el contexto y en razón del conflicto armado, en particular los más graves y representativos. En general, funcionará de manera autónoma y preferente sobre todas las conductas consideradas graves infracciones o graves violaciones de los DH, que haya tenido lugar en contexto y con ocasión del conflicto armado. Las sanciones son de carácter: propias (5-8 años), alternativas (5-8 años) y ordinarias (15-20 años).

Son propósitos de la JEP adoptar decisiones que otorguen plena seguridad jurídica a quienes participaron de manera directa o indirecta en el conflicto armado interno; satisfacer y proteger los derechos de las víctimas a la justicia; ofrecer verdad a la sociedad colombiana y contribuir al logro de una paz estable y duradera.

9.7.7 Garantías de no repetición.

Incluyen la dejación de las armas, la reincorporación a la vida civil y las garantías de seguridad. En el sistema integral participan víctimas, guerrilleros, agentes del Estado, paramilitares desmovilizados y terceros civiles (quienes financiaron o colaboraron con el conflicto). Las garantías de no repetición son el resultado de la implementación coordinada de todos los mecanismos y medidas planteadas en el Acuerdo Final.

9.7.8 Implementación, Verificación y Refrendación.

Se plantea una comisión de seguimiento y verificación del Acuerdo Final, se elabora un Plan Marco de Implementación de los Acuerdos a 10 años. La Verificación se hace a través de una instancia integrada por varias entidades y representantes internacionales para la implementación de cada uno de los puntos. El Acuerdo Final es refrendado por el congreso". (Tomado de Pantoja otro. Conozcamos el acuerdo de Paz... p.28 - 33)

Según el Centro Nacional de Memoria Histórica (2013), a lo largo del conflicto armado reciente y actual de Colombia, tenemos: de 1958 a 2012 se ha producido la muerte de 218.094 personas, de las cuales el 19 % eran combatientes y el 81 % civiles; de 1985 a 2012 se registraron 25.077 víctimas de desaparición forzada; de 1985 a 2012 se presentaron 5'712.506 víctimas de desplazamiento forzado; de 1988 a 2012 se conocen más de 10189 víctimas de minas; de 1988 a 2012 se han registrado 5116 víctimas de reclutamiento ilícito; de 1995 a 2012 se registraron 1982 casos de masacres en donde se calculan 11751 personas asesinadas. Las anteriores cifras, entre otras, se encuentran desagregadas por grupos guerrilleros, paramilitares, fuerzas armadas oficiales y fuerzas armadas no identificadas.

9.8. La administración de Iván Duque (2018 - 2022), gobierno del 'Pacto por Colombia, pacto por la equidad'. El plan de desarrollo muestra el recorte del gasto público, más privatizaciones, promoción de la inversión extranjera y el modelo extractivista, recorte de derechos de los trabajadores.

Incumplimiento sistemático al Acuerdo de Paz, a las víctimas y a la JEP.

El retorno de las aspersiones con glifosato para tratar de reducir la superficie cocalera en el país. Este problema durante años se ha traducido en el desplazamiento forzado de miles de colombianos y en un daño ambiental sin precedentes que, además, puso de manifiesto lo ineficaz de este recurso en la lucha contra las drogas.

El gobierno se niega a aplicar el protocolo para el retorno de los negociadores del ELN; y tiene una actitud protagónica en la búsqueda de un cambio de gobierno en Venezuela.

El 29 de agosto de 2019, Iván Márquez reapareció en un video junto con otros exlíderes de la extinta guerrilla para anunciar una nueva etapa de lucha armada. En el Manifiesto plantea: "La traición del Estado al Acuerdo de la Habana, una nueva modalidad operativa conocerá el Estado. Anunciamos nuestro desmarque total de las retenciones con fines económicos. La única 'impuestación' valida la aplicaremos a las economías ilegales y las multinacionales que saquean nuestras riquezas. Buscaremos coordinar esfuerzos con la guerrilla del ELN. La necesidad de un nuevo Gobierno".

En materia de justicia transicional se garantice que quienes han sido condenados por crímenes de lesa humanidad tengan una total incompatibilidad para ejercer la representación política.

Seguridad. Restablecer las redes de participación cívica como apoyo a la Fuerza Pública, busca reunir en un año un millón de cooperantes, control fronterizo con tecnología satelital, recordemos que Colombia pertenece a la OTAN. Aumentar el número de militares en las regiones del país. Denunciar a Venezuela ante la ONU por supuestos de albergar grupos armados ilegales en su territorio, entre ellos el ELN. Crear un fondo de atención humanitaria para inmigrantes.

Estados Unidos. Potenciar la relación comercial con EE.UU. a través del Tratado de Libre Comercio (TLC).

Economía. Simplificar el sistema tributario y bajar impuestos a quienes generan empleo. Reducir impuestos a las empresas hasta en un 27 por ciento para impulsar la generación de empleo. Potenciar los TLC, los que el país ya tiene firmados.

Medio Ambiente. Fortalecer el Sistema Nacional Ambiental y promover una matriz energética que integre energías renovables. Ejecutar un plan minero-energético que contempla cierre de empresas si éstas atentan contra el ecosistema.

Educación. Impartir formación técnica titulada en las escuelas de secundaria. En sus primeros meses de gobierno enfrentó un paro de las 32 universidades del país por la defensa de la educación superior pública porque la "La educación superior pública en Colombia está al borde del colapso", se necesitaría una inversión de $15 billones para infraestructura y 4.5 billones para funcionamiento. En la movilización confluyeron todos los estamentos universitarios (inclusive directivas) y centran su agenda común en la exigencia de financiación adecuada, ante la desfinanciación que amenaza su existencia; la defensa de la autonomía para trazar por cuenta propia su destino libre de injerencias y clientelismos y; la recuperación de su papel relevante para construir democracia.

También enfrenta el incumplimiento de los acuerdos con FECO-DE y otras organizaciones sociales, como los indígenas y campesinos del Cauca.

Salud. Sacar de funcionamiento a las empresas prestadoras de salud que se ven salpicadas en hechos de corrupción. Reordenar el sistema para devolverle su buena imagen y que los colombianos sientan que es un servicio "de ellos y para ellos".

En el inicio de su gobierno siguen creciendo los asesinatos a líderes sociales y sindicales, los cultivos de coca, la minería ilegal se mantiene, continúan los TLC, hay crisis del servicio de salud obligando a que el Procurador se pronuncie sobre el problema, no se vislumbra una política de Estado para resolver el problema del empleo. Para el presidente Duque los cultivos ilícitos, se han convertido en el principal elemento financiador del crimen organizado, con el Clan del Golfo, con la disidencia de las FARC, etcétera.

En este gobierno se presentó el día 17 de enero de 2019 el atentado del ELN en la Escuela de Policía General Santander de Bogotá, hecho que deja 22 personas muertas y al menos 68 heridas. En el mes de enero de 2019, desconoce al Presidente de Venezuela, Señor Nicolás Maduro Moros y los protocolos pactados con el ELN.

En los foros internacionales como en la OEA y Naciones Unidas, las posiciones de Colombia no han sido acogidas porque se alejan de la democracia, de lo pactado y principios de autodeterminación de los pueblos, respeto a la soberanía nacional y a la no injerencia en otros países.

9.9 Situación actual de los partidos y movimientos politicos en Colombia

La clase dominante tiene sus partidos políticos que la representan, se han convertido en empresas electorales sin diferencia programática entre ellos, como de alguna manera si lo hubo en el siglo XIX: partido conservador, el centro democrático, el partido liberal, Cambio Radical y el partido de la U. Con el Frente Nacional, conservadores y liberales se reparten el poder con prácticas corruptas de la administración pública. Son grupos electorales para satisfacer apetitos personales, familiares y burocráticos.

En estos partidos hay clientelismo cuya fuente es la pobreza y la ignorancia, los pobres se acercan a los políticos a pedirles cosas, existe compra-venta de votos, las campañas se han encarecido. Sus dirigentes son sumisos a los dictámenes de EE.UU y Europa, son conservadores, tradicionales, dominados por ideologías religiosas y de extrema derecha.

Sus empresas electorales controlan el Estado, el presupuesto y el empleo público. Manejan las conciencias de la gente con "limosnas", desarrolla el gamonalismo, el caciquismo y hacen interiorizar creencias falsas a través de las instituciones familiares, la escuela, el trabajo y los medios de comunicación de masas.

La clase de los trabajadores están construyendo la UNIDAD en torno a un nuevo bloque alternativo de poder, aunque todavía hay dogmatismos, autoritarismos, individualismo e intereses personales en algunos sectores. Lo conforman las bases del Polo, Decentes, Verdes, Progresistas, Colombia Humana, Unión patriótica, MOIR, Marcha patriótica, el nuevo partido Fuerza Alternativa Revolucionaria del Común y movimientos indígenas, sociales y campesinos. En las últimas elecciones de 2018, esta unidad se expresó con la candidatura de Gustavo Petro obteniendo una votación historica de 8'040.449.

Es decir, encontramos de un lado, un modelo de corte autoritario que económicamente beneficia los monopolios y profundiza las desigualdades, se alindera con el racismo, rechaza la diversidad y muestra desprecio por la diferencia: representa la burguesía tradicional, representantes de la inversión extranjera, de las empresas transnacionales y sectores emergentes ligados al narcotráfico, el paramilitarismo, o el contrabando. Profundiza un sistema económico cargado de privilegios para los más poderosos, que buscan la "pacificación" de los territorios, la represión y estigmatización del movimiento social.

El otro modelo es de un pensamiento alternativo democrático, garantista de derechos, que económicamente se asume no extractivista redistributivo y amigable con el ambiente, con la libertad de pensamiento, de credos y reconoce las múltiples diversidades de la vida social. Es una propuesta democrática, diversa y pluralista de conquista de derechos sociales consecuente con el espíritu de la Constitución de 1991. Busca realizar reformas aplazadas por más de dos siglos en nuestra sociedad, en particular la reforma agraria y acabar con la dependencia externa.

Un problema por resolver es la abstención, fenómeno explicable a partir de la apatía, la ignorancia política y la falta de formación en el campo social.

9.10 Grupos sociales en Colombia

9.10.1 ¿Cuántos somos y dónde vivimos? En el año 2018 se realizó el Censo Nacional de Población y Vivienda (CNPV), información estadística que sirve para definir políticas, programas, proyectos y asignación de recursos en el ámbito departamental y municipal. Según las cifras entregadas por el Director del DANE en el año de 2019, Colombia tiene una población de 48.258.494.

La mayoría de los colombianos vive en cabeceras municipales 77.1%, rural disperso (fincas rurales) 15.8%, centros poblados (concentración de mínimo veinte (20) viviendas ubicadas en el área rural) 7.1%. En el norte y oriente del país predominan los hogares de mayor tamaño (más de 3 personas), en contraste en el centro y suroccidente predominan los hogares con menos de 3 personas. El tamaño promedio de los hogares en Colombia 3,1 personas. Por grupos de edades la población se distribuye así: 0-14 años 22.6%; 15 a 65 años 68.2%; 65 años y más 9.1%.

Las viviendas en acceso a servicios públicos tiene el siguiente comportamiento: energía eléctrica 96.3%, acueducto 86.4%, alcantarillado 76,6%, gas natural 66.8%, recolección de basuras 81.6%, internet fijo o móvil 43.4%.

Según el informe del 6 de noviembre de 2018, La Guajira, Sucre, Córdoba, Vichada y Chocó son los departamentos con las tasas de alfabetismo más bajas del país (entre el 83 y 90%). Viven en casas 61.4%, apartamentos 33.1%, tipo cuarto 4.4%, vivienda tradicional indígena 0.9%, otro como: cueva, refugio natural, carpa 01%.

En el último año, Bogotá, Valle del Cauca y Antioquia concentran los principales destinos de todos los inmigrantes internacionales; el 88,8% declararon ser procedentes de Venezuela (391.577). El 7,2% de la población que respondió al censo, dijo presentar alguna dificultad funcional para realizar sus actividades diarias.

9.10.2 Clases sociales. En Colombia existen las siguientes clases sociales:

1. La clase dominante conformada por capitalistas, burgueses, financieros, empresarios, terratenientes, dueños de los bancos, las industrias, la tierra; es decir de los medios de producción.

2. La clase obrera que sólo posee la fuerza de trabajo y la vende. A lo anterior hay que sumarle la cantidad grande de desempleados o gentes sin trabajo, reflejado en el rebusque, que invade andenes y semáforos a lo largo y ancho del país.

3. La clase media, conformada por asalariados, los campesinos con pequeñas propiedades, los funcionarios, los profesionales, los pequeños productores y los mandos intermedios de las empresas.

La clase dominante acumuló riqueza a través del comercio, el saqueo, el pillaje, la piratería, la explotación. Estas propiedades se perpetúan a través de la herencia y las leyes.

Entre estas clases sociales hay contradicciones, luchas por la defensa de intereses, unos por enriquecerse más y otros por mejorar sus condiciones de vida y de trabajo. La Historia muestra que esa lucha se expresa en un mitin o plantón, en la negociación de un pliego de peticiones, una marcha, una huelga obrera, un paro cívico, una huelga general, hasta la insurrección armada y la revolución.

La clase social de los trabajadores cada día va adquiriendo conciencia de clase, es decir, se da cuenta que para mejorar sus condiciones hay necesidad de luchar contra sus opresores.

La definición más conocida de clase social la formuló Lenin: "Las clases sociales son grupos humanos, uno de los cuales puede apropiarse del trabajo del otro por ocupar puestos diferentes en un régimen determinado de economía social" (Lenin Las Clases sociales).

En Colombia para disfrazar la existencia de clases sociales se ideó la estratificación social que según el Departamento de Planeación Nacional, los estratos socioeconómicos en los que se pueden clasificar las viviendas y/o los predios son 6: 1. Bajo-bajo, 2. Bajo, 3. Medio-bajo, 4. Medio, 5. Medio-alto y 6. Alto. Esta estrateficación le permite, en algunos casos, recibir subsidios en servicios públicos y, en otros, lo obliga a pagar un poco más para ayudarle a los más pobres.

Los estratos 1, 2 y 3 corresponden a estratos bajos donde viven los usuarios con menores recursos, los cuales son beneficiarios de subsidios en los servicios públicos domiciliarios o SISBEN; los estratos 5 y 6 corresponden a estratos altos que albergan a los usuarios con mayores recursos económicos, los cuales deben pagar sobrecostos (contribución) sobre el valor de los servicios públicos domiciliarios. El estrato 4 no es beneficiario de subsidios, ni debe pagar sobrecostos, paga exactamente el valor que la empresa defina como costo de prestación del servicio.

Es decir, en el país la estratificación oficial no depende de los ingresos que tenga la familia, sino de las condiciones de la vivienda. Para el Dane, la pobreza es precisamente el limitante económico que impide a un hogar acceder a una vivienda mejor, así como le impide proveerse de otros bienes y servicios (salud, educación, recreación, etc.)

Planeación Nacional explica que la estratificación no se hace con base en los ingresos del hogar porque esos factores son inmanejables para la estratificación requerida, entre otras razones, por el volumen de datos que habría que recolectar, por su variabilidad a corto plazo, porque no constituyen información confiable dada la magnitud de la informalidad y el desplazamiento continuo de las familias y, fundamentalmente, porque las normas relativas a la estratificación ordenan que se deben estratificar los inmuebles residenciales y no los hogares. Este planteamiento es para favorecer a las transnacionales y a los ricos de Colombia.

Conozcamos como información los aspectos que se tienen en cuenta para clasificarse en un estrato determinado:

Vías de Acceso: Qué tipo tiene, que puede ser sendero, peatonal, vehicular en tierra, vehicular en recebo y vehicular en cemento.

Vivienda: tamaño del frente: Hasta 7 m, entre 7 y 9 m, entre 9 y 12 m y más de 12 m. *Andén:* si tiene, sin zona verde o andén con zona verde. *Antejardín:* Sin, pequeño, mediano, grande. *Garaje:* Sin, con garaje cubierto usado para otros fines, con parqueadero, con garaje adicionado a la vivienda, con garaje sencillo que hace parte del diseño original de la vivienda, con garaje doble o en sótano. *Fachadas:* construidas con desechos, sin cubrir, en revoque sin pintura, en revoque con pintura, con enchapes. *Techos:* con desechos, placa de entrepiso, terraza.

9.10.3 Grupos de población especificos. Existen dificultades concretas en poblaciones como la indígena, afrocolombianos, raizales, pueblos gitanos, Lgbti.

9.10.3.1 Población Indígena. Colombia es un país multiétnico y pluricultural. Según la ONIC, hay 1.392.623 personas indígenas, pertenecientes a 102 pueblos diferentes. Cada uno de esos pueblos se distinguen por su propia cultura, historia, organización social y política, estrucutura económica, cosmovisión y actitudes ante el ambiente.

> "En el país se habla actualmente 64 lenguas autóctonas, agrupadas en 13 familias distintas. Hay 32 pueblos indígenas en riesgo de extinción, ya sea por el conflicto armado, la discriminación, la pobreza y el abandono institucional. Hay pueblos como los NUKAK MAKÚ, departamento del Guaviare, que aún son nómadas, cazadores y recolectores.
> Los territorios indígenas reconocidos abarcan una tercera parte del territorio colombiano. Se están tramitando más de 500 reclamaciones pendientes de solicitudes de titulación, delimitación y demarcación territorial. El derecho a la propiedad territorial indígena es importante porque es garantía para el desarrollo de la cultura, la integridad, la supervivencia económica, alimentación, agua, salud, honor y dignidad.
> En la Amazonía hay 83 entidades territoriales (resguardos y reservas). En la Orinoquia, con 124 entes territoriales, (resguardos y reservas). La región Centro Oriente, con 28 resguardos. La región de Occidente con 222 resguardos. La Costa Atlántica cuenta con 22 entes territoriales" (Unicef. los pueblos indígenas en colombia, p.24)

Los cultivos ilícitos. La expansión de los cultivos ilícitos en los territorios indígenas tiene que ver con los siguientes factores:

• La tradición indígena del uso de la coca.

• La situación de pobreza, la falta de apoyo estatal en muchas comunidades indígenas los ha empujado a los cultivos ilícitos en procura de unos ingresos económicos que nunca han podido lograr en la economía legal.

• Para las mafias los territorios indígenas presentan condiciones propicias, por ser zonas alejadas, de difícil acceso, con nula o poca presencia estatal y con abundancia de bosques que les permiten mimetizar los cultivos, los laboratorios de procesamiento y demás requerimientos de la economía ilegal.

Con los cultivos ilícitos llegaron a las comunidades nuevos problemas como la invasión territorial por parte de colonos y cultivadores de coca y amapola, la deforestación, la degradación de los recursos naturales, la desorganización de las comunidades, el descontrol de la juventud, la desintegración familiar, la pérdida de identidad cultural, la violencia de los narcotraficantes, la delincuencia común, los grupos armados y muchos otros problemas que terminaron agravando la situación de las comunidades.

La presión ha empujado el cultivo de la coca hacia los departamentos de Nariño, Amazonas, Vaupés, a lo largo del río Apaporis, Caquetá y Guaviare, donde frágiles comunidades, que han tenido escaso contacto con el blanco, padecen la brutal llegada de la colonización cocalera.

Los derechos humanos. Los pueblos indígenas tienen derechos establecidos en la declaración de las Naciones Unidas y la actual Constitución Colombiana a:

Mejoramiento económico y social, a la diversidad étnica y cultural, a la igualdad de las culturas, a la oficialidad de las lenguas indígenas en sus territorio, a la educación bilingüe e intercultural, a la educación en sus tradiciones, a la propiedad de la tierra. Los resguardos son de propiedad colectiva y no enajenable, de autonomía para administrar justicia, para explotar sus recursos en territorio indígena, y tener la acción de tutela como defensa.

Hoy en día hay presión por parte de narcolatifundistas hacia estos territorios a través de la violencia paramilitar, expulsando colonos y campesinos, población negra e indígena. Esto a pesar de que los resguardos indígenas y territorios colectivos de las comunidades negras, están consagrados por la Constitución Nacional como territorios imprescriptibles, inembargables e inajenables.

9.10.3.2 Situación de los pueblos afrocolombianos. De acuerdo con el Informne del Movimiento Nacional Afrocolombiano CIMARRÓN sobre la situación de la población afrocolombiana, encontramos que con la Constitución de 1991, se aceptó por primera vez en la historia, que Colombia sea una nación pluriétnica y multicultural.

Se considera que en teoría se promueve el respeto a los derechos humanos, sociales, políticos, territoriales, económicos y culturales de las comunidades afrocolombianas, la no discrimación, igualdad de oportunidades a servicios y en políticas sociales. Sin embargo, en la práctica hay exclusión a los espacios socio-políticos, al crédito, a la infraestrucutra adecuada (vivienda, transporte, agua, saneamiento), a los servicios sociales (salud y educación) y al mercado laboral.

El Informe señala que "el 30% de la población en Colombia es afrocolombiana, en ella hay discriminación, su gran mayoría son pobres, el analfabetismo es más alto que en la gente blanca y mestiza, el acceso a la educación superior es más complicado, por su falta de recursos y la exclusión de la que son víctimas" (Reales, p.5).

Según información estadística del DNP, se tiene que:

• Las zonas de mayor predominio de población afrocolombiana son aquellas que presentan los más bajos índices de calidad de vida del país.

• En los departamentos del Pacífico colombiano, de cada 100 jóvenes afros que terminan la secundaria, sólo 2 ingresan a la educación superior.

• La exclusión está ligada a los más bajos indicadores de salud y educación, y a las pocas oportunidades de generación de ingresos.

• Aproximadamente el 85% de la población afrocolombiana vive en condiciones de pobreza y marginalidad, sin acceso a todos los servicios públicos básicos.

• Los medios de comunicación se han convertido en los principales difusores del racismo y discriminación, por ejemplo a los afro, se los tilda de morochos, negritos, niches, negros.

> "A pesar de la amplia legislación en derechos humanos, los últimos gobiernos no han hecho efectivos ni los tratados internacionales ratificados ni las recomendaciones de la Oficina del Alto Comisionado de Derechos Humanos que buscan proteger las comunidades afrocolombianas. La pobreza y la ausencia de oportunidades originadas por la discriminación racial impulsan a jóvenes afro a prostituirse en las grandes ciudades como Barranquilla, Bogotá, Medellín, Cali, Cartagena, etc" (Reales, Leonardo. Informe del Movimiento Nacional Afrocolombiano, 1994-2004. p.12).

Es hora de recomendar y exigir a los medios de comunicación, a las escuelas y colegios la prohibición del lenguaje discriminatorio contra la población afro. Se garantice la participación afrocolombiana en todas las esferas políticas y socio-económicas. Se elimine la discriminación racial ocupacional. Impulsar la creación de una institución estatal dedicada a estudios y encontrar soluciones a la problemática afro.

9.10.3.3 Habitante de calle. El fenómeno de los habitantes de calle e indigentes tiene sus raíces en la estructura de la sociedad colombiana, donde los ricos se vuelven más ricos y los pobres en indigentes, en la desigualdad de oportunidades y la inequitativa distribución de la riqueza. Además influye en este fenómeno la desintegración familiar. Este problema afecta no solo a la población directamente implicada (habitante de calle e indigentes) sino también a otros grupos poblacionales que ven perjudicados sus intereses y estilos de vida por la presencia de ellos.

María Elena Correa Arango, en el documento "Para una Nueva Comprensión de las Características y la Atención Social a los Habitantes de Calle", señala que

> "Esta población está ligada al alcoholismo, drogadicción, prostitución, maltrato, explotación infantil; y en general conductas que atentan contra la tranquilidad y seguridad ciudadana. Ejercen la mendicidad, ejercen trabajos informales (cuidar carros, limpiar vidrios, cargar y descargar mercancías, facilitan a la vez la distribución y consumo de drogas, armas, explosivos, ejercen el atraco, el hurto. La situación del habitante de calle afecta a la comunidad entera" (Correa, p.3)

¿Se puede resolver este problema?, claro que sí, si tenemos gobiernos con voluntad política para hacerlo, con suficientes recursos económicos a partir de acabar la corrupción de quienes dirigen el gobierno, colocando más impuestos a las multinacionales, que todos los colombianos paguen los impuestos que corresponda, no vendiendo empresas estatales, creando más empresas estatales. Con estos recursos bien administrados se deben otorgar subsidios de desempleo para financiar apartamentos o viviendas estatales con acompañamiento posterior de trabajadores sociales para ayudarles a enderezar sus vidas en temas como la adicción a sustancias y el desempleo.

Esta política debe extenderse para los desempleados de Colombia, población carcelaria y demás habitantesque necesiten apoyo estatal como los de la tercera edad.

9.10.3.4 El pueblo ROM. Los gitanos, una cultura milenaria de tradición migratoria.

María Marcela Hoyos Quintero en artículo que se refiere a El pueblo Rom en el año 2005, nos muestra la siguiente información: El Pueblo Rom es originario de Egipto, se trasladó a España, posteriormente a Europa y finalmente a América Latina. La razón de las diferentes olas migratorias, obedece a persecuciones por razones religiosas, ideológicas, políticas y económicas.

> "Generalmente los Rom no envían a sus hijos a la escuela y prefieren que ellos aprendan de la sabiduría de sus ancianos y del idioma Romanés, para preservar así su cultura y la tradición oral que los caracteriza.
> En la actualidad existen en Colombia aproximadamente cinco mil gitanos. Habitan en Bogotá, Cúcuta, Cartagena, Calí, Pasto, Barranquilla, Girón, Sogamoso, Itaguí, Fusagasugá, Funza, Zipaquirá y Dos quebradas.
> En el caso colombiano, aunque existe el reconocimiento legal de las minorías étnicas, sus deberes y sus derechos a través de la Carta Política de 1991, los Rom no han logrado los mismos resultados en sus reivindicaciones culturales, sociales, políticas y económicas que los obtenidos por comunidades indígenas y afrocolombianas. Adolecen de las necesidades ...en educación, salud y empleo" (Hoyos, María. Art. Int. 2005, p.2)

Comúnmente los miembros del Pueblo Rom, los gitanos, han sido reconocidos a través de un estigma negativo al presentarlos en telenovelas como busca pleitos o adivinas y brujas, se desconocen muchas de las características reales que distinguen a este particular pueblo milenario que llegó a América Latina con el tercer viaje de Cristóbal Colón . Hoy están en proceso de organización para alcanzar reivindicaciones que resuelvan la problemática planteada.

9.10.3.5 Raizales. Es la población nativa de las islas de San Andrés, Providencia y Santa Catalina, que para evitar confusión con la denominación de nativos dada a los indígenas se hacen llamar raizales. Los raizales son el producto del mestizaje entre indígenas, españoles, franceses, ingleses, holandeses y africanos; primando la cultura británica que fue la que colonizó de manera más fuerte las islas caribe.

Carlos Barraza Escobar, en artículo de 2017 denominado, "Raizales, un pueblo con cultura y tradición que lucha por su autonomía", muestra que sus líderes raizales hoy trabajan de la mano con el Ministerio del Interior en la consolidación del Estatuto Raizal.

> "Entre los puntos que se están estudiando... están la caracterización y el derecho a la tierra por parte de la comunidad raizal, así como la protección del medio ambiente, y el control poblacional y sobre población. Precisamente este tema es prioridad en el estatuto raizal, en el mismo se plantea un punto que le entregue autonomía para que pueda accionar el programa de retorno voluntario de personas en condición de legalidad desde las islas hasta las ciudades de orígenes en el continente colombiano... se busca que se consoliden estas iniciativas con el fin de garantizar la preservación de la etnia raizal, única en nuestro país" (Barraza, Carlos.Art. de 2017 p 3)

9.10.3.6 Lesbianas, gays, bisexuales, transexuales e intersexuales LGBTI. Se hace necesario hacer unas precisiones y una clarificación de términos teniendo en cuenta los documentos producidos por organizaciones LGBTI que tiene que ver con esta población.

"La orientación sexual se refiere a la atracción física, romántica y emocional de una persona por otras personas. Todo el mundo tiene una orientación sexual, que es integral a la identidad de la persona.

La identidad de género de una persona suele ser compatible con el sexo que se le asigna al nacer. En el caso de las personas transgénero, hay una incompatibilidad entre su sentido de su propio género y el sexo que se le asignó al nacer.

Transgénero o ("trans"), es un término que se utiliza para describir a una amplia gama de identidades –incluidas las personas transexuales-, personas que se visten con la ropa de otro sexo (a veces denominadas "travestis"), personas que se identifican como pertenecientes al tercer género y otras cuya apariencia y características se perciben como de género atípico. Las mujeres trans se identifican como mujeres pese a haber sido clasificadas como varones al nacer. Los hombres trans se identifican como hombres pese a haber sido clasificados como hembras al nacer. Algunas personas transgénero optan por la cirugía o los tratamientos con hormonas para adecuar su cuerpo a su identidad de género; y otras no.

Una persona intersexual nace con una anatomía sexual, órganos reproductivos o patrones cromosómicos que no se ajustan a la definición típica del hombre o de la mujer. Una persona intersexual puede identificarse como hombre o como mujer o como ninguna de las dos cosas. La condición de intersexual no tiene que ver con la orientación sexual o la identidad de género; las personas intersexuales experimentan la misma gama de orientaciones sexuales e identidades de género que las personas que no lo son.

Hay personas LGBTI en todas partes, en todos los países, en todos los grupos étnicos, en todos los niveles socioeconómicos y en todas las comunidades. Las personas LGBTI siempre han formado parte de nuestras comunidades. Hay ejemplos de cada localidad y período histórico, desde las pinturas rupestres prehistóricas de Sudáfrica y Egipto hasta los antiguos textos médicos de la India y la literatura otomana antigua. Muchas sociedades han sido tradicionalmente receptivas a las personas LGBTI, en particular varias sociedades de Asia que han reconocido tradicionalmente un tercer género.

Este tipo de población ha sido objeto de homofobia que es un temor, un odio o una aversión irracional hacia las personas lesbianas, gays o bisexuales; lo mismo que la transfobia que denota un temor, un odio o una aversión irracional hacia las personas transgénero. Este grupo de población ha padecido violaciones de sus derechos humanos al ser agredidas físicamente, secuestradas, violadas y asesinadas. Han sido objeto de intimidación en la escuela, en la familia y en la sociedad; han llegado a ser expulsados de sus hogares por sus padres, internados por la fuerza en instituciones siquiátricas u obligados a contraer matrimonio. A las personas transgénero se les suele denegar documentos de identidad que reflejen su género preferido, sin los cuales no pueden trabajar, viajar, abrir una cuenta bancaria o acceder a los servicios.

Es de vital importancia tener acceso a una educación sexual apropiada a partir de una información adecuada. La negación de esa clase de información contribuye al estigma y puede causar que los jóvenes LGBTI se sientan aislados y deprimidos, lo que obliga a algunos a abandonar sus estudios y contribuye a aumentar las tasas de suicidio. Tengamos en cuenta que las personas LGBTI en todo el mundo pueden ser buenos padres, maestros y ejemplos para los jóvenes. La idea de presentar a las personas LGBTI como "pedófilos" o peligrosas para los niños es totalmente incorrecta y ofensiva y distrae de la necesidad de adoptar importantes medidas apropiadas para proteger a los niños, incluidas las que reconocen su orientación sexual y su identidad de género.

Hoy en día hay normas internacionales de derechos humanos que establecen la obligación jurídica de los Estados de velar porque todas las personas, sin distinción, puedan disfrutar sus derechos humanos. La orientación sexual y la identidad de género de una persona son una condición, como la raza, el sexo, el color de la piel o la religión. Los expertos en derechos humanos de las Naciones Unidas han confirmado que el derecho internacional prohíbe la discriminación por motivos de orientación sexual o identidad de género. Los derechos humanos son universales: todo ser humano tiene los mismos derechos, no importa quién sea ni dónde viva. Si bien la historia, la cultura y la región revisten importancia desde el punto de vista contextual, todos los Estados, sin distinción de sus sistemas políticos, económicos y culturales, tienen el deber jurídico de promover y proteger los derechos humanos de todas las personas.

La Declaración Universal de los Derechos del Hombre estipula que " Toda persona tiene todos los derechos y libertades proclamados

> en esta Declaración, sin distinción alguna de
> raza, color, sexo, idioma, religión, opinión
> política o de cualquier otra índole, origen
> nacional o social, posición económica, naci-
> miento o cualquier otra condición", de esta
> forma se hace énfasis en el absoluto derecho
> que tiene cada ser humano a no ser discrimi-
> nado por razón de su orientación sexual o
> su identidad de género". (Naciones Unidas
> Libres e Iguales. p.1 - 2)

Colombia se ha caracterizado por ser un país de línea conservadora y renuente a abrir las fronteras del pensamiento y la
libertad. Por medio de sus estrategias de movilización colectiva,
el Movimiento LGBTI ha ganado diversas batallas, sus logros se
pueden evidenciar en la Constitución de 1991 a partir de establecer "Todas las personas nacen libres e iguales ante la ley, recibirán la misma protección y trato de las autoridades y gozarán de
los mismos derechos, libertades y oportunidades sin ninguna discriminación por razones de sexo, raza, origen nacional o familiar,
lengua, religión, opinión política o filosófica. Todas las personas
tienen derecho al libre desarrollo de su personalidad sin más limitaciones que las que imponen los derechos de los demás y el
orden jurídico". Se ha aprovechado la Acción de Tutela, como
mecanismo de defensa de esos derechos.

Según documento Colombia Diversa mencionamos los siguientes logros: Cambio de nombre para las personas transgénero, derecho a la igualdad, a la educación, seguridad social a
parejas del mismo sexo, derecho a visita íntima lésbica en cárceles, derechos patrimoniales, sustitución pensional compañero/a
permanente del mismo sexo, reconocimiento de derechos: civiles,
políticos, penales, sociales de las parejas del mismo sexo; pensiones y reconocimiento de que las parejas del mismo sexo constituyen familia, eliminar impedimento de donar sangre para gays
y lesbianas; adopción individual, derecho a cirugía, reasignación
de sexo a personas trans por EPS, protección de la orientación
sexual y la identidad de género en los manuales de convivencia

escolar, adopción hijo biológico, parejas del mismo sexo, prohibición por discriminación por orientación sexual e identidad de género en instituciones educativas; entre otros.

La lucha por alcanzar más reivindicaciones, para que el Estado colombiano cumpla con la obligación de resolver problemáticas de esta población y garantizar la igualdad y justicia para todos sin importar su orientación sexual, continúa.

9.11. Problemática socioeconómica de Colombia

Esta problemática se traduce en disminución masiva de posibilidad de trabajo, el verse afectada la producción nacional por el ingreso de mercaderías extranjeras, deterioro de las condiciones laborales, incremento desmesurado de la informalidad y de la emigración de colombianos.

No se protege la producción nacional y las importaciones de productos agrícolas disparan el desempleo rural, el desplazamiento humano y aumento de índices de delincuencia, prostitución, índices de pobreza e indigencia, mortalidad infantil y malnutrición.

Cada vez se concentra el capital en pocas manos, se destruye rápidamente la naturaleza y los problemas ambientales se hacen más difíciles de resolver, peligra la identidad cultural y territorial; se incrementa la deuda, se consolida el intercambio desigual, disminuyen los precios de los productos agrícolas y se incrementan los productos industriales. El país pierde soberanía con las transnacionales que buscan: eliminar impuestos para obtener más ganancias y garantías laborales para pagar menos y ganar más.

Con las transnacionales se afecta la industria, la producción nacional y autonomía del país, cuando, el capital extranjero se apropia de los recursos naturales (tierra, bosques, selvas, áreas de turismo, recursos mineros, agua, etc), de los bancos, aseguradoras, fiducias, fondos de pensiones y cesantías, bolsa de valores; o compra de empresas estatales.

"Hay una dictadura mediática de los grandes grupos económicos, a través de sus empresas periodísticas, que configuran un cartel del terrorismo ideológico y cultural y son los puntales de la guerra informativa contra la población y contra todos los que consideran sus enemigos…Allí se encuentran pocas familias, como los Santos, Ardila Lule, Santodomingo y los grupos Prisa y Planeta de España… hoy tiene un ejército de 400 mil efectivos y cuenta con más policías y soldados que profesores, médicos o enfermeros… instalación de bases militares de los Estados Unidos en nuestro suelo… En los últimos 20 años han sido asesinados 3000 dirigentes sindicales… La producción de la coca está generando pérdida de bosques naturales, destrucción de flora y fauna, contaminación de ríos por las fumigaciones, descomposición social, destrucción de las economías campesinas e indígenas, desarraigo al territorio, violencia por el control de estas zonas, el costo de vidas, alta población carcelaria" (Vega, C. El Pensamiento Crítico en un Mundo Incierto. p5)

"A junio de 2017, según estadísticas del Dane, los desempleados sumaron en Colombia 2,2 millones de personas…los subempleados …alcanzaron a 7,3 millones… la informalidad nacional sin contrato laboral ni seguridad social se encuentran 14,6 millones de trabajadores... no estudian ni trabajan (2,4 millones)… (con base en las estadísticas del Centro Nacional de Memoria Histórica, se estima que en Colombia, entre 1958-2015, el conflicto armado interno causó la muerte a 230.000 personas)…Colombia está en el rango de los países con menor tasa de sindicalización del mundo... con el mayor número de asesinatos de sindicalistas y lideres sociales… concentrando el 63 por ciento de los

casos; la impunidad supera el 96 por ciento"
(Sarmiento, 2030. Prospectiva de la clase trabajadora en Colombia, p.1)

Los gobiernos colombianos han sobresalido por su represión a
las luchas populares, veamos:

> "Masacró a los obreros de las bananeras
> (1928) y más tarde a los de las cementeras
> (1963) con la más escalofriante frialdad...
> Emitió un Estatuto de Seguridad (1978) que
> le sirvió para torturar a más de 60.000 colom-
> bianos. Sometió a genocidio al partido polí-
> tico legal Unión Patriótica,.. Adoptó el más
> aterrador método hitleriano desapareciendo
> a más de 70.000 colombianos a partir de los
> años 70, entre muchísimas otras atrocidades"
> (Giraldo, p.3)

La corrupción le está costando a Colombia, según el contra-
lor general Edgardo Maya, 50 billones de pesos al año. Entre las
causas podemos mencionar: la concentración creciente del poder
en el ejecutivo, el clientelismo, la impunidad, la falta de transparencia en la financiación de la política, la "cultura del atajo" y
el "todo vale", una débil cultura de rendición de cuentas, el incumplimiento por parte de muchas entidades públicas del derecho
de acceso a la información e incumplimiento de la normatividad
vigente.

La corrupción está inmersa en toda la sociedad, involucrando
al sector público, al sector privado y a la ciudadanía. Dicho en
otras palabras, el fenómeno parece estar relacionado con causas
de orden ético, social, político y administrativo. Recordemos los
nombres de Odebrecht, Reficar, Interbolsa, SaludCoop, Hidroi-
tuango, alimentación escolar, bonos de agua, relacionados a corrupción. Esto genera indignación en la opinión.

Frente a la problemática general considerada se hace necesario impulsar el pensamiento crítico a partir de mejorar la calidad

y pertinencia de la educación en todas las áreas del conocimeinto, investigación, tecnología e innovasión y su articulación a la academia, empresa, sociedad y Estado.

Fortalecer procesos de ciencia propia para disminuír los diferentes tipos de dependencia. La educación científica debe generar una conciencia nacional que lleve a su organización y búsquedas de alternativas de poder para defender la sobernaía nacional, el desarrollo sostenible, trabajo digno para todos, defender los recursos naturales, mineros y energéticos a partir de su nacionalización.

Revisar los tratados de libre comercio para que se defienda la agricultura, al campesino y la industria nacional; reorganización de la Deuda Pública (externa e interna). Adelantar una reforma agraria que entregue la tierra al campesino con apoyo integral a la economía campesina. El Estado debe garantizar educación, salud, industrialización de nuestras materias primas y desarrollo de un modelo productivo respetuoso de la naturaleza; y recuperación de los servicios públicos domiciliarios para el Estado e integración latinoamericana.

La clase social de los trabajadores cada día lucha más en defensa de sus intereses, se organiza en el movimiento sindical, social, estudiantil que luchan por la paz, los derechos humanos, el derecho a los servicios públicos, a la movilidad, al empleo formal, a la defensa del agua y el desarrollo del país.

Edwin Cruz Rodríguez, señala que las protestas han tendio como factores principales la lucha contra el neoliberalismo, los tratados de libre comercio y la minería que generan perversas consecuencias para los sectores rurales, la educación y la salud. Han protestado los transportadores de carga por los fletes, los trabajadores de la Pacific Rubiales por mejores condiciones de trabajo, los estudiantes contra la desfinanciación de la educación, las comunidades contra los megaproyectos hidroeléctricos y mineros, etc.

En el norte del Cauca se protesta por la desmilitarización de los territorios tanto por parte de la fuerza pública como de los sectores armados ilegales y por la tierra de los indígenas. Se protesta por la mercantilización de los servicios de salud y educación, y el alto costo de los servicios públicos, así como de la extranjerización de la propiedad agraria y las consecuencias negativas de la minera-energética. Protestan los empleados de la Rama Judicial, los maestros, las centrales obreras, los campesinos, los indígenas, las víctimas del conflicto armado.

Se han movilizado los cafeteros, los productores de papa de Boyacá, Cundinamarca y Nariño por los altos costos de los agro insumos y por la defensa de la producción nacional, buscan mayores controles a la importación, precios de sustentación y seguros por cosecha, para impedir la pérdida de capital de los papicultores y el consiguiente remate de sus propiedades por parte de entidades crediticias. Se han movilizado los campesinos del Catatumbo en contra de la erradicación forzada de cultivos ilícitos.

Ante los incumplimientos del gobierno el pueblo se organiza en la Mesa Nacional de Unidad Agropecuaria que agrupa los movimientos de dignidad arrocera, cafeteros, cacaoteros, panelera y papera que rechazan los TLC y buscan la condonación de deudas a pequeños productores.

Como se puede ver hay un incremento de la protesta, hay procesos organizativos que van en avance hacia la Unidad del Pueblo Colombiano.

En el mes de enero de 2019, Iván Márquez dirige un mensaje a la XXIV Conferencia Rosa Luxemburg que se desarrolló en Berlín (Alemania), en el cual señala que 2 años después de la firma de los acuerdos de paz, el balance es desalentador, dado que en ese periodo han sido asesinados más de 400 líderes sociales y 85 guerrilleros; cambiaron el texto original de la Habana, se debilitó la Justicia Especial para la Paz, no se ha puesto en funcionamiento la unidad de lucha contra el paramilitarismo, hay inseguridad jurídica para los excomtabientes, como el caso Jesús Sántrich, 400 guerrilleros no han quedado en libertad. Expresa finalmente que la guerrilla se equivocó al aceptar la entrega de las armas antes de la incorporación de los excombatientes, enfatiza que van a dar la pelea para tratar de recomponer los acuerdos y que se mantendrá la bandera de la paz.

9.12 Cultura y Educación

Hoy la educación colombiana está orientada en la formación de personas con competencias para el mercado laboral y el uso de las tics.

Los maestros, las comunidades educativas y el movimiento estudiantil, solicitan ampliar el presupuesto para investigación, producción de ciencia propia y tecnología nacional.

Existe en desarrollo el proyecto de la homogenización cultural de las trasnacionales de comunicaciones que buscan controlar la producción de noticias, series de televisión y películas para generar modos de pensar, de comportamientos y de estilos de vida, de valores sociales, patrones estéticos y símbolos para direccionar determinadas actitudes. Este propósito tiene resistencia en las comunidades con la formación ciudadana en los sectores juveniles, religiosos, campesinos, etnias, estudiantes, trabajadores, entre otros; al reivindicar la formación en la soberanía nacional, la autodeterminación de los pueblos, la no injerencia, los derechos humanos, en los problemas socioculturales, políticos y económicos de las comunidades y de las regiones, en el desarrollo sostenible, la protección de los recursos naturales, en los mecanismos de participación ciudadana, conservación de las costumbres, las creencias, los valores y los saberes construidos a través de la historia; en el uso racional y positivo de la información y la construcción del propio conocimiento. Es decir, una educación para la emancipación del pueblo y la justicia social.

En la educación se ha comenzado a generar el pensamiento

crítico, la visión dialéctica de los fenómenos sociales y la pedagogía social, que visualizan el desarrollo del país superando la pobreza, la desigualdad, el hambre, la inequidad y el desempleo.

Mencionemos algunos hechos tecnológicos que se presentaron en el siglo XX:

El Presidente Miguel Abadía Méndez el 7 de agosto de 1929, inauguró la primera radiodifusora del país, la HHJN (Más tarde la Radiodifusora Nacional). El 13 de Junio de 1954 es inaugurada oficialmente la televisión en Colombia, como un servicio prestado directamente por el Estado, en el marco de la celebración del primer año de gobierno del General Gustavo Rojas Pinilla. El 11 de diciembre de 1979, se pone en operación el nuevo sistema de televisión a color, en el gobierno de Julio César Turbay Ayala.

Internet. Es un acrónimo de International Network Computers. Es definida como el conjunto de redes de computadores interconectados alrededor del mundo que manejan información de acceso común, a través de archivos de textos, imágenes y sonidos que son permanentemente actualizados por sus usuarios. El 1 de junio de 1994 con el esfuerzo de universidades, el Estado y el sector privado se creó INTERRED-CETCOL (Red Nacional de Ciencia, Educación y Tecnología) que permite la interconexión a Internet de universidades, centros de investigación, académicos y usuarios corporativos particulares.

Premios nobel

- Gabriel García Márquez, Premio Nobel de Literatura 1982.
- Juan Manuel Santos, Premio Nobel de Paz 2016.

CAPÍTULO X

Derechos de los
colombianos según
la Constitución de 1991

10.1 Antecedentes de la Constitución de 1991

Los derechos civiles, políticos, sociales, económicos, culturales y ambientales alcanzados hasta el momento, son el fruto de rebeliones políticas, luchas ideológicas, confrontaciones partidistas, de las luchas sociales de los gremios, de las organizaciones sindicales, de las organizaciones de género, de movimientos sociales; generados desde el siglo XIX con la Independencia y cimentados con la Revolución Francesa con los Derechos del Hombre y del Ciudadano. En concreto los derechos no son una dádiva, han sido conquistados por los sectores populares, los cuales se han establecido en la Constitución de 1991.

La Constitución de 1991 tiene como antecedentes la desmovilización del grupo guerrillero M-19, en la presidencia de Virgilio Barco, el grupo guerrillero exigió que se convocara a una Asamblea Constituyente para crear una nueva Constitución Política.

Esta propuesta fue impulsada por el movimiento estudiantil llamado La Séptima papeleta, conformado en 1989 por estudiantes de varias universidades públicas y privadas; se planteó que en las elecciones de marzo de 1990 se incluyera la consulta a la ciudadanía de apoyar o no la convocatoria de una Asamblea nacional constituyente. La Corte suprema avaló una consulta formal en las elecciones presidenciales del 27 de mayo de 1990. En esa consulta el 86% de los votantes se pronunció a favor.

El 9 de diciembre de 1990, el recién posesionado presidente César Gaviria, convocó a elecciones para tal fin y fueron elegidos los 70 miembros de la Asamblea Constituyente. Adicionalmente, para darle impulso a las negociaciones de paz con otros grupos guerrilleros, se dio la posibilidad de participación con voz pero sin voto a 4 representantes de estos grupos: 2 del EPL, uno del Partido Revolucionario de los Trabajadores (PRT) y otro del movimiento armado Quintín Lame, de carácter indígena.

La Asamblea se instaló el 5 de febrero de 1991 y fue presidida por Antonio Navarro Wolf, del M-19; Álvaro Gómez Hurtado, conservador del Movimiento de Salvación Nacional; y Horacio Serpa, del partido Liberal. Para poder tratar todos los temas en un corto tiempo, se organizaron 5 comisiones permanentes. El proceso de discusiones duró hasta el 4 de julio de 1991, 4 meses cuando todos los Delegatarios Constituyentes firmaron la redacción final de la Constitución en una ceremonia especial.

Destacamos como muy importante:

Artículo 86. Acción de tutela. Toda persona puede reclamar ante los jueces, en todo momento y lugar, la protección inmediata de sus derechos constitucionales fundamentales, cuando quiera que éstos resulten vulnerados o amenazados por la acción o la omisión de cualquier autoridad pública.

> "La Acción de Tutela fue una de las figuras más novedosas de la Constitución Política de Colombia, proclamada el 4 de julio de 1991, y también el recurso del que más han hecho uso los colombianos para pedir que les amparen sus derechos" (El País, julio 4 de 2016)

10.2 Derechos Fundamentales

Se llaman así porque son de aplicación directa e inmediata. (Art. 85 de la Constitución). Se reúnen en tres grupos:

"Derecho a la Vida y a la Integridad Personal. Prohíben la tortura y los tratos o penas crueles, inhumanas, o degradantes y la desaparición forzada.

Derecho a las libertades, de conciencia, expresión, organización y movilización.

Derechos que se refieren a la igualdad, honra, intimidad, y garantías procesales. (Derechos fundamentales: Clasificación de los Derechos)

Artículo 11. El derecho a la vida es inviolable. No habrá pena de muerte.

Artículo 12. Nadie será sometido a desaparición forzada, a torturas ni a tratos o penas crueles, inhumanas o degradantes.

Artículo 13. Todas las personas nacen libres e iguales ante la ley, recibirán la misma protección y trato de las autoridades y gozarán de los mismos derechos, libertades y oportunidades sin ninguna discriminación por razones de sexo, raza, origen nacional o familiar, lengua, religión, opinión política o filosófica.

Artículo 15. Todas las personas tienen derecho a su intimidad personal y familiar y a su buen nombre, y el Estado debe respetarlos y hacerlos respetar. La correspondencia y demás formas de comunicación privada son inviolables, sólo pueden ser interceptados o registrados mediante orden judicial.

Artículo 16. Todas las personas tienen derecho al libre desarrollo de su personalidad sin más limitaciones que las que imponen los derechos de los demás y el orden jurídico.

Artículo 17. Se prohíbe la esclavitud, la servidumbre y la trata de seres humanos en todas sus formas.

Artículo 18. Se garantiza la libertad de conciencia. Nadie será molestado por razón de sus convicciones o creencias ni compelido a revelarlas ni obligado a actuar contra su conciencia.

Artículo 22. La paz es un derecho y un deber de obligatorio cumplimiento.

Artículo 23. Toda persona tiene derecho a presentar peticiones respetuosas a las autoridades por motivos de interés general o particular y a obtener pronta resolución.

Artículo 25. El trabajo es un derecho y una obligación social y goza, en todas sus modalidades, de la especial protección del Estado. Toda persona tiene derecho a un trabajo en condiciones dignas y justas.

Artículo 28. Toda persona es libre. Nadie puede ser molestado en su persona o familia, ni reducido a prisión o arresto, ni detenido, ni su domicilio registrado, sino en virtud de mandamiento escrito de autoridad judicial competente.

Artículo 29. Toda persona se presume inocente mientras no se la haya declarado judicialmente culpable.

Artículo 30. Quien considere que está privado de su libertad ilegalmente, tiene derecho al Habeas Corpus, para que se le resuelva su situación en el término de 36 horas.

Artículo 32. El delincuente sorprendido en flagrancia podrá ser aprehendido y llevado ante el juez por cualquier persona. Si los agentes de la autoridad lo persiguieren y se refugiare en su propio domicilio, podrán penetrar en él, para aprehenderlo; si se acogiere a domicilio ajeno, deberá preceder requerimiento al morador.

Artículo 33. Nadie podrá ser obligado a declarar contra sí mismo o contra su cónyuge, compañero permanente o parientes dentro del cuarto grado de consanguinidad, segundo de afinidad o primero civil.

Artículo 34. Se prohíben las penas de destierro, prisión perpetua y confiscación. Por decisión judicial, se declarará extinguido el dominio sobre bienes adquiridos ilícitamente, en perjuicio del Tesoro público o con grave deterioro de la moral social.

Artículo 38. Se garantiza el derecho de libre asociación para el desarrollo de las distintas actividades que las personas realizan en sociedad.

Artículo 39. Los trabajadores y empleadores tienen derecho a constituir sindicatos o asociaciones. Se legaliza con la simple inscripción del acta de constitución y a sus representantes sindicales se reconoce el fuero y demás garantías necesarias para el cumplimiento de su gestión. No gozan del derecho de asociación sindical los miembros de la Fuerza Pública.

Artículo 40. Todo ciudadano tiene derecho a participar en la conformación, ejercicio y control del poder político:

- Elegir y ser elegido.
- Tomar parte en elecciones, plebiscitos, referendos, consultas populares y otras formas de participación democrática.
- Constituir partidos, movimientos y agrupaciones políticas sin limitación alguna; formar parte de ellos libremente y difundir sus ideas y programas.
- Revocar el mandato de los elegidos en los casos y en la forma que establecen la Constitución y la ley. (Capítulo 1: De los derechos fundamentales)

10.3 Derechos de los niños, adolescentes y educación

Artículo 44: La vida, la integridad física, la salud y la seguridad social, la alimentación equilibrada, su nombre y nacionalidad, tener una familia y no ser separados de ella, el cuidado y amor, la educación y la cultura, la recreación y la libre expresión de su opinión serán protegidos contra toda forma de abandono, violencia física o moral, secuestro, venta, abuso sexual, explotación laboral o económica y trabajos riesgosos. Gozarán también de los demás derechos consagrados en la Constitución, en las leyes y en los tratados internacionales ratificados por Colombia.

Los derechos de los niños prevalecen sobre los derechos de los demás.

Artículo 45. El adolescente tiene derecho a la protección y a la formación integral.

El Estado y la sociedad garantizan la participación activa de los jóvenes en los organismos públicos y privados que tengan a cargo la protección, educación y progreso de la juventud.

Artículo 67. La educación es un derecho de la persona y un servicio público que tiene una función social; con ella se busca el acceso al conocimiento, a la ciencia, a la técnica, y a los demás bienes y valores de la cultura.

10.4 Derechos y situación de la mujer colombiana

Las mujeres colombianas han buscado salir del anonimato y de la sombra para tener un lugar de respeto, reconocimiento y dignidad. Búsqueda que ha estado relacionada con las demandas exigidas y alcanzadas a nivel internacional, especialmente desde el siglo XVIII con la proclamación de los Derechos del Hombre y del Ciudadano.

Artículo 43. La mujer y el hombre tienen iguales derechos y oportunidades. La mujer no podrá ser sometida a ninguna clase de discriminación. Durante el embarazo y después del parto gozará de especial asistencia y protección del Estado, y recibirá de éste subsidio alimentario si entonces estuviere desempleada o desamparada. El Estado apoyará de manera especial a la mujer cabeza de familia.

Se han expedido diferentes Leyes para proteger y defender los derechos de las mujeres en Colombia, orientadas a garantizar que finalice la violencia, violaciones, tratas, y toda clase de abusos de que han sido objeto las mujeres pero la realidad cotidiana dista mucho de lo que prometen las leyes. Nos corresponde a todos contribuir de manera activa para que esas normas se cumplan y se ejecuten.

La solución para la problemática no solo de la mujer sino de Colombia en general está en lograr que nos gobiernen y dirijan personas realmente comprometidas con el progreso y desarrollo con el fin de que haya verdadera justicia social.

10.5 Derechos de las personas de la tercera edad, seguridad social, vivienda, trabajadores agrarios

Artículo 46. El Estado, la sociedad y la familia concurrirán para la protección y la asistencia de las personas de la tercera edad y promoverán su integración a la vida activa y comunitaria.

El Estado les garantizará los servicios de la seguridad social integral y el subsidio alimentario en caso de indigencia.

Artículo 48. La Seguridad Social es un servicio público de carácter obligatorio que se prestará bajo la dirección, coordinación y control del Estado, en sujeción a los principios de eficiencia, universalidad y solidaridad, en los términos que establezca la Ley. Se garantiza a todos los habitantes el derecho irrenunciable a la Seguridad Social.

Artículo 51. Todos los colombianos tienen derecho a vivienda digna. El Estado fijará las condiciones necesarias para hacer efectivo este derecho y promoverá planes de vivienda de interés social, sistemas adecuados de financiación a largo plazo y formas asociativas de ejecución de estos programas de vivienda.

Artículo 64. Es deber del Estado promover el acceso progresivo a la propiedad de la tierra de los trabajadores agrarios, en forma individual o asociativa, y a los servicios de educación, salud, vivienda, seguridad social, recreación, crédito, comunicaciones, comercialización de los productos, asistencia técnica y empresarial, con el fin de mejorar el ingreso y calidad de vida de los campesinos.

Artículo 65. La producción de alimentos gozará de la especial protección del Estado. Para tal efecto, se otorgará prioridad al desarrollo integral de las actividades agrícolas, pecuarias, pesqueras, forestales y agroindustriales, así como también a la construcción de obras de infraestructura física y adecuación de tierras.

10.6 Derechos colectivos y del ambiente

Artículo 49. La atención de la salud y el saneamiento ambiental son servicios públicos a cargo del Estado. Se garantiza a todas las personas el acceso a los servicios de promoción, protección y recuperación de la salud.

Artículo 78. Serán responsables, de acuerdo con la ley, quienes en la producción y en la comercialización de bienes y servicios, atenten contra la salud, la seguridad y el adecuado aprovisionamiento a consumidores y usuarios.

Artículo 79. Todas las personas tienen derecho a gozar de un ambiente sano. Es deber del Estado proteger la diversidad e integridad del ambiente, conservar las áreas de especial importancia ecológica y fomentar la educación para el logro de estos fines.

Artículo 80. El Estado planificará el manejo y aprovechamiento de los recursos naturales, para garantizar su desarrollo sostenible, su conservación, restauración o sustitución. Además, deberá prevenir y controlar los factores de deterioro ambiental, imponer las sanciones legales y exigir la reparación de los daños causados. Así mismo, cooperará con otras naciones en la protección de los ecosistemas situados en las zonas fronterizas.

Artículo 81. Queda prohibida la fabricación, importación, posesión y uso de armas químicas, biológicas y nucleares, así como la introducción al territorio nacional de residuos nucleares y desechos tóxicos.

Referencias Bibliográficas

Antón, Antonio. La financiarización destrruye las bases del trabajo. Revista Cuadernos de Relaciones Laborales, vol. 31, núm. 1 de la Universidad Complutense de Madrid. 2013, p.1

Ballén, Rafael. Agoniza el bipartidismo? Liberales y Conservadores. Voltaire.org. Bogotá. 2006, p.2

Barragán, Diego Mauricio. Orden Social en la Colombia de los siglos XVIII. Revista Facultad de Ciencias Económicas: Investigación y Reflexión, vol. XV, núm. 2, Universidad Militar Nueva Granada. Bogotá. 2007, p.20

Barraza, Carlos."Raizales, un pueblo con cultura y tradición que lucha por su autonomía". Raizal/raizales-pueblo-cultura-tradicion-que-lucha-su-a. 2017, p.3

Beluche, Olmedo. La verdadera historia de la separación de 1903. Reflexiones en torno al centenario. Imprenta Articsa. Panamá. 2003, p.9

______ La verdadera historia de la separación de 1903. Reflexiones en torno al centenario. Imprenta Articsa. Panamá, 2003, p.34

Bonett, Diana. Estalla la revuelta de los comuneros. Marzo 16 de 1781. La rebelión de un pueblo. Universidad de los Andes. Semana. com. 2004, p.1

Bushnell, David. Colombia una nación a pesar de sí misma. De los tiempos precolombinos a nuestros días. Ed. Planeta. Bogotá. 1994, p.102

__________Colombia una nación a pesar de sí misma. De los tiempos precolombinos a nuestros días. Ed. Planeta. Bogotá. 1994, p.133

__________Colombia una nación a pesar de sí misma. De los tiempos precolombinos a nuestros días. Ed. Planeta. Bogotá. 1994, p.142

__________Colombia una nación a pesar de sí misma. De los tiempos precolombinos a nuestros días. Ed. Planeta. Bogotá. 1994, p.174

Castillo, Wilmar Harley. Los comuneros, vigencia para el debate y praxis en el Sur. Imprenta desdeabajo. Bogotá. 2018, p.2

__________ Los comuneros, vigencia para el debate y praxis en el Sur. Imprenta desdeabajo. Bogotá. 2018, p.5

Capdevila, Josep y otros. Material Didáctico para la Educación Ambiental. Managua. 2013, p.36

Constitución de la República de Colombia 1991. Capítulo 1: De los derechos fundamentales. (Modificados por Acto Legislativo 2/2003)

Constitución de la República de Ecuador. Derechos de la Naturaleza. Registro Oficial 449 de 20-oct-2008. Última modificación: 13-jul-2011 Estado: Vigente.

Constitución de los Estados Unidos de Colombia de 1863. Edición facsimilar que reproduce el libro de actas originales de la Convención editada por la Universidad Externado de Colombia, Bogotá, 1977.

Córdoba, Julián. Art. El trabajo indígena en los andes. La mita. 2013, p.3

Correa, Juan Santiago. Ferrocarriles y soberanía: el Ferrocarril de Panamá, 1850-1903, Colegio de Estudios Superiores de Administración, Bogotá, Colombia, juansc@cesa.edu.c. 2017, p.5

Corredor, Daniela. Art. Periodo Radical en Colombia. /prezi.com/v. 2015, p.1

Cultura colectiva en artículo: Los 10 métodos de tortura más crueles de la... 2015, p.1

Delgado, Alvaro. La Colonia. Centro de Estudios de Investigación Social. Bogotá. 1.974, p.23

____________ La Colonia. Centro de estudios de investigación social. Bogotá. 1.974, p.41

____________La Colonia. Op Cit. p.274.

El país. Acción de tutela, la 'estrella' de la Constitución de 1991, julio 4 de 2016.

Equipo desde abajo. Nueva Granada. 20 de julio de 1810. Independencia irreal o el grito por un mayor poder para los criollos. Editorial desde abajo. Bogotá. 2010, p.1

____________ Nueva Granada. 20 de julio de 1810. Independencia irreal o el grito por un mayor poder para los criollos. Editorial desde abajo. Bogotá. 2010, p.9

Garay, Jon. 1492 Los datos menos conocidos del viaje que cambió el mundo. El Correo. Sociedad. 2015, p.1

Giraldo, Javier. Expectativas, logros y frustraciones de un proceso de paz. Editorial desde abajo. Bogotá. 2017, p.5

____________ Expectativas, logros y frustraciones de un proceso de paz. Editorial desde abajo. Bogotá. 2017, p.9

____________ Expectativas, logros y frustraciones de un proceso de paz. Editorial desdeabajo. Bogotá. 2017, p.3

Gómez, Paco. Art. Tierras y conflictos rurales que tiene como referencia el Informe del Centro Nacional de Memoria Histórica (I). Bogotá. 2016, p.1

____________ Art. Tierras y conflictos rurales que tiene como referencia el Informe del Centro Nacional de Memoria Histórica (I). Bogotá. 2016, p.3

Gómez, Eugenio. Curiosidades y más que curiosidades de la Regeneración. Credencial Historia. Bogotá. 2013, p.1

Harnecker, Marta. Imperialismo y dependencia. Cuadernos de educación popular No 5. Akal Editor. 1979, p.11

Hoyos, María. El pueblo Rom en el año 2005. Los gitanos, una cultura milenaria de tradición migratoria. (I), p.2

Jaramillo, Carlos. El tratado de Wisconsin: noviembre 21 de 1902. Red Cultural Banco de la República de Colombia. 1932. (Credencial Historia Nº 7, julio de 1990).

Jaramillo, Jaime. Mestizaje y diferenciación social en el Nuevo Reino de Granada en la segunda mitad del siglo XVIII. Universidad Nacional. Bogotá. 1965, p.31

Jimeno, Myriam. Los límites de la libertad, ideología, política y violencia en los radicales. Centro de Estudios Sociales Departamento de Antropología CUADERNO No. 8. Universidad Nacional. 2005, p.14

Kosminsky, A. Historia de la edad media. Editorial Colombia Nueva Ltda. Bogotá. 1981, p.186

LaRosa, Michael J. y otro. Historia Concisa de Colombia (1810-2013). Ed. Javegraf. Bogotá. 2013, p. 41

____________ Historia Concisa de Colombia (1810-2013). Ed. Javegraf. Bogotá. 2013, p. 42

____________ Historia Concisa de Colombia (1810-2013). Ed. Javegraf. Bogotá. 2013, p. 44

Lenin. Las Clases Sociales. Partido Socialista de los Trabajadores. Bogotá. p.1.

Lippo, Carlos. La instauración del Día de la Resistencia Indígena. Kavilando.org. 2017, p.1

__________La instauración del Día de la Resistencia Indígena. Kavilando.org. 2017, p.2

__________La instauración del Día de la Resistencia Indígena. Kavilando.org. 2017, p.6

Machado, Absalón. Cita a Antonio García en Ensayos para la Historia de la Política de Tierras en Colombia. De la Colonia a la Creación del Frente Nacional. Editorial Gente Nueva. Bogotá. 2009, p. 42

__________Ensayos para la Historia de la Política de Tierras en Colombia. De la Colonia a la Creación del Frente Nacional. Editorial Gente Nueva. Bogotá. 2009, p.170

__________Ensayos para la Historia de la Política de Tierras en Colombia. De la Colonia al Frente Nacional. Bogotá. 2009, p.53

Maria Teresa Cristina. Manual de Historia de Colombia. La literatura en la conquista y colonia. Instituto Colombiano de Cultura. Bogotá. 1982, p.512

__________ Manual de Historia de Colombia. La literatura en la conquista y colonia. Instituto Colombiano de Cultura. Bogotá. 1982, p.573

Naciones Unidas. www.ohchr.org www.unfe.org Derechos de las personas LGBTI, p.1

Marimar, El feudalimso en la edad media. Características y antecedentes. (I) 2018, p.3...

Molano, Alfredo. Art. El Espectador. Cuando el Crimen es Campeón. Bogotá. 2016, p.1

Molina, Gerardo, Las ideas liberales en Colombia 1849-1914. Tercer Mundo, Bogotá. 1973, p.66

Montaña Cuellar, Diego. Colombia país formal y país real. Editorial

Planeta. Buenos Aires. 1963, p.72

Muriel, Rafael Darío. Colombia: comercio y transporte 1850-1929). Impreso en Medellín, Colombia. Printed in Colombia. Abril de 2009, p.13

____________ Colombia: comercio y transporte 1850-1929). Impreso en Medellín, Colombia. Printed in Colombia. Abril de 2009, p.23

____________Colombia: comercio y transporte 1850-1929. Impreso en Medellín, Colombia. Printed in Colombia. Abril de 2009, p.34.

Navarro, Roberto. La otra patria boba. Colombia Perdió el Siglo XX. Eumed.net. 2001, p.1

____________. La otra patria boba. Colombia Perdió el Siglo XX. Eumed. Net. 2001, p.2

Ocampo, José Antonio. Historia Económica de Colombia. Editorial. Siglo XXI.1987, p.291-292

Ortiz, Claudia Constancia. Las condiciones sociales y económicas de la colonia. Notas obreras. 2010, p.2

____________Las condiciones sociales y económicas de la colonia. Notas obreras. 2010, p.4

____________ Las condiciones sociales y económicas de la colonia. Notas obreras. 2010, p.6

Pantoja, Jorge y otro. Orientaciones al padre de familia sobre prácticas ambientales de su entorno. Edinar. 2018, p.13

Pantoja, Jorge y otro. Conozcamos los acuerdos de paz para la construcción de escuela como territorio de paz. Pasto editorial creativa. 2018, p. 28 - 33.

Parra, José Luis. Art. La visión eurocéntrica sobre la historia y la cultura de los pueblos conquistados. La ciencia como soporte de la dominación.Margen No 88. Marzo 2018, p.1

Plazas, Fabián. Historia Reciente y Enseñanza del Conflcito Armado. Educaldas.edu. 2017, p.6

_______________ Historia Reciente y Enseñanza del Conflcito Armado. Educaldas.edu. 2017, p.9

Pérez de Viñaspre, Jesús. Artículo. El eurocentrismo. Nabarralde. 2017, p.1

_______________Artículo. El eurocentrismo. Nabarralde. 2017, p.2

Pernett, Nicolás. Aquellos "locos" de 1863. Razón Pública. Política y gobierno. 2013, p.3

Reales, Leonardo. Informe del Movimiento Nacional Afrocolombiano CIMARRON sobre la situación de derechos humanos de la población afrocolombiana.1994-2004, p.12

Rodriguez, Hugo. Elementos crìticos para una nueva interpretación de la historia colombiana. Editorial Tupac-Amaru. Bogotá. 1974, p.100
Rosso, José. Ensayos Sobre la Sociedad Chibcha y las Comuinidades de Aldea en América Precolombina. Ediciones los Comuneros. Sin editor, lugar y fecha. p.85-86

_______________ Ensayos Sobre la Sociedad Chibcha y las comuinidades de Aldea en América Precolombina. Ediciones los Comuneros. Sin Editor, lugar y fecha. p.24

Sarmiento, Libardo. El nuevo espíritu del capilaismo y la economía colombiana. Editorial desdeabajo. Bogotá. 2016, p.9

_______________El Nuevo espíritu del capilaismo y la Economía Colombiana. Editorial desdeabajo. Bogotá. 2016, p.11

_______________El Nuevo espíritu del capilaismo y la Economía Colombiana. Editorial desdeabajo. Bogotá. 2016, p.15

Sepúlveda, Hernán. Las cominidades tribales indígenas precolombinas. Ediciones los comuneros. Bogotá. 1978, p.91

_______________Las comunidades tribales indígenas precolombinas. Ediciones los comuneros. Bogotá. 1978, p.64

_____________Las comunidades tribales indígenas precolombinas. Ediciones los comuneros. Bogotá. 1978, p.85

Soldepaz Pachakuti. 12 de Octubre tiempos para descolonizar. 2017, p.2

Stevenson, Arturo. La insurrección de los Comuneros: Un ejemplo de lucha. Categoría: Historia en Colombia. Publicado el 26 de julio 2010, p.10

Tirado, Alvaro. Introducción a la Historia Económica de Colombia. Editorial Panamericana. Bogotá. 2008, p.85

Tirado, Alvaro. Art. La Tierra en Colombia. Universidad Nacional de Colombia. Bogotá. 1970, p.4

Tovar, Hermes. Notas sobre el Modo de Producción Precolombino. Ed. La Sabana. Bogotá. 1974, p.19

_____________Notas sobre el Modo de Producción Precolombino. Ed. La Sabana. Bogotá. 1974, p.31

_____________Notas sobre el Modo de Producción Precolombino. Ed. La Sabana. Bogotá. 1974, p.45

_____________ Notas sobre el Modo de Producción Precolombino. Ed. La Sabana. Bogotá. 1974, p.46

_____________ Notas sobre el Modo de Producción Precolombino. Ed. La Sabana. Bogotá. 1974, p.51

Trujillo, Inés Paola. Art. Reformas agrarias en Colombia: experiencias desalentadoras y una nueva iniciativa en el marco de los Acuerdos de Paz en la Habana. Universidad Nacional de Colombia. Bogotá. 2014, p.1

UNESCO-FAO. Las Funciones de un Bosque. Art. (I). 2013, p.3

Unicef. Los pueblos indígenas en Colombia. Revista. Oficina de área para Colombia y Venezuela. Bogotá. 2014, p.24

Vega, Cantor. El Pensamiento Crítico en un Mundo Incierto. Rebelión. Caracas. 2008, p.5

Velásquez, Rafael Antonio. Lo que no se dice de la creación de Ecopetrol. Las 2 Orillas. Bogotá. 2014, p.2

Vélez, Anarella. Historia crítica. Segunda Unidad. Estructura de la sociedad colonial. Blog de Anarella, p.1

Vitale, Luis. Art. España antes y después del descubrimiento de América. La baja edad media y la crisis del feudalismo.marxistarkiv, p.2

Wikipedia. Jeremy Bentham, p.1

Zambrano, Fabio y otro. Los procesos urbanos de poblamiento. El poblamiento durante la República. Academia de Historia de Bogotá. Tercer Mundo Editores. Bogotá. 1993, p.62

Lista de Apéndices

Apéndice A.

Presidentes de la República de Colombia

	Presidente(s)	Período/Fecha
1	**José Miguel Pey de Andrade**	25 de julio de 1810 al 1 de abril de 1811
2	**Jorge Tadeo Lozano**	1 de abril de 1811 al 19 de septiembre de 1811
3	**Antonio Nariño**. Presidente del Estado de Cundinamarca	19 de septiembre de 1811 al 29 de agosto de 1813
4	**Manuel Benito de Castro**. Presidente del Estado de Cundinamarca. Encargado al asumir Antonio Nariño la Campaña del Sur	25 de junio de 1812 al 5 de agosto de 1812
5	**Camilo Torres Tenorio**. Presidente del Congreso de las Provincias Unidas de la Nueva Granada	27 de octubre de 1812 al 5 de octubre de 1814

6	**Manuel de Bernardo Álvarez**. Presidente del Estado de Cundinamarca	29 de agosto de 1813 al 12 de diciembre de 1814
7	**José María del Castillo Rada, José Joaquín Camacho, José Fernández Madrid.** Triunvirato	5 de octubre de 1814 al 21 de enero de 1815
8	**Custodio García Rovira**. Presidente del Triunvirato de las Provincias Unidas de la Nueva Granada	28 de noviembre de 1814 al 28 de marzo de 1815
9	**José Miguel Pey**. Presidente del Triunvirato de las Provincias Unidas de la Nueva Granada	28 de marzo de 1815 al 28 de julio de 1815
10	**Manuel Rodríguez Torices.** Presidente del Triunvirato de las Provincias Unidas de la Nueva Granada	28 de julio de 1815 al 17 de agosto de 1815
11	**Antonio Villavicencio**. Jefatura de Estado	17 de agosto de 1815 al 15 de noviembre de 1815
12	**Camilo Torres Tenorio.**	15 de noviembre de 1815 al 22 de junio de 1816
13	**José Fernández Madrid**. Presidente (E.) tras la renuncia de Camilo Torres Tenorio	14 de marzo de 1816 al 22 de junio de 1816
14	**Custodio García Rovira**	22 de junio de 1816 al 19 de julio de 1816
15	**Liborio Mejía**	30 de junio de 1816 al 16 de julio de 1816
16	**Fernando Serrano Uribe**. Ejerció en Casanare durante la reconquista española	16 de julio de 1816 al 16 de septiembre de 1816

17	**Simón Bolívar**	7 de agosto de 1819 al 1 de marzo de 1830
18	**Francisco de Paula Santander**	20 de septiembre de 1819 al 20 de febrero de 1827
19	**Domingo Caycedo Santamaría**	1 de marzo de 1830 al 13 de junio de 1830
20	**Joaquín Mariano Mosquera**	13 de junio de 1830 al 4 de septiembre de 1830
21	**Rafael José Urdaneta Farías**	4 de septiembre de 1830 al 30 de abril de 1831
22	**José Miguel Pey, Jerónimo de Mendoza, Juan García del Río**. Ejecutivo plural	30 de abril de 1831 al 2 de mayo de 1831
23	**Joaquín Mariano Mosquera**	2 de mayo de 1831 al 23 de noviembre de 1831
24	**Domingo Caicedo Santamaría**	3 de mayo de 1831 al 22 de noviembre de 1831
25	**José María Obando**. Presidente provisional	23 de noviembre de 1831 al 10 de marzo de 1832
26	**Francisco de Paula Santander**	10 de marzo de 1832 al 1 de abril de 1837
27	**José Ignacio de Márquez**	1 de abril de 1837 al 1 de abril de 1841
28	**Pedro Alcántara Herrán**	1 de abril de 1841 al 1 de abril de 1845
29	**Juan de Dios Aranzazu**. Presidente del Consejo de Estado	5 de julio de 1841 al 19 de mayo de 1842
30	**Tomás Cipriano de Mosquera**	1 de abril de 1845 al 1 de abril de 1849
31	**José Hilario López**	1 de abril de 1849 al 1 de abril de 1853

32	**José María Obando**	1 de abril de 1853 al 17 de abril de 1854
33	**José María Melo**. (Primer Presidente destituido por el Congreso). Golpe de Estado apoyado por los artesanos de Bogotá	17 de abril de 1854 al 4 de diciembre de 1854
34	**Tomás Herrera**	21 de abril de 1854 al 5 de agosto de 1854
35	**José de Obaldía**	5 de agosto de 1854 al 1 de abril de 1855
36	**Manuel María Mallarino**	1 de abril de 1855 al 1 de abril de 1857
37	**Mariano Ospina Rodríguez**. Elegido mediante sufragio directo	1 de abril de 1857 al 1 de abril de 1861
38	**Juan José Nieto Gil**	25 de enero de 1861 al 18 de julio de 1861
39	**Bartolomé Calvo**. Procurador General	1 de abril de 1861 al 10 de junio de 1861
40	**Tomás Cipriano de Mosquera**. Presidente - Golpe de Estado	18 de julio de 1861 al 10 de febrero de 1863
41	**Froilán Largacha, Tomás Cipriano de Mosquera, José Hilario López, Eustorgio Salgar, Santos Gutiérrez Prieto**. Ejecutivo Plural	10 de febrero de 1863 al 14 de mayo de 1863
42	**Tomás Cipriano de Mosquera**	14 de mayo de 1863 al 1 de abril de 1864
43	**Manuel Murillo Toro**. Reelección	1 de abril de 1864 al 1 de abril de 1866
44	**José María Rojas Garrido**. Designatura presidencial	1 de abril de 1866 al 20 de mayo de 1866
45	**Tomás Cipriano de Mosquera**	20 de mayo de 1866 al 23 de mayo de 1867

46	**Santos Acosta**. Presidente Golpe de Estado	20 de mayo de 1867 al 1 de abril de 1868
47	**Santos Gutiérrez Prieto**	1 de abril de 1868 al 1 de abril de 1870
48	**Eustorgio Salgar**	1 de abril de 1870 al 1 de abril de 1872
49	**Manuel Murillo Toro**	1 de abril de 1872 al 1 de abril de 1874
50	**Santiago Pérez Manosalva**	1 de abril de 1874 al 1 de abril de 1876
51	**Aquileo Parra Gómez**	1 de abril de 1876 al 1 de abril de 1878
52	**Julián Trujillo Largacha**	1 de abril de 1878 al 8 de abril de 1880
53	**Rafael Núñez Moledo**. Presidente - Elección	8 de abril de 1880 al 1 de abril de 1882
54	**Francisco Javier Zaldúa**. Elección	1 de abril de 1882 al 21 de diciembre de 1882
55	**Clímaco Calderón**. Procurador General	21 de diciembre de 1882 al 22 de diciembre de 1882
56	**José Eusebio Otálora**. Elección	22 de diciembre de 1882 al 1 de abril de 1884
57	**Ezequiel Hurtado**. Designatura Presidencial	1 de abril de 1884 al 10 de agosto de 1884
58	**Rafael Núñez Moledo**. Elección	10 de agosto de 1884 al 1 de abril de 1886
59	**José María Campo Serrano**. Designatura Presidencial	1 de abril de 1886 al 6 de enero de 1887
60	**Eliseo Payán**	7 de enero de 1887 al 4 de junio de 1887

62	**Carlos Holguín Mallarino**. Designatura presidencial tras renuncia de Rafael Núñez Moledo	7 de agosto de 1888 al 7 de agosto de 1892
63	**Rafael Núñez Moledo**. Presidente, 7 de agosto 1892	No asume y delega el cargo en su vicepresidente Miguel Antonio Caro
64	**Miguel Antonio Caro**	7 de agosto de 1892 al 7 de agosto de 1898
65	**Manuel Antonio Sanclemente**. Elección - forzado a dimitir.	7 de agosto de 1898 al 31 de julio de 1900
66	**José Manuel Marroquín**. Presidente - Golpe de Estado	31 de julio de 1900 al 7 de agosto de 1904
67	**Rafael Reyes Prieto**	7 de agosto de 1904 al 9 de junio de 1909
68	**Diego Euclides de Angulo Lemos**. Designatura presidencial tras la renuncia Rafael Reyes Prieto.	9 de marzo de 1908 al 14 de abril de 1908
69	**Jorge Holguín Mallarino**. Designatura Presidencial	9 de junio de 1909 al 4 de agosto de 1909
70	**Ramón González Valencia**	4 de agosto de 1909 al 7 de agosto de 1910
71	**Carlos Eugenio Restrepo**. Elegido por la Asamblea	7 de agosto de 1910 al 7 de agosto de 1914
72	**José Vicente Concha**. Elegido por voto directo	7 de agosto de 1914 al 7 de agosto de 1918
73	**Marco Fidel Suárez. Elección** (Renunció al cargo)	7 de agosto de 1918 al 11 de noviembre de 1921
74	**Jorge Holguín Mallarino**. Designado tras la renuncia de Marco Fidel Suárez.	11 de noviembre de 1921 al 7 de agosto de 1922

75	**Pedro Nel Ospina**. Elección	7 de agosto de 1922 al 7 de agosto de 1926
76	**Miguel Abadía Méndez**. Elección	7 de agosto de 1926 al 7 de agosto de 1930
77	**Enrique Olaya Herrera**. Elección	7 de agosto de 1930 al 7 de agosto de 1934
78	**Alfonso López Pumarejo**. Elección	7 de agosto de 1934 al 7 de agosto de 1938
79	**Eduardo Santos Montejo**. Elección	7 de agosto de 1938 al 7 de agosto de 1942
80	**Alfonso López Pumarejo**. Elección (Renunció al cargo)	7 de agosto de 1942 al 7 de agosto de 1945
81	**Alberto Lleras Camargo.** Designatura presidencial	7 de agosto de 1945 al 7 de agosto de 1946
82	**Mariano Ospina Pérez**. Elección	7 de agosto de 1946 al 7 de agosto de 1950
83	**Laureano Gómez Castro**. (Se retira de la presidencia por enfermedad. Al pretender reasumir, es depuesto por golpe de Estado de 1953)	7 de agosto de 1950 al 5 de noviembre de 1951
84	**Roberto Urdaneta Arbeláez.** Designatura presidencial	5 de noviembre de 1951 al 13 de junio de 1953
85	**Gustavo Rojas Pinilla**. Presidente de facto-Golpe de Estado	13 de junio de 1953 al 10 de mayo de 1957
86	**Gabriel París Gordillo, Deogracias Fonseca Espinosa, Rafael Navas Pardo, Rubén Piedrahita Arango, Luis Ernesto Ordóñez Castillo.** Junta militar	10 de mayo de 1957 al 7 de agosto de 1958
87	**Alberto Lleras Camargo**. Elección	7 de agosto de 1958 al 7 de agosto de 1962

88	**Guillermo León Valencia**. Elección	7 de agosto de 1962 al 7 de agosto de 1966
89	**Carlos Lleras Restrepo**. Elección	7 de agosto de 1966 al 7 de agosto de 1970
90	**Misael Pastrana Borrero**. Elección	7 de agosto de 1970 al 7 de agosto de 1974
91	**Alfonso López Michelsen**. Elección	7 de agosto de 1974 al 7 de agosto de 1978
92	**Julio César Turbay**. Elección	7 de agosto de 1978 al 7 de agosto de 1982
93	**Belisario Betancur Cuartas**. Elección	7 de agosto de 1982 al 7 de agosto de 1986
94	**Virgilio Barco**. Elección	7 de agosto de 1986 al 7 de agosto de 1990
95	**César Gaviria Trujillo**. Elección	7 de agosto de 1990 al 7 de agosto de 1994
96	**Ernesto Samper**. Elección	7 de agosto de 1994 al 7 de agosto de 1998
97	**Andrés Pastrana**. Elección	7 de agosto de 1998 al 7 de agosto de 2002
98	**Álvaro Uribe Vélez**. Elección	7 de agosto de 2002 al 7 de agosto de 2006
99	**Álvaro Uribe Vélez** Reelección	7 de agosto de 2006 al 7 de agosto de 2010
100	**Juan Manuel Santos**. Elección	7 de agosto de 2010 al 7 de agosto de 2014
101	**Juan Manuel Santos**. Reelección	7 de agosto de 2014 al 7 de agosto de 2018
102	**Iván Duque Márquez**. Elección	7 de agosto de 2018…

Fuente. Información tomada de Ecured. https://goo.gl/S7JfyB

Apéndice B.

Algunos Inventos y Descubrimientos

Invento	Inventor	País y fecha
La rueda		Mesopotamia 3.500 a.C.
La soga		China 2.000 a.C.
El muelle	Philo	Alejandría 2.000 a.C.
La cadena		Grecia. 200 años a.C.
Arco y las flechas		En varias regiones del planeta.
Rayo láser	Nicolai Nasov Prochorov	Rusia. 1953
Computadora	Charles Babrage	Gran Bretaña 1850
El papel		China
Imprenta	Johannes Gutenberg	Alemania 1455
El vidrio		Egipto 2.000 a.C.
El plástico	Alexánder Parkes	Inglaterra 1850
La pintura		China 6.000 a.C.
Tornillo y desatornillador		Armeros siglo XVI
La bicicleta	Ernest y Pierre Michauk	Francia 1869

El automóvil	Daimler	Alemania 1885
El helicóptero	Juan de la Sierva	España 1923
El submarino	David Bushnell	EEUU 1776
Naves espaciales y satélites	Werner Von Braun	Alemania
La cometa		China 1000 a.C.
El paracaídas	Leonardo Da Vinci	Italia 1485
La tinta		Egipto 3.200 a.C.
El lápiz	Familia Faber	Alemania 1765
Lapicero o pluma		Inglaterra 1809
El libro		Egipto 3.000 a.C.
La taquigrafía	Xenofón	Grecia 410 a.C.
El periódico		Alemania 1580
El radar	Watson-Watt	Gran Bretaña
El teléfono	Alexánder Graham Bell	Canadá 1876
Microscopio	Anthony Van	Holanda 1677
El radio	Guglielmo Marconi	Italia 1901
La televisión	John Logie Baird	Escocia 1926
La fotografía	Nicéphore Niepce	Francia 1820
Máquina de escribir	Byron, Brooks, Densmore, Fenne...	EEUU 1872
El cinematógrafo	Hermanos Lumiere	Francia 1895
El avión	Hermanos Wright	EEUU 1905
El fonógrafo	Tomás Alva Edison	EEUU1877
El semáforo		EEUU 1914
El fax	Alexánder Bain	Escocia 1843
La antena	Alejandro Popov	Rusia 1895

La pila eléctrica	Alejandro Volta	Italia 1793
Los fósforos	John Walker	EEUU 1826
Motor eléctrico	Michael Faraday	Gran Bretaña 1821
La electricidad	Tales de Mileto	Grecia siglo VI a.C.
El foco eléctrico	Josep Wilson Swan	Inglaterra 1878
El termo	James de War	Inglaterra 1892
El termómetro	Galileo Galilei	Italiano 1592
Silla eléctrica	Kennelly y Brown	EEUU 1890
La dinamita	Alfred Nobel	Suecia 1866
Las monedas		Los Hititas
El reloj del sol		Egipto 1000 años a.C.
La brújula		China Siglo I
El telescopio	Hans Lippershey	Alemania 1608
La balanza		Egipcios 3.500 a.C.
Prueba antigüedad radiocarbono	William Frank Libby	EEUU 1947
Los números		India 2.500 años a.C.
Detector de mentiras	César Lombroso	Italia 1947
Los mapas		Babilonia 500 a.C.
El calendario		Sumerios 3.000 a.C.
El sismógrafo	Chang Heng	China año 132 a.C.
La biblioteca	Pisistratus	Grecia 580 a.C.
El ajedrez	Sissa	India siglo V
La pólvora		China siglo IX

Nota: La mayor parte de la información fue tomada de la Corporación Editora Chirre del texto "Inventos y Descubrimientos".

Apéndice C.

Historia cartográfica de Colombia

GRAN COLOMBIA

NUEVA GRANADA 1835

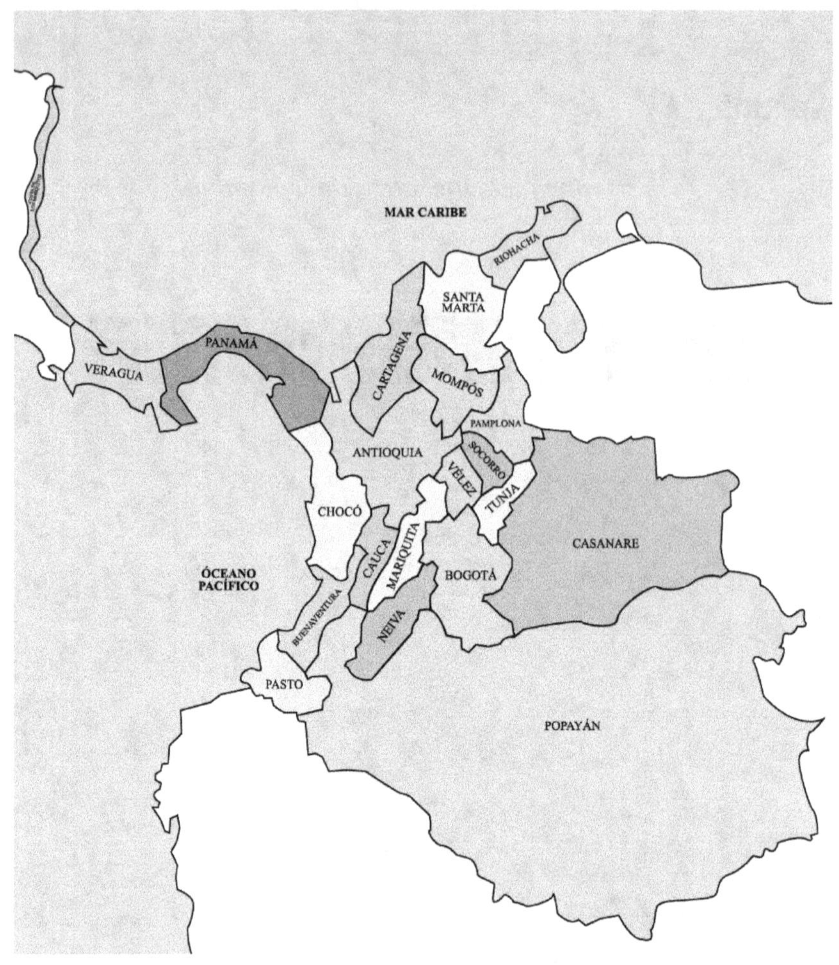

CONFEDERACIÓN GRANADINA 1858

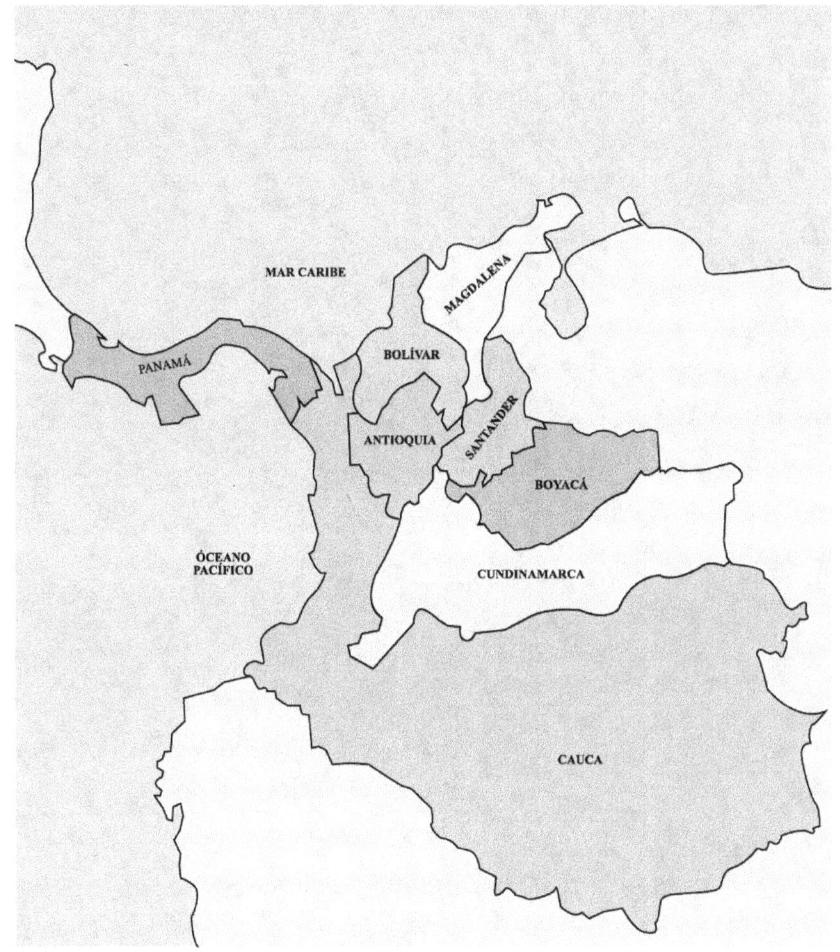

ESTADOS UNIDOS DE COLOMBIA 1870

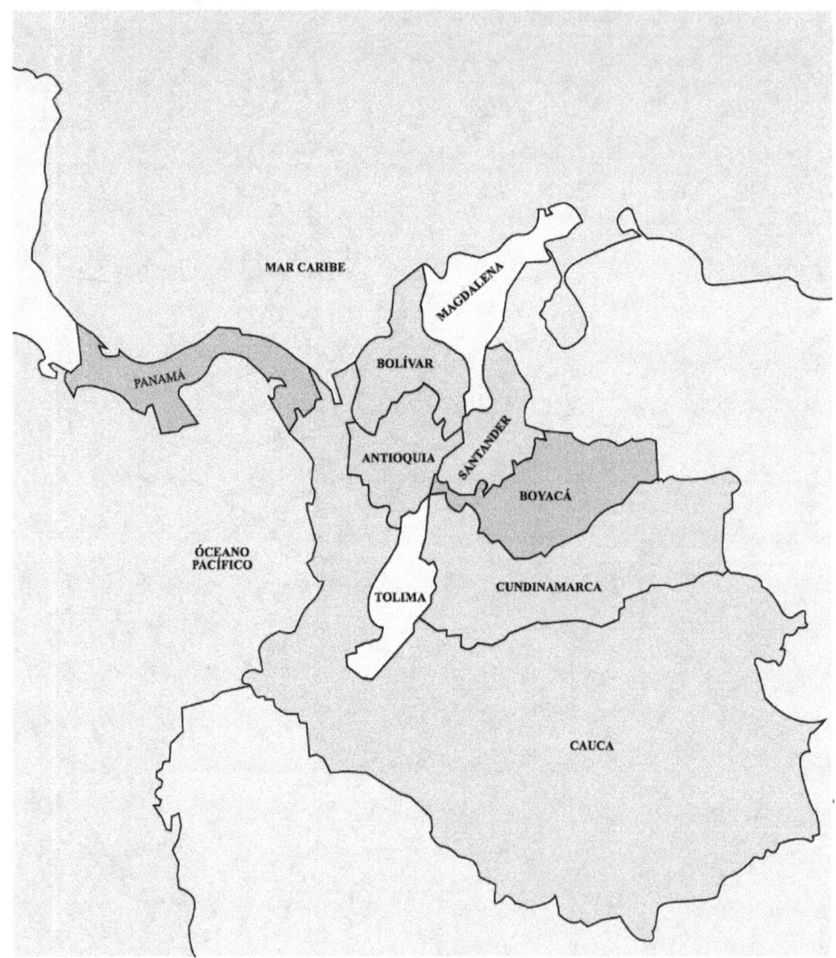

REPÚBLICA DE COLOMBIA 1908

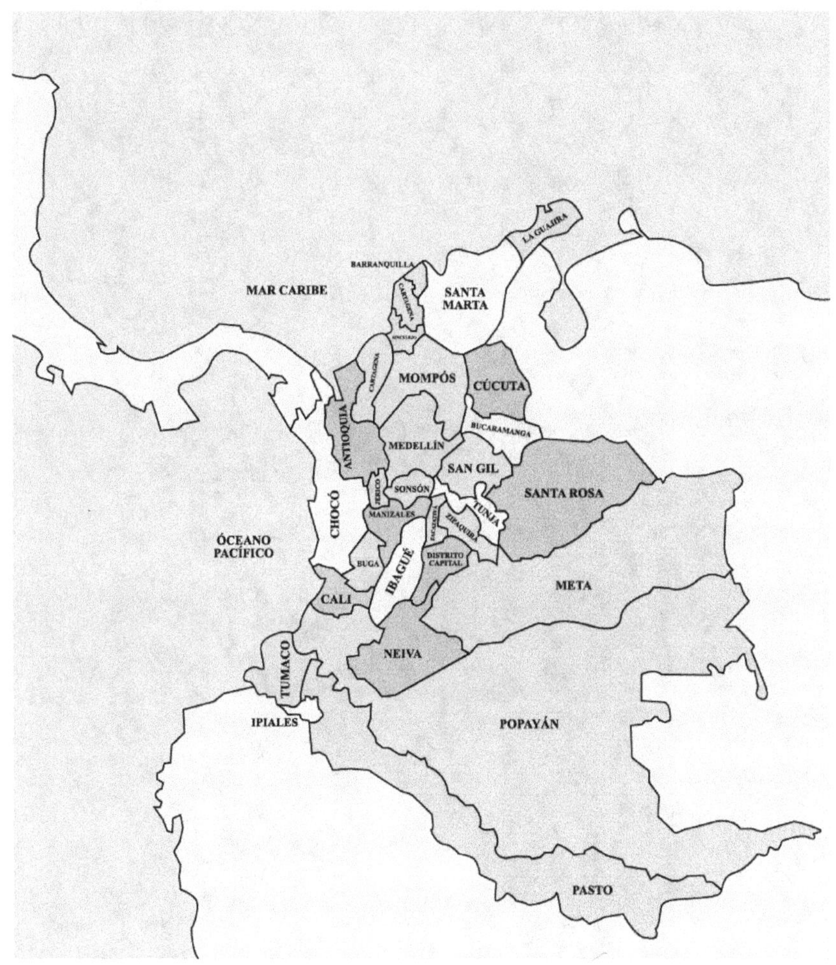

REPÚBLICA DE COLOMBIA 1942

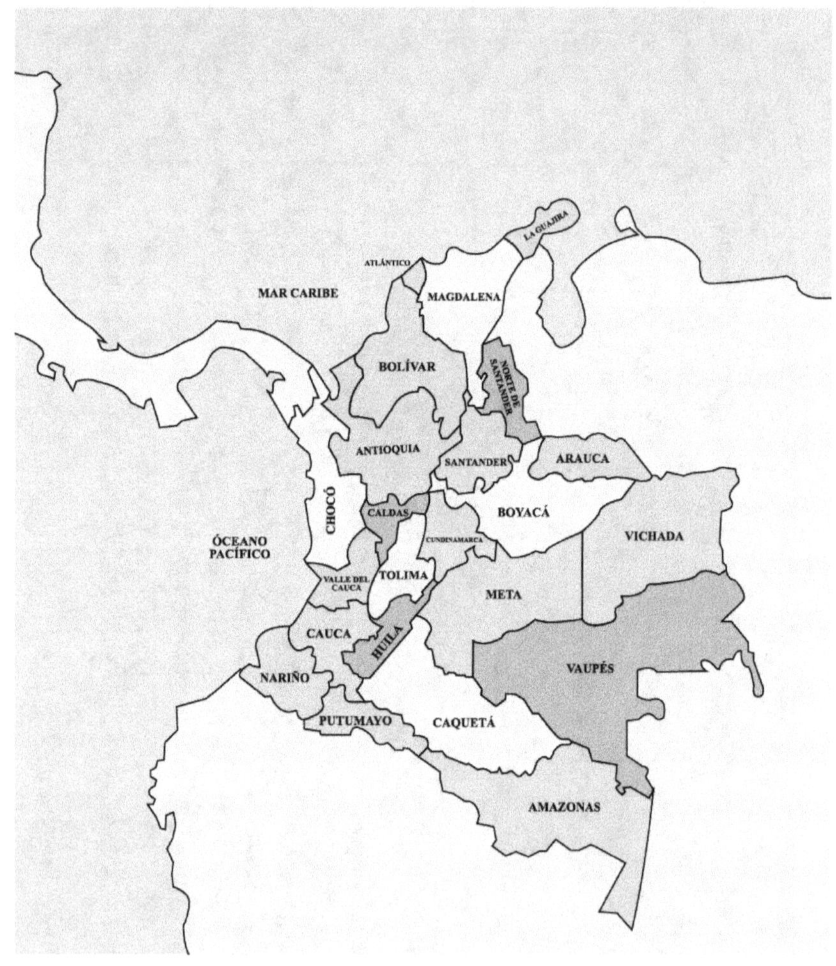

MAPA POLÍTICO ACTUAL DE COLOMBIA

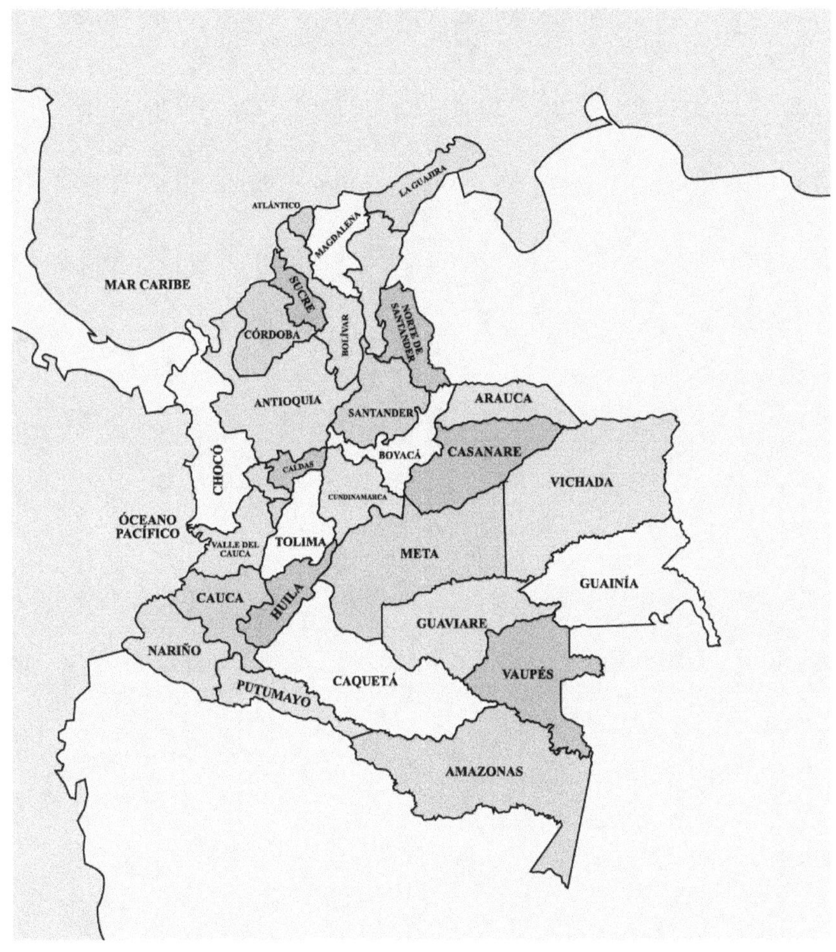